L'ANNÉE DES HYÈNES

Première publication aux États-Unis, sous le titre *Year of the Hyenas*, par Simon & Schuster, Rockefeller Center, 1230 Avenue of the Americas, New York.

ISBN : 978-2-35288-066-1
Code Hachette : 50 4933 3
Couverture : Studio City/ Shutterstock
Rayon : Romans

Collection dirigée par Christian English & Frédéric Thibaud

Traduction de Françoise Fauchet

Catalogue et manuscrits : www.city-editions.com

Dépôt légal : premier semestre 2007
Imprimé en France par Imprimerie France Quercy - Mercues - 71058/

L'ANNÉE DES HYÈNES

Brad GEAGLEY

Roman traduit de l'anglais (américain)
par Françoise FAUCHET

City Editions
Roman

À ma mère,
Adell J. Geagley

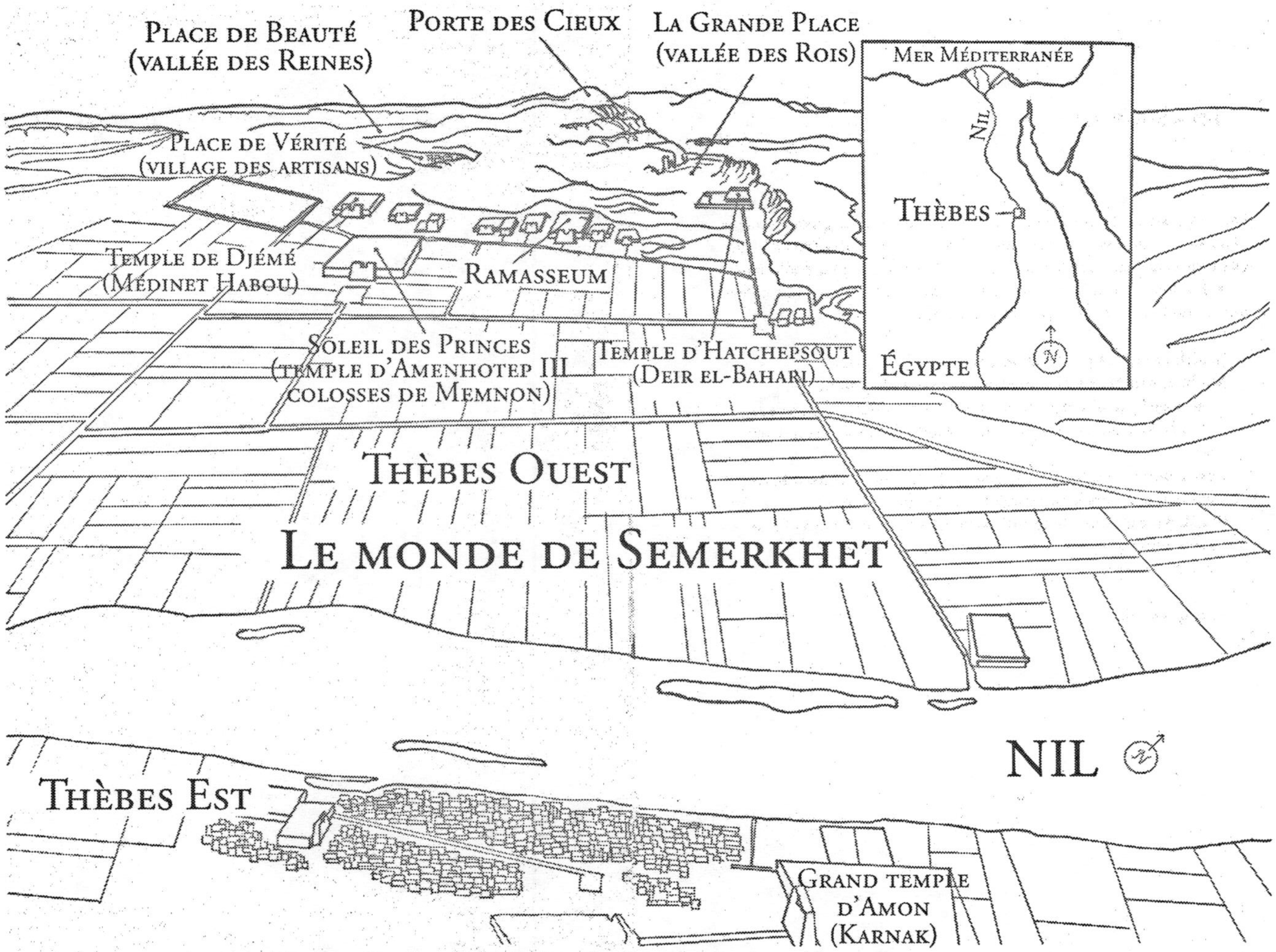
Place de Beauté
(vallée des Reines)
Porte des Cieux
La Grande Place
(vallée des Rois)
Mer Méditerranée
Nil
Thèbes
Égypte
Place de Vérité
(village des artisans)
Temple de Djémé
(Médinet Habou)
Ramasseum
Soleil des Princes
(temple d'Amenhotep III
colosses de Memnon)
Temple d'Hatchepsout
(Deir el-Bahari)
Thèbes Ouest
Le monde de Semerkhet
NIL
Thèbes Est
Grand temple
d'Amon
(Karnak)

INTRODUCTION

Certes, *L'Année des Hyènes* est une œuvre de fiction, néanmoins l'énigme décrite à travers ces pages s'inspire des plus anciennes « transcriptions de procès » connues de l'histoire : le papyrus judiciaire de Turin, le papyrus Rollin et les textes Rifaud.

Nous sommes en 1153 av. J.-C. Les pyramides ont déjà mille cinq cents ans d'existence, Toutankhamon est mort depuis deux siècles et Cléopâtre ne règnera pas avant mille ans. Au nord, Achille, Ajax et Ménélas se battent pour reprendre Hélène aux Troyens.

La plupart des protagonistes de ce livre s'inspirent de personnes réelles ayant vécu à l'époque et participé aux événements décrits. Ramsès III, « le dernier grand pharaon », régna bien sur l'Égypte avec l'aide du vizir To, tandis que les maisons des artisans de la place de Vérité, Khépoura, Aaphat et Hénouti se visitent encore aujourd'hui. Nous savons même que Paneb courut réellement un jour après Neferhotep dans la rue principale du village.

Si j'ai simplifié l'orthographe et la toponymie pour le lecteur moderne, j'ai choisi de conserver le nom que les Égyptiens donnaient à certains temples et villes. Médinet Habou devient donc le temple de Djémé, Deir el-Medineh la place de Vérité, la vallée des Rois la Grande Place, et ainsi de suite.

Thèbes fait exception car la beauté de ce nom souffrirait de se voir substituée par la forme plus correcte de Ouaset.

Brad Geagley

AU SERVICE DES DIEUX

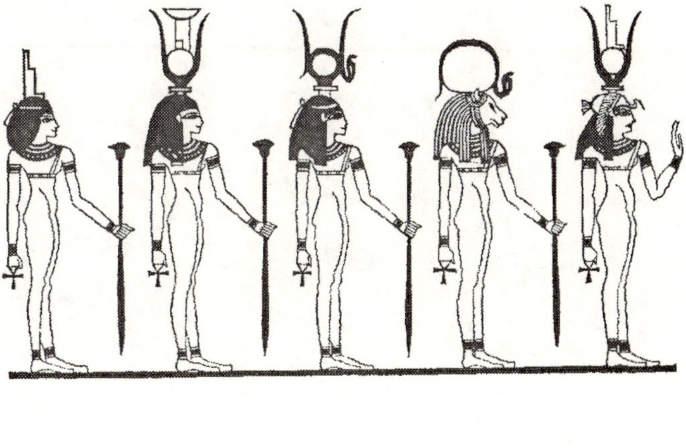

Hétèphérès clopina de sa paillasse à la porte avec une démarche de vieille guenon arthritique. Tirant le rideau de lin, elle jeta un œil vers l'est. L'amertume de l'amidonnier cultivé autour du temple, l'arôme plus subtil de l'orge fraîchement coupée et, au loin, le riche limon des eaux saumâtres du Nil : toutes les senteurs du jour naissant lui chatouillaient les narines. Malgré l'heure matinale, quelqu'un faisait déjà revenir des oignons pour les fêtes d'Osiris.

Avec le temps, le regard de la vieille prêtresse s'était opacifié presque entièrement. Un médecin lui avait bien proposé de jouer de ses aiguilles pour lui rendre la vue, mais Hétèphérès se satisfaisait de percevoir le monde à travers cette brume dont les dieux l'avaient affublée car, en échange, ils avaient affiné ses autres sens. Selon son habitude immuable, elle leva de nouveau les yeux vers l'orient et s'imagina un instant apercevoir les feux du grand temple d'Amon de l'autre côté du fleuve. Puis son regard se voila de nouveau, comme toujours, et les flammes disparurent.

Un moment, la prêtresse de la place de Vérité regretta

de ne plus pouvoir distinguer nettement les trésors façonnés par les artisans de son village. Ici, tout le monde œuvrait à la décoration des tombes des pharaons, des reines et des nobles – des ornements qui ne profitaient que fugitivement de la lumière du jour avant d'être emportés vers la Grande Place où, scellés dans un tombeau, ils disparaissaient à tout jamais dans l'obscurité du sable et de la roche.

S'interdisant fermement de s'apitoyer sur son sort, Hétèphérès redressa son maigre corps osseux. En vertu de ses fonctions, il lui incombait d'accomplir ce matin les rites d'inauguration des fêtes. Le dialogue avec les dieux se nouait à l'heure d'Osiris, à l'instant même où le soleil se levait. C'est alors que la membrane séparant l'ici-bas de l'au-delà se trouvait la plus fragile et que les morts quittaient leur sépulture pour contempler de loin les festivités des vivants dans la cité de Thèbes.

Contrairement à d'autres, jamais en plus de vingt années de service, Hétèphérès n'avait prétendu avoir rencontré le moindre fantôme ou esprit. C'était une femme peu compliquée dont le plaisir résidait dans les vérités simples du rite, de la tradition et du travail. Elle croyait dur comme fer aux histoires sur les dieux et restait persuadée que c'était sa faute s'ils ne s'étaient jamais présentés à elle. Au départ, la religion était l'affaire de son époux, Djehoutymes, déjà prêtre de la place de Vérité avant leur mariage. Lorsqu'il était mort, dans la onzième année du règne de Pharaon, les artisans l'avaient choisie, elle, pour lui succéder, sans chercher plus loin.

Hétèphérès soupira. Tant d'années s'étaient écoulées depuis. Bientôt viendrait son jour de Souffrance – aucun être vivant n'y échappait –, et on l'inhumerait aux côtés de Djehoutymes et de leur fils dans la petite sépulture familiale. Peut-être n'était-ce que la brise matinale qui la faisait frissonner.

Elle traîna la jambe jusqu'au grand coffre de sa chambre. Sur le couvercle s'entrelaçaient des fleurs d'ivoire et de pâte de verre tandis que des campagnols en bois de poirier et des corbeaux d'agate pillaient des volutes de vigne ornées de grappes de raisin turquoise. C'était l'œuvre de son mari. Djehoutymes, qui, outre ses devoirs de prêtre, accomplissait des travaux d'ébénisterie pour le compte de Pharaon, savait que cette modeste marqueterie plairait à sa simple épouse. Désormais, ce coffre était le bien qu'elle chérissait le plus et elle comptait bien se faire enterrer avec.

Hétèphérès sortit du meuble sa tenue de prêtresse : une longue tunique de lin blanc, un pectoral en fil métallique tissé et doré à l'or fin et une perruque de raphia bleu vif en forme d'ailes de vautour. Puis elle déposa soigneusement l'huile et les douceurs tant prisées des dieux dans un calice d'albâtre. Ainsi vêtue et chargée, elle s'installa sur le perron pour attendre Rami. Le fils du scribe en chef était chargé de la mener d'autel en autel les jours de fête.

Pourtant, le garçon ne donnait pas signe de vie. Hétèphérès l'attendit patiemment. L'air frais du matin lui picotait la peau et son épaisse perruque lui offrait un coussin confortable pour s'appuyer contre la porte. La vieille dame ferma les yeux, l'espace d'un instant… Et elle se laissa emporter, dodelinant de la tête, bercée par le silence et la brise. Sous la chaleur croissante, elle reprit subitement ses esprits.

De surprise, elle regarda autour d'elle en humant l'air. Sous l'effet de l'agacement et de l'affolement, son cœur se mit à battre plus fort. Le jour pointait déjà ! Elle allait être en retard pour les offrandes ! Les dieux lui en tiendraient rigueur et lui feraient mauvais visage.

Maudit Rami ! Où pouvait-il bien être ? Sans doute encore au lit avec la petite garce de fille de Monthou la tisserande. Hétèphérès avait déjà surpris leurs ébats, les oreilles titillées par leurs échanges de rires puis de soupirs. Les jeunes du village – tout comme certains adultes d'ailleurs – se donnaient souvent rendez-vous dans l'étable vide qui jouxtait sa maison. *L'Égypte tomberait bientôt entre les mains d'une génération de catins et de fainéants*, murmura tristement la vieille prêtresse pour elle-même.

Hétèphérès décida de se rendre seule au sanctuaire d'Osiris. C'était le plus éloigné de tous ceux dont elle avait la charge. La seule pensée de l'effort que cela représentait, compte tenu de sa quasi-cécité, raviva sa rage contre Rami.

Le vaurien, elle lui remonterait les bretelles devant ses parents et même tout le village, tant pis pour lui !

Cette idée réconfortante lui donna la force de remonter l'étroite avenue. Rami n'était pas là, et alors ? Ne connaissait-elle pas la Grande Place mieux que quiconque ? Cela faisait près d'un quart de siècle qu'elle effectuait le trajet entre le sanctuaire et chez elle chaque année pour les fêtes d'Osiris. Elle trouverait bien son chemin. La vieille dame franchissait la porte Nord quand Khépoura l'interpella :

— Hétèphérès, tu ne penses quand même pas monter au temple d'Osiris toute seule ? Tu ne vois pas à une coudée devant toi !

— Le rite doit être accompli, Khépoura, je ne peux plus attendre. L'odeur des oignons s'intensifia et en clignant de l'œil, la prêtresse parvint presque à distinguer la silhouette de sa voisine penchée au-dessus d'une plaque chauffante. Rami n'est pas venu me chercher ce matin, le fripon.

— Dans ce cas, je vais t'accompagner, moi, rétorqua Khépoura sur un ton, comme toujours, insistant. L'épouse de l'orfèvre Sani avait été élue à la tête des femmes du village lors du dernier scrutin. Au regret de tous, elle s'était rapidement habituée à donner des ordres. Les domestiques peuvent prendre le relais, mes préparatifs pour la fête sont suffisamment avancés ici. Je vais juste chercher mon châle. L'air est vif ce matin.

Elle s'apprêtait à retourner au village.

— Inutile, Khépoura, pas le temps. Les dieux n'attendent pas ! Et vu tes rondeurs, tu ne feras que me retarder !

La vieille prêtresse allongea vite le pas, laissant Khépoura bredouiller de vaines protestations.

Le sentier, qui grimpait jusqu'à la porte des Cieux, était étroit, bordé de part et d'autre d'éclats de pierres calcaires. Ces fragments lumineux, vestiges issus des tombes, étaient destinés à éviter au voyageur étourdi de s'approcher trop près du bord où l'attendait un dénivelé d'une bonne vingtaine de coudées. En maintenant ses pas au milieu du chemin, Hétèphérès effectua une montée rapide. Cependant, un éboulement lui barra tout à coup la route près du sommet.

Tiens, c'est nouveau ! s'étonna-t-elle, surprise de ne pas avoir entendu les pierres tomber dans la nuit. Tous les artisans restaient vigilants au moindre éboulement de roches. On savait qu'en des époques plus reculées, le village avait déjà était enseveli, ainsi que nombre de ses habitants, par des glissements de terrain.

Hétèphérès se faufila en tâtonnant avec précaution à travers l'étrange tas de pierres. Levant les yeux vers le ciel, par crainte que l'heure du rituel ne soit depuis longtemps dépassée, elle ne perçut aucune lumière sur son visage. Il faisait plus sombre que jamais de ce côté-ci de la montagne.

Elle repensa à Rami, qui aurait dû être à ses côtés pour l'aider, et marmonna tout haut : « Si mon mari voyait ce chemin négligé, et les enfants qui n'écoutent plus leurs aînés. » Elle se hissa par-dessus l'éboulis. Les pierres bougèrent, mais Hétèphérès reprit équilibre avant de faire un nouveau pas. Encore quelques coudées et elle retrouverait le sol égal de l'étroit sentier. Elle tenta de poser une sandale sur un caillou pour se donner un peu d'élan.

L'amas instable céda. La coupe d'albâtre lui échappa des mains et vola au fond du ravin où elle s'écrasa en répandant son contenu d'huile et de confiseries. Hétèphérès bascula en avant, un cri coincé au fond de la gorge. La perruque lui évita de se fracasser le crâne sur les éclats rocheux tandis qu'elle dévalait la pente en roulant. Elle sentit un élancement dans l'épaule et le goût du sang dans la bouche. Une côte craqua et des cailloux pointus s'enfoncèrent dans ses jambes maigres. Enfin elle atterrit avec un bruit sourd au fond de la vallée.

Hétèphérès gisait essoufflée. Hormis sa douleur à l'épaule et sa côte cassée, elle ne semblait souffrir d'aucune blessure. Elle eut un faible rire mêlé de larmes. « Je ne suis pas morte ! Je ne suis pas morte ! » s'exclama-t-elle profondément soulagée. Le passage à la position assise lui arracha un gémissement. Elle allait être couverte de contusions, peut-être même estropiée mais, au moins, elle était toujours en vie.

Un bruissement, derrière elle, la fit se raidir. De sombres silhouettes surgirent alors de terre. Des formes ténébreuses, animales – des bêtes pourvues d'oreilles et de museaux. Elle en resta bouche bée. On savait que des hyènes et des chacals, voire à l'occasion un lion, rôdaient parfois autour de la Grande Place. Tandis que tout autour d'elle déboulaient des animaux, la peur chassa la brume qui lui voilait le regard. Elle ouvrit la bouche pour crier.

Mais avant de pouvoir émettre un son, les premiers rayons du soleil atteignirent la vallée et elle vit – de ses yeux ! – non pas une bande de bêtes salivantes, mais les visages en or des dieux en personne ! Anubis le dieu chacal, Thot, Seth… Horus le faucon ! Et chaque fois que le soleil se reflétait dans leur regard impassible, il émanait d'eux des éclats d'or qui rayonnaient tels de puissants halos.

La vieille prêtresse tomba dans une extase qui fit disparaître toute sensation de douleur. Là, en ce jour, après tant d'années, elle avait enfin l'honneur de rencontrer les dieux de l'Égypte dans leur inaltérable chair d'or !

— Hourra ! s'écria-t-elle avec révérence.

— C'est Hétèphérès ! s'exclama l'un des dieux, presque aussi surpris, semblait-il, que la vieille femme.

— Oui ! Oui ! Je te vois, Auguste créateur ! Je sais qui tu es ! peinait à articuler Hétèphérès. Mes yeux voient désormais !

Toutefois, une autre pensée la harcelait quelque part à la limite de sa conscience. Curieusement, cette divinité, le dieu Thot à tête d'ibis, pensait-elle, lui rappelait quelqu'un de sa connaissance, quelqu'un à qui elle gardait rancune depuis peu…

— Qu'allons-nous faire ? demanda Thot en s'adressant aux autres dieux sur un ton plaintif.

Pour des dieux, ils avaient l'air des plus perplexes. Mais Hétèphérès n'eut guère le temps d'approfondir ses réflexions. Horus s'avança d'un pas décidé vers elle. Elle leva les yeux vers lui en lui souriant, d'un air si crédule et le regard embrumé si rayonnant de joie, que le dieu hésita un bref instant. Puis il plongea la main dans sa ceinture et brandit quelque chose dans les airs. Hétèphérès distingua vaguement l'éclat du métal bleu sous le soleil avant d'en percevoir la froideur sur sa peau.

La hachette s'enfonça profondément dans le cou de la vieille dame, lui trancha la gorge et le sang dégoulina sur le devant de la tunique. Sa perruque bleue glissa et dévala le reste de la pente vers la vallée, telle une broussaille qui roule au vent. Sa calvitie mise à nu, la prêtresse leva faiblement les bras en signe de supplication. Mais l'arme se releva et s'abattit de nouveau.

Sans plus un son, Hétèphérès franchit les portes des Ténèbres.

En cette dernière nuit des fêtes d'Osiris, des feux de joie illuminaient chaque coin de rue. Thèbes résonnait du chahut de la foule massée dans ses avenues. Parmi elle, on reconnaissait aisément les membres des nations tributaires de l'Égypte conviés par Pharaon. Outre leur mise barbare – habits outrageusement colorés, hommes portant la barbe et femmes ne se rasant même pas la tête –, leur odeur fétide et grasse incommodait le nez délicat des Égyptiens. Ces pauvres étrangers n'avaient même pas l'intelligence d'arborer un masque – une judicieuse coutume en ce seul moment de l'année où le roi des morts autorisait ses sujets à festoyer avec les vivants. Avec leur sens pratique habituel, les Thébains se masquaient au cas où un esprit rancunier, ennemi de quelque aïeul, aurait voulu leur faire du mal. Pour leur part, les étrangers contemplaient les merveilles de Thèbes avec insouciance, le visage découvert et sans aucune protection.

Fascinés par leurs proportions, ils se désignaient du doigt les temples rutilants et les longues bannières bleues et rouges flottant dans la brise du soir au sommet de hauts mâts à la pointe ornée de cristal et d'or. L'immensité des portes, couvertes d'or et d'argent et incrustées de pierres précieuses, les stupéfiait. Ils s'émerveillaient de la hauteur et du diamètre des colonnes dont les bas-reliefs peints illustraient les plus grands triomphes de Pharaon – des victoires imposées à leur propre peuple.

En bas vers le port, les familles se pressaient pour lancer sur le Nil une barque de roseau miniature transportant une bougie à l'image d'Osiris assis sur son trône. Selon une antique coutume, on déposait également un fragment de calcaire ou de papyrus sur lequel était inscrite une prière implorant la divinité d'exaucer le vœu le plus cher de la famille. C'est à l'aîné des enfants, garçon ou fille, qu'il revenait d'allumer la bougie depuis la berge puis de mettre à l'eau la petite embarcation entre les hauts roseaux.

Le courant emportait la flottille des offrandes vers Abydos, au nord, où un magnifique tombeau abritait le corps d'Osiris. Des milliers de barques éclairées s'éparpillaient ainsi sur toute la largeur du Nil. Peu à peu, l'aimable dieu du fleuve les rassemblait pour les guider dans ses bras et, au premier méandre, leurs lumières disparaissaient à la vue des spectateurs. Sur la rive, ces derniers ne lâchaient pas des yeux leur tribut, certains que, dans sa bonté, le dieu exaucerait leur supplique.

Une famille du quartier des tailleurs de pierre accédait enfin au fleuve après une longue marche pénible. Oua, l'épouse du maçon Khafre, tenait sa fille dans ses bras tandis que leur fils, un bambin de quatre ans, étreignait de ses deux mains une minuscule barque de roseau. Après tant de merveilles aperçues en chemin, les yeux des enfants brillaient derrière leurs masques faits d'écorce de palmier. Ils s'étaient régalés du gâteau au miel acheté par leur père au prix d'un précieux morceau de cuivre.

— Va allumer la bougie, mon chéri, demanda Oua à son fils en lui indiquant le brasero placé là à cette intention.

— Non, répondit l'enfant.

Sous son masque, Oua vit la marque de l'obstination lui raidir la mâchoire. Elle connaissait bien la grimace car son père faisait la même. Son ton se fit plus ferme.

— Allons, ne fais pas l'imbécile, sinon le dieu n'exaucera pas ta prière !

La famille sollicitait de la part des gardiens du temple une plus importante ration de blé car Oua était de nouveau enceinte.

— Non !

— Allume... la... bougie, insista son père, les dents serrées.

Le visage du petit garçon se crispa.

— Veux pas ! Pas avec elle, là ! gémit-il en désignant du doigt quelque chose dans l'eau sombre. A peur ! C'est dégoûtant !

Et il éclata en sanglots.

— Un crocodile ! s'écria Oua.

Khafre se saisit si précipitamment de son fils qu'il fit tomber son masque. Cette fois, l'enfant se mit à pleurer pour de bon.

Les cris de panique de Oua attirèrent l'attention d'un garde posté à proximité, près d'un appontement. Il accourut en se frayant un chemin dans la foule, la lance brandie à bout de bras. Sur la rive, il visa soigneusement parmi les roseaux puis, au second coup d'œil, baissa le bras.

— Qu'est-ce que tu attends ? cria Oua. Tue-le ! Tue-le !

Le garde ne répondit pas immédiatement.

— Ce n'est pas un crocodile, expliqua-t-il en s'excusant presque. Et c'est déjà mort.

À sa demande, on lui apporta un flambeau fiché dans une torchère avoisinante. Les badauds se rapprochèrent. Le garde éclairait les eaux sombres…

Devant eux, le corps d'Hétèphérès, tourné sur le ventre et ballotté par les flots, était pris dans les roseaux. Elle portait encore sa tunique et son pectoral doré mais sa peau, d'un blanc spectral, était toute ridée. Sous la flamme vacillante, on distinguait clairement la seconde entaille faite par la hachette derrière la nuque. De la blessure suintait du sang mêlé de pus et une nuée de petits poissons, aux allées et venues frénétiques, se délectaient de ce festin. D'un bras étendu, le cadavre semblait pointer un doigt accusateur vers la cité. Un chœur de hoquets et de cris s'éleva sur la berge.

On l'ignorait encore mais l'année des Hyènes venait de commencer.

ADEPTE DE SETH

À quelques pas du cadavre d'Hétèphérès, un homme sortait en titubant d'une taverne du front de mer, sans prêter la moindre attention aux cris provenant de l'appontement voisin. De ses longs membres minces, il repoussait rudement ceux qui tentaient de se rendre sur la berge pour voir ce qui provoquait tant d'agitation. La dureté de son regard noir et la détermination, qui se lisait sur ses lèvres, suffisaient à faire comprendre à celui qui se mettait sur sa route qu'il valait mieux s'écarter au plus vite. Il semblait vouloir chercher des noises au premier venu.

Un adepte de Seth, murmurait-on sur son passage, sous-entendant qu'il semblait partager le manque de circonspection de ce dieu dont le royaume s'étendait sur le redoutable désert aride.

Dans la foule, des femmes lui lancèrent des regards aguicheurs sous leurs paupières baissées, mais il les ignora délibérément. Devant sa démarche chancelante, on se retournait sur son passage.

L'homme n'était pourtant pas beau. Néanmoins, il ne

passait pas inaperçu. Son visage étroit frappait d'autant plus qu'il était dénué de beauté. Ce qui captivait les femmes, c'était l'intensité de ses yeux noirs. Dans ce regard, où l'intelligence le disputait à la passion, scintillaient des lueurs exaltées. Son teint brun, ses hautes pommettes et ses lèvres pleines mais serrées dénotaient une forte tension tandis que ses émotions transparaissaient comme des balafres sanglantes sur sa figure.

Bientôt, l'homme aux prunelles de jais atteignit les boulevards extérieurs de Thèbes. Ici, aucun feu n'égayait les rues, uniquement éclairées de-ci de-là par une faible torche. Pourtant, il s'engouffra sans hésitation dans l'obscurité, sans se soucier d'éventuels voleurs tapis dans l'ombre.

Il rasa les longs pans de murs d'enceinte blanchis à la chaux des propriétés appartenant à la haute et à la petite noblesse. Il ne s'arrêtait que lorsqu'un groupe de gardes privés émergeait d'une ruelle avec une gaieté bruyante, pour se réfugier dans la niche d'une statue. Après leur passage, il reprenait sa route, réconforté par le poids de son couteau à la lame luisante, qu'il tenait à la main.

Arrivé au boulevard de la déesse Selket, il ralentit l'allure. Risquant un coup d'œil furtif au coin de la rue, il scruta attentivement la porte de bronze de l'autre côté de la place. De part et d'autre, des flambeaux neufs gouttaient continuellement sur les carreaux vernissés. Aucun garde n'était posté devant – le portier s'était probablement esquivé pour participer aux festivités.

Brusquement, l'homme adopta l'attitude calculatrice et vorace du léopard à l'affût. Il se dirigea vivement vers la porte. Après avoir jeté un regard à la dérobée à gauche puis à droite, pour éviter de se laisser surprendre par un éventuel garde caché, il tourna la poignée et poussa.

Rien ne bougea.

Les idées brouillées, l'homme hocha la tête, comme s'il n'avait pas envisagé cette éventualité. Il poussa plus fort. La porte grinça bruyamment sur ses gonds mais ne céda point.

Un lointain martèlement lui parvint dans l'obscurité, puis il se rendit compte que c'était lui qui frappait désespérément de ses propres mains contre les plaques de bronze. Les coups incessants s'accompagnaient même de gémissements. Il parut presque surpris d'entendre sa propre voix.

« Naya ! criait-il dans la nuit. Naya ! » Ses appels accablés de douleur se fondaient dans la clameur de ses frénétiques coups de poing contre la porte. « Naya ! Viens me rejoindre ! »

En l'absence de toute réponse, il recula au milieu de la rue, grimpa sur les pierres d'attache près du puits et lança un hurlement encore plus désespéré : « Nayaaaaaaaa ! »

De nouveau, il cogna et s'époumona à la porte sans s'apercevoir du temps écoulé. Finalement, il entendit un bruit de volets en bois qu'on ouvrait à l'intérieur. Une rangée de torches apparut au loin sur la galerie puis s'avança vers lui dans un bruit de pas lourds et de voix étouffées. Leur lumière éclairait maintenant les avant-cours des autres demeures de la petite place.

En entendant les voix se rapprocher, il afficha un large sourire. Naya venait à sa rencontre ! Il allait la tenir de nouveau dans ses bras, presser ses lèvres contre les siennes, son corps contre le sien.

Un groupe d'hommes armés de gourdins et de fouets fit irruption à la porte, mené par le chef des serviteurs. Aussitôt, ils lui tombèrent dessus. Mais l'homme aux yeux noirs fit virevolter sa lame et les domestiques s'écartèrent pour mieux l'encercler. L'un des plus jeunes s'avança en brandissant sa massue, mais un coup de couteau lui taillada le bras jusqu'à l'os. À la vue du sang versé, ses camarades entrèrent dans une telle fureur qu'ils se jetèrent pour de bon sur lui.

Alors qu'il se défendait, entaillant un nez par-ci, pilonnant un crâne du manche de sa dague par-là, une partie de sa conscience prit du recul pour observer le combat. On aurait dit que le temps s'arrêtait par instants pour souligner certains détails au milieu de toute cette agitation. Les durs regards bruns de ses assaillants, tels ceux du chacal dans le désert, tournaient autour de lui. Il vit les poings se rapprocher et, lorsqu'ils touchèrent au but, il sentit le goût presque délicieux du sang dans sa bouche. Un gourdin le prit de biais sur la tête et il s'écroula au pied du puits, à genoux. Le poignard lui glissa des mains. Se voyant l'emporter, les serviteurs n'hésitèrent plus à le frapper de leurs épaisses sandales de chanvre.

Comme insensibilisé, il se roula en boule pour attendre la mort dans le calme, un léger sourire aux lèvres. Soudain, il entendit quelqu'un au loin sommer ses agresseurs de s'arrêter et de l'aider à se relever.

L'homme, qui venait de s'exprimer, s'enveloppa à la hâte dans un drap de lin. Il était jeune, comme celui au regard noir, sauf que quelque chose d'indéfinissable dans son beau visage trahissait la noblesse – ou la fortune.

— Je t'avais prévenu, Semerkhet, s'exclama-t-il d'une voix blanche et pincée, que si tu dérangeais de nouveau ma femme, je t'administrerais une bonne correction.

Semerkhet se débattit.

— Mon épouse, Nakht ! C'est la mienne !

— Tenez-le ! ordonna Nakht. Et enlevez-lui sa tunique.

Le chef des serviteurs fit un pas pour arracher le manteau des épaules de Semerkhet.

S'emparant du fouet des mains d'un autre valet, Nakht s'approcha de Semerkhet et lui lança au visage :

— Je vais te rosser pire que mes chevaux – pire même que mes serviteurs. Tu vas voir. Si tu oses encore t'approcher de mon épouse, la prochaine fois je n'hésiterai pas à te trancher la gorge, sale paysan.

— Tu es bien courageux, Nakht, quand tes hommes me tiennent.

— Tournez-le.

Un coup de fouet retentit. Même à travers les brumes de l'ivresse, Semerkhet sentit la lanière lui arracher un lambeau de peau dans le dos. Bien que résolu à ne pas donner satisfaction à son adversaire, il ne put s'empêcher de pousser un gémissement.

Un autre coup, et il sentit le sang lui couler dans le dos. Puis un autre. Au sixième, il perdit le compte et tomba à genoux. Les oreilles lui bourdonnaient de douleur. Il entendit vaguement une femme hurler à Nakht de s'arrêter. Revenant à lui, il aperçut un tourbillon de jupons blancs devant lui et reconnut le familier parfum d'huile citronnée avant même de voir son visage.

— Arrête immédiatement ! Tu vas le tuer, Nakht ! S'il te plaît, monseigneur ! S'il te plaît, cesse de le frapper !

— Ses lamentations devant notre porte n'ont que trop duré. Rentre à l'intérieur.

— Monseigneur, laisse-moi lui parler un instant. Je lui ferai entendre raison. Voyant Nakht hésiter, elle poussa son avantage. Je promets que, s'il revient encore, je n'interviendrai plus. S'il te plaît. Laisse-moi une chance.

De mauvaise grâce, Nakht fit signe à ses hommes de se retirer mais s'adressa à voix haute au chef des serviteurs, qui s'essuyait l'entaille qu'il avait sur le front. Il lui intima de rester à la porte pour surveiller sa maîtresse : « Ne la lâche pas des yeux ! »

Les domestiques disparurent à l'intérieur. Leur chef les envoya se faire panser et suturer leurs blessures dans leurs quartiers. Puis il se posta près de la porte, selon les ordres, tapi dans l'ombre, à la disposition de sa maîtresse.

La dame s'assit en tailleur en s'appuyant contre le puits. Elle releva l'homme, qui gémit tandis qu'elle lui posait la tête sur ses genoux. Ayant défait l'étoffe enroulée dans ses cheveux, elle en fit une boule pour tamponner le sang sur son visage. Il battit des paupières et lui sourit en ouvrant les yeux.

— Ton parfum… si doux.

— Je ne le porte pas pour toi, répondit-elle d'une voix fatiguée.

— Fais apporter une torche que je puisse te voir à la lumière.

— Oh, Kheti, pourquoi me fais-tu honte comme ça ? soupira-t-elle.

— Je veux que tu me reviennes, dit-il simplement, surpris par la question.

Elle pinça les lèvres.

— Il faut que tu arrêtes tout ça – crier mon nom dans la rue toutes les nuits. Ça ne peut plus durer. Regarde ce qui t'arrive. Cette fois, j'ai pu empêcher mon mari de te tuer…

— C'est moi ton mari, moi ! cria-t-il si violemment que le chef des serviteurs passa brusquement la tête par l'embrasure de la porte en empoignant une lance.

Naya surprit son geste dans l'obscurité et secoua la tête. La porte se referma légèrement.

— Non, Kheti, tu n'es pas, du moins plus, mon mari.

— Je le resterai toujours.

— Le divorce a été prononcé. Tu m'as rendu ma dot.

— Je ne savais plus ce que je faisais ! J'étais ivre !

— Quand ne l'étais-tu pas à la fin ?

Il leva vers elle des yeux implorants.

— J'arrête l'alcool ce soir même, si c'est ce que tu veux. À partir de maintenant, de l'eau seulement. Pas même de la bière. Sur la tête des dieux, je le jure !

Les larmes lui montèrent aux yeux tandis qu'elle lui berçait doucement la tête.

— Oh mon trésor, mon bébé, lui fredonna-t-elle comme à un enfant, que vais-je faire de toi ? Tu sais bien pourquoi je t'ai quitté. Notre mariage était une catastrophe.

— C'est la meilleure chose qui me soit arrivée.

Détournant le regard, elle soupira.

— Ça l'a été pour moi aussi. Pendant un temps.

— Ça pourrait l'être de nouveau ! s'empressa-t-il de répondre.

— Non. Les dieux l'ont voulu ainsi.

— Les dieux, cracha-t-il sombrement, comme s'il s'agissait de poison. La main tendue derrière lui, il tâtonna puis s'empara brusquement de la dague qu'il avait laissée tomber dans la rue. Il lui maintint sur la gorge, la courbe de la lame appuyée contre le doux arrondi de son cou. Si tu ne me reviens pas, pas question qu'il t'ait non plus. Je vais te tuer ici et maintenant !

Un grincement retentit soudain, et le chef des serviteurs accourut, la lance brandie.

— Non ! lança-t-elle d'une voix ferme et égale mais sans bouger la tête. Rentre ! Il ne le fera pas.

Le serviteur stoppa sa course, la lance en l'air.

— Comment sais-tu que je ne le ferai pas ? s'esclaffa Semerkhet. Nous mêlerons notre sang ici dans la rue et les poètes le chanteront pour des siècles et des siècles.

Elle se tut un moment, les larmes lui coulaient le long du visage.

— Parce que… Parce que, mon amour, tu en tuerais un autre en même temps.

Il lui fallut un instant avant de comprendre. Puis il fit la grimace comme si elle l'avait frappé avec un objet contendant. Elle confirma d'un hochement de tête.

— Je porte l'enfant de Nakht.

Tout doucement, elle écarta la lame de sa gorge, puis tendit le poignard au serviteur. « Range ça maintenant, lui dit-elle sans élever la voix, qu'il ne le retrouve pas. » Ensuite, baissant les yeux vers l'homme auquel elle avait été mariée, elle prit la main qui tenait l'arme et la posa sur son ventre.

Les mouvements infimes qu'il perçut sous les plis de lin lui infligèrent une brûlure plus intense que n'importe quelle flamme, une entaille plus profonde que n'importe quelle lame. Son regard noir se fit impénétrable. Lentement, il se redressa, sans même sentir la douleur de ses contusions.

Ne pouvant soutenir son regard, Naya baissa les yeux sur

ses propres mains, dont les doigts serraient et relâchaient l'étoffe de sa coiffe chiffonnée et maculée de sang.

— Comprends-tu enfin pourquoi tu ne peux pas revenir, Kheti ? Il n'y a plus aucun espoir que je redevienne ta femme. Les dieux en ont décidé ainsi, de la manière la plus définitive.

Il se dégagea lentement et se releva. Du sang s'écoulait de ses plaies, et il avait la respiration courte. Sans un mot, il se détourna, posa une main sur son front et secoua la tête pour reprendre ses esprits. Ses lèvres avaient beau former les mots, aucun son ne sortait de sa bouche. En lui lançant un dernier regard, il gagna une ruelle en titubant. Puis se mit à courir.

— Kheti ! cria Naya, debout, rappelant la silhouette qui s'éloignait. Kheti…

Il s'arrêta, mais pour vomir contre un mur. Sans se retourner, il reprit sa course et s'enfonça dans les ténèbres.

— Maîtresse, hésita le serviteur près d'elle, veux-tu que je le suive ?

— Non. Dis aux autres qu'il ne reviendra pas. Ils peuvent relâcher la garde.

Et elle se mordit le poing de peur de laisser échapper la plainte qu'elle tentait de retenir. Ayant repris sa respiration, elle emboîta le pas au serviteur et rentra. Avec le plus grand soin, il verrouilla la porte derrière elle.

« Il est encore retourné chez elle. » La voix rauque d'indignation de la femme emplit la courette.

Assis dans sa baignoire carrelée, à quatre pièces de là, Nenry leva le bras pour se raser le crâne. Le reflet du soleil matinal dans le miroir que tenait son geignard de valet lui faisait mal aux yeux, lui rappelant ses excès de boisson aux fêtes d'Osiris.

Mérit, son épouse, poursuivait son récit dans la cour.

— À cogner contre la porte, à l'appeler encore et encore. Évidemment, il était soûl.

Devant l'absence de réponse de la part de son mari, elle prit une voix encore plus perçante :

— Tu m'écoutes ?

— Comment pourrais-je faire autrement ? grogna-t-il.

— Comment ?

— Je t'écoute, ma chérie, reprit-il jovialement.

Sa femme entra dans la salle de bains, dans un joyeux tintement de bracelets, tintinnabulant tels des grelots au cou d'une mule. Son expression n'avait cependant rien d'argentin. Le mouvement de recul de son valet n'échappa pas à Nenry. Mérit prit la chose comme un dû et poursuivit sa harangue :

— C'est une honte. Et si tu n'y prends pas garde, ça te coûtera ton poste ! Elle l'observa passer le rasoir sur son crâne sans effet. Attends, dit-elle sur un ton de supériorité impatient, laisse-moi faire.

— Je me débrouille très bien tout seul.

En réalité, Nenry ne supportait pas l'idée de sa femme munie d'un rasoir près de lui.

— Tu vas encore te couper et te mettre du sang partout. Et je ne vais quand même pas laver et plisser tes tuniques deux fois dans la même semaine. Donne-moi ça, j'ai dit.

La voix était ferme et le regard déterminé. Nenry tendit tristement le rasoir. Il se dépêcha ensuite de plonger les mains dans l'eau pour se les mettre en coupe autour des parties. Cinq coups habiles, et le tour fut joué. De vilaines marques rouges remplacèrent les cheveux coupés en brosse mais, de fait, aucun sang ne coula.

— Merci, chérie, dit-il en reculant vers le recoin le plus éloigné de l'enceinte carrelée, frottant d'une main les marques qui le brûlaient et se tenant fermement le bas ventre de l'autre.

— Alors ? demanda-t-elle en croisant les bras.

— Alors… ? s'obligea-t-il à prononcer en s'efforçant de prendre un air parfaitement indifférent.

Elle jeta un regard de biais à son valet craintif et lui arracha la serviette des mains.

— Laisse-nous, lui ordonna-t-elle. Va nous chercher de l'eau au puits communal. Deux cruches. L'homme hocha lentement la tête et sortit à reculons de la salle de bains, en claudiquant. Et ne traîne pas ! lança-t-elle. D'un geste vif, elle sécha son mari avec le morceau d'étoffe usée, comme s'il s'agissait d'un enfant ou d'un chien. C'est la dernière fois que je te laisse choisir un domestique. À quoi pensais-tu quand tu as pris celui-là ? Il aurait mieux valu acheter un babouin dressé au temple. Au moins, il resterait de quoi manger dans le garde-manger.

— Comment se fait-il que tu aies des problèmes avec lui, ma chérie, toi qui sais si bien t'y prendre avec les domestiques ?

Mensonge : deux avaient déjà pris la fuite et une autre s'était pendue !

— C'est un goinfre lent et paresseux. En plus, il chaparde. Hier soir, il a abandonné son poste pour assister à la fête. À son retour, ce crétin tenait une telle cuite qu'il a pissé dans mon bassin. Ce matin, tous mes poissons rouges flottaient le ventre en l'air parmi les lotus. J'ai dû lui jeter de l'eau bouillante sur les pieds pour le réveiller et le fouetter.

— C'est donc pour ça qu'il boîte…

Nenry lui passa devant pour rejoindre sa chambre. Il s'habilla rapidement car il se sentait vulnérable lorsque seule une chemise de lin faisait écran avec son épouse.

Sans rémission, elle le suivit, le rasoir toujours en main.

— Alors, que comptes-tu faire à son sujet ?

— L'inscrire à l'école des serviteurs, je suppose. Que puis-je faire d'autre ?

— Pas le serviteur, ton frère.

— Je croyais que tu parlais de…

— Pas du tout. Si tu faisais un peu attention. Depuis son divorce, il ne sait plus se conduire. Ce n'était déjà pas un cadeau – pas plus que le reste de ta famille, d'ailleurs.

Nenry soupira car il connaissait bien cette autre rengaine. Il avait épousé Mérit parce qu'elle était la petite-nièce du seigneur Iroy, le grand prêtre de Sekhmet. Aveuglé par l'ambition, Nenry s'était laissé adopter par la famille d'Iroy et marier à sa disgracieuse pupille. Certes, sa vie familiale n'était pas rose, mais il avait obtenu des avancements rapides. Récemment encore, il avait été promu au rang de grand scribe auprès du maire de Thèbes Est.

Mais le prix à payer était lourd. Leur premier et unique enfant, un fils, leur avait été enlevé par le seigneur Iroy pour être élevé chez lui et désigné comme son principal héritier. Déchirée entre la loyauté et la haine pour cet oncle puissant qui lui avait volé son fils, Mérit vivait dans l'amertume et la frustration. Nenry était devenu sa cible de prédilection.

Nenry se hâta d'attacher sa ceinture autour de la taille et d'enfiler ses sandales. Dès que sa femme eut tourné le dos, il quitta la chambre sur la pointe des pieds.

Ces jours-là, pour échapper aux invectives de Mérit, il valait mieux partir se réfugier chez le maire. Ces derniers temps, il quittait son domicile de plus en plus tôt. Dans la cour, il fixa le sol sans le voir, prêt à pleurer sur les malheurs de sa vie.

Pauvre de moi, soupira-t-il.

Et à tout cela voilà que s'ajoutaient les problèmes causés par son frère. Semerkhet, qui portait un implacable regard noir sur son désir d'avancement et de statut social, avait toujours fait son martyre. Alors que l'aîné respectait à la lettre les règles et les interdits de la société égyptienne, le cadet avait toujours été un garçon indiscipliné et porté aux excès. Dès sa jeunesse, on avait pris l'habitude de le qualifier d'adepte de Seth. Peu à l'aise avec les mots, Semerkhet ne trouvait généralement à dire que des choses désagréables – quoique justes. La vérité était d'ailleurs sa principale stratégie d'attaque contre autrui.

Puis, par miracle ou presque, Semerkhet avait rencontré

et épousé dame Naya. Totalement sous le charme, il était devenu presque agréable en société. Les rares paroles qu'il prononçait avaient largement perdu de leur mordant. Naya avait même réussi à lui faire accepter un poste au sein de l'administration royale, car, comme Nenry, il savait écrire.

Ainsi devenu enquêteur au Service des investigations et des secrets, Semerkhet était chargé de dénicher la vérité dans les affaires criminelles difficiles. Il était même apprécié des juges pour lesquels il travaillait, parfois à leur corps défendant car il n'hésitait pas à leur asséner quelques vérités lorsqu'il jugeait la chose justifiée.

Pendant un temps, on pensa que cette félicité allait durer. Mais le mariage de Semerkhet était maudit : Naya n'arrivait pas à avoir d'enfant. Rien n'y faisait, ni les cataplasmes et les amères infusions des médecins, ni les psalmodies et les prières des prêtres, ni même les amulettes et les étranges rites magiques des sorcières nubiennes.

Naya désirait plus que tout un enfant de sa propre chair. De désespoir, elle avait fini par convaincre Semerkhet que le divorce était la seule solution. Peu après, elle avait épousé le seigneur Nakht, un noble en charge de l'entretien et de l'approvisionnement du harem royal à Thèbes.

À son habitude, Semerkhet avait eu une réaction très simple face à la désertion de sa femme. Il s'était effondré. Incapable d'exprimer ses sentiments, il avait fini par trouver le moyen de se délier la langue : la boisson. Des semaines durant, il avait hurlé son chagrin et sa colère à la nuit, tambouriné à la porte de son ancienne épouse, la suppliant en vain de revenir avec lui.

Régulièrement, des Medjaïs venaient réveiller Nenry pour lui murmurer, gênés, que son frère avait de nouveau été arrêté. Nenry versait des pots-de-vin pour s'assurer le silence de la police, mais Mérit avait raison : cette conduite ne passerait bientôt plus inaperçue. En Égypte, au moindre crime commis par un de ses membres, toute la famille perdait son statut social, or le prestige était bien l'unique aspiration partagée de Nenry et de son épouse. Il fallait effectivement faire quelque chose.

— Nenry !

Il sursauta au son de la voix criarde de Mérit. Il était si profondément absorbé à s'apitoyer sur son sort qu'il ne l'avait pas entendue approcher.

— J'inspectais le bassin aux lotus, ma chérie. Je vois en effet que tous tes poissons rouges sont morts. Je vais te donner quelques anneaux de cuivre pour que tu t'en achètes de nouveaux… ou autre chose… d'accord ? bredouilla-t-il en farfouillant désespérément dans sa ceinture.

— Je veux qu'on s'occupe de ton frère.

— Mais que puis-je faire ?

— Use de ton influence, même si tu n'en as guère. Trouve-lui un poste quelque part.

— Mais comment ? Tout le monde le connaît. On va penser que j'essaie de l'imposer.

— Je me moque du qu'en-dira-t-on. Je ne laisserai pas la conduite sordide de ton frère ruiner le peu que nous avons réussi à acquérir… Tu m'écoutes ?

— Je ne fais que ça, t'écouter, il me semble.

Dans sa détresse, il avait parlé tout haut, sans réfléchir. Il était allé trop loin. Nenry vit son bras partir en arrière, son poing droit se refermer et l'expression de fureur se dessiner sur son visage. Dans l'attente du coup, il ferma les yeux.

Une série de martèlements rapides contre la porte les fit tous les deux sursauter. Ils se regardèrent.

— Qui cela peut-il être ? murmura-t-il.

— La police, qui d'autre, siffla-t-elle. À cause de ton frère, encore !

Nenry ouvrit lentement la porte. Un Medjaï vêtu de l'uniforme du temple de la Justice se tenait effectivement derrière, sa peau noire miroitant sous le soleil matinal. D'après ses insignes, il faisait partie des gardes du corps du grand vizir !

Nenry sentit ses genoux fléchir. Le grand vizir ! Comment le scandale avait-il pu atteindre ces hauteurs ?

— Es-tu bien Nenry, scribe de Paser, le maire de Thèbes Est ?

Le garde s'exprimait avec concision, sur un ton froid et officiel.

— C'est bien lui, s'insurgea Mérit. Que lui veux-tu ?

Surpris par sa vigueur, l'homme cligna des yeux.

— Une… Une convocation urgente de la part du maire. On m'a dit de la remettre à son scribe en chef.

Tremblant, Nenry rompit le sceau de cire et agrandit les yeux à la lecture des tablettes.

— Par exemple ! s'exclama-t-il désemparé.

— Qu'y a-t-il ?

Mérit lui saisit l'épaule, puis son regard anxieux alla des tablettes vers son visage.

— On a découvert le corps d'une prêtresse – peut-être assassinée. Je dois aller chercher le maire au temple de Maat. L'ordre émane du grand vizir en personne.

— Une prêtresse, morte ! Quelle horreur ! Dans le silence qui s'ensuivit, il vit son visage se durcir de nouveau. N'oublie pas ce que je t'ai dit. Si tu ne t'occupes pas de ton frère, tu auras affaire à moi.

Et elle rentra à l'intérieur dans un étourdissant cliquetis de bracelets. Nenry lança un coup d'œil au Medjaï, il fut rassuré de percevoir un brin de compassion dans son regard.

***

Les paroles de son épouse résonnant encore dans sa tête, Nenry se hâta vers le quartier pauvre de la ville où habitait Paser. Au vu de l'état de malpropreté et de décrépitude alentour, il se demanda comment son maître avait bien pu choisir d'élire domicile dans un faubourg aussi sordide. Nenry avait consacré sa vie entière à essayer de fuir cette misère.

Pour bâtir son imposante résidence, le maire de Thèbes Est avait simplement racheté toutes les maisonnettes du quartier et les avait reliées en perçant les murs. Nenry traversa vivement les multiples cuisines et réserves de l'enceinte, longea le harem et se retrouvera pour finir à faire nerveusement les cent pas devant la chambre à coucher du maire.

Un coup d'œil derrière le rideau de la porte lui révéla que Paser était déjà réveillé et habillé, il ajustait sa perruque. En entendant d'autres voix dans la pièce, il tendit l'oreille. À sa grande stupeur, il reconnut notamment celle de Nakht, l'époux de Naya. Ses genoux se dérobèrent sous lui et il dut s'appuyer contre le mur de briques crues. C'était la ruine assurée, comme son épouse l'avait prédit.

L'autre personne lui était inconnue. Il s'agissait d'un homme de stature haute et puissante, maculé de poussière blanche et de sable du désert. Un instant, il fit peine à Nenry de le voir se présenter devant le maire dans une si triste mise. Chose incroyable, comme pour confirmer sa pensée, il lui sembla que l'homme pleurait.

Avant d'avoir pu entendre ce qui se disait, il vit deux esclaves vêtues uniquement de lanières de cuir surgir de la chambre. Devant l'expression de Nenry, qui se forçait à afficher un masque de remontrance, elles firent la bouche en cœur.

— A-t-il bientôt terminé ? s'enquit-il. Va-t-il sortir bientôt ? De quoi parle-t-il avec Nakht ? Et qui est l'autre homme ?

— Je crois que je l'ai entendu dire qu'il allait se recoucher, annonça l'Africaine en jetant un regard en coin à sa compagne.

— Après cette nuit, qui pourrait lui en vouloir ? entonna la grande, avec un charmant bâillement.

Les deux filles échangèrent un regard lascif et éclatèrent de rire.

— Allons bon, s'exclama Paser en avançant ses formes arrondies derrière le rideau. Qu'est-ce que tout ce bruit, là dehors ?

Il lança un regard indifférent à son scribe. Derrière le

rideau, Nenry vit Nakht et l'étranger s'esquiver des salons de Paser par une porte dérobée.

— C'est Nenry, Maître, expliqua la plus grande des deux filles. Il nous fait rire ! Il est tellement drôle quand il plisse le front comme ça !

— Et moi alors ? La voix tonitruante du maire fit trembler la pièce minuscule. Ne me trouviez-vous pas amusant aussi hier soir, petites coquines !

Il fit semblant de fondre sur elles et elles prirent la fuite, en poussant des cris perçants. Une vague lueur de désir dans l'œil au souvenir de la nuit passée, Paser sourit de les voir courir ainsi. Puis, à regret, il se tourna vers son scribe.

— Qu'est-ce que cette histoire avec le grand vizir, Nenry ?

— Monseigneur est au courant de la réunion ? Sa surprise céda rapidement la place à un ton mielleux. Mais naturellement, tu es si clairvoyant, si vif. Que peut-il se passer à Thèbes que tu ignores ?

— C'est Nakht qui m'en a parlé.

— Le seigneur Nakht a-t-il mentionné autre chose, maître ?

Paser ne répondit pas. À grandes enjambées, il quitta la pièce et sortit sur son perron.

— Suis-moi, Nenry. Ne traîne pas. Nous ne voudrions pas faire attendre ce cher vieil homme.

Contrairement à la plupart des hommes corpulents, le maire ne se dandinait pas, il marchait comme un lutteur. Avec son scribe, on aurait dit un hippopotame suivi de son pique-bœuf battant des ailes.

— Apparemment, une prêtresse a été assassinée, souffla Nenry en tentant de ne pas se laisser distancer.

— Je sais, pauvre vieille ! Nakht dit qu'on ne parle que de ça en ville. Sale affaire. Mais nous ignorons s'il s'agit d'un meurtre pour l'instant, Nenry. Ne tirons pas de conclusions hâtives. Il s'agit plus vraisemblablement d'un banal accident.

Le maire s'installa dans la chaise à porteurs qui l'attendait. « En avant ! » cria-t-il. À grand renfort de gémissements et de jurons, les porteurs soulevèrent la chaise à hauteur d'épaule puis sortirent par la porte principale.

« Au temple de Maat », indiqua Nenry à l'homme de tête. La sueur dégoulinait déjà sur son visage et il se contenta d'un signe de tête. Il existait en Égypte des métiers beaucoup plus pénibles que celui de porteur pour ce porc de maire de Thèbes Est : ouvrier sur les pyramides ou haleur d'obélisque, par exemple.

Deux maires avaient été nommés à la tête de la Thèbes aux cent portes : l'un dirigeait la partie de la ville située sur la rive orientale du Nil, l'autre sur les quartiers de la rive occidentale. Paser administrait les vivants tandis que son homologue, Paour, gérait la nécropole à l'ouest. Or, bien qu'ils se partagent la capitale, ils avaient une philosophie et un tempérament si différents que l'on n'aurait pas pu trouver deux hommes plus dissemblables dans le reste du vaste monde.

Gras, prospère et bon vivant, Paser avait le rire facile. Ses vrais parents étaient de misérables poissonniers mais, devant le charme et l'affabilité du jeune homme, un scribe sans enfant l'avait adopté et envoyé à la maison de Vie pour y devenir scribe à son tour. Paser y avait appris les sept cent soixante-dix symboles sacrés de l'écriture en un temps record – car on découvrit que si une chose dépassait sa corpulence, c'était son intelligence.

Après son admission chez les prêtres, Paser était entré dans l'administration où il avait rapidement grimpé les échelons. À vingt-sept ans, sa nomination à la tête de Thèbes Est le plaçait directement sous la direction du grand vizir d'Égypte. Il était remarquable d'avoir atteint une telle situation à un si jeune âge.

Paser ne boudait pas son plaisir, particulièrement en cet instant où les portes de sa résidence s'ouvrirent et où les cris de la foule l'acclamèrent.

Du haut de sa chaise, le maire se penchait pour serrer les mains tendues vers lui.

— Néfer ! lança-t-il à une vieille. Toujours la plus belle femme d'Égypte !

La femme lui envoya un baiser fané.

— Oh, le petit fripon !

Il tourna son attention vers un mendiant aux jambes coupées : « Surveillez vos bourses, chers concitoyens, il est plus vif que la gazelle ! » Le mendiant jubila sans prendre ombrage de la plaisanterie.

Puis, reniflant l'air, Paser jura que le poisson qu'on faisait frire sur une plaque chauffante était le meilleur qu'on pouvait s'offrir dans tout Thèbes – et qui le saurait mieux que lui, l'enfant de poissonnier ? À ce signal, Nenry lança quelques petits anneaux de cuivre à la foule. Le maire invita alors chacun à goûter le poisson pour voir s'il mentait. Reconnaissant, le marchand lui fit parvenir une belle tranche de perche du Nil parfumée au cumin qu'il avala goulûment, se répandant en compliments entre deux bouchées. Au moment où sa chaise rejoignait l'avenue principale par les bords du fleuve, la foule lui chantait des louanges dignes de Pharaon.

Nenry, qui trottait aux côtés de la chaise, tentait tant bien que mal de répondre aux questions acerbes de Paser.

— Est-ce que la Vieille Chouette vient aussi, Nenry ?

La « Vieille Chouette » était le surnom dont Paser affublait son collègue Paour, le maire de Thèbes Ouest.

— Oui, maître, la convocation vaut également pour la… Le maire de l'Ouest.

— Comment était-elle rédigée ?

— Je vous demande pardon, maître ?

— Allons voyons, Nenry. Sur un ton furieux, menaçant, froid ou quoi ?

— Non, maître ! Elle comportait les compliments d'usage.

— Rien ne trahissant un quelconque mécontentement ?

— Non, maître.

— Je n'aime quand même pas ça, rumina le maire. Pourquoi réclamer la présence de la Vieille Chouette ? Après tout, le crime s'est produit de mon côté de la ville. En quoi est-ce que cela le concerne ?

Paser sombra dans une morosité inhabituelle et n'adressa plus un mot à son scribe durant les derniers mètres qui les séparaient du temple de Maat. Par bonheur, le canot de Paour se rangea le long du débarcadère de pierre juste au moment où Paser et Nenry atteignaient la partie large de la rampe menant au temple. Paour demeura immobile telle une statue divine sous son dais de bois tandis que l'embarcation rebondissait contre les balles de paille du débarcadère. Une fois les amarres levées, il se tint debout, majestueux dans sa robe blanche amidonnée.

La juridiction de Paour s'étendait sur la place de Vérité où vivaient les artisans du tombeau de Pharaon, la Grande Place où reposaient les pharaons, la place de Beauté où étaient inhumées leurs reines et le temple fortifié de Djémé, la résidence méridionale de Pharaon.

À quarante-trois ans, Paour était un homme versé dans les lectures pieuses et les interminables prières. Ni épouse ni esclave ne réchauffaient son lit, Paour étant attiré par la dure vie frugale de l'ordre religieux le plus rigoureux. De fait, c'était un zélote qui désapprouvait secrètement la manière toujours plus désinvolte dont Pharaon s'acquittait de ses devoirs religieux au fil des années. Paour attendait avec impatience l'avènement d'un monarque plus attentif aux dieux, et, peut-être, par la volonté d'Amon, un membre de sa propre famille, dont la lignée remontait beaucoup plus loin que celle de Ramsès.

Le miracle était en outre possible car sa sœur Tiyi, seconde grande épouse royale, avait donné quatre fils à Ramsès. L'un d'eux notamment, son neveu le prince Pentaour, commandait une unité de cavalerie d'élite et les Thébains le considéraient comme un grand héros. Il ferait un splendide pharaon. Mais le seul fait d'imaginer le décès d'un pharaon constituait un acte de trahison et Paour bannit sévèrement cette pensée de son esprit.

La descente du canot s'effectua en silence, tête haute devant les esclaves et les gardiens du temple prosternés. Cette fière allure aurait été du meilleur effet si Paour n'avait pas mis sa sandale dans un crottin de cheval fraîchement déposé au passage d'un char.

S'arrêtant brusquement, il regarda par terre et laissa échapper une formule pour le moins impie.

Le rire de Paser résonna de l'autre côté de la jetée :

— Que cela te serve de leçon, Paour ! Il faut rabaisser un peu ses visées si on ne veut pas se mettre dans la merde.

— Je ne saurais que trop écouter les conseils de mon révéré collègue, clama le maire de Thèbes Ouest avec le regard foudroyant du cobra, tandis que son valet se précipitait pour lui nettoyer la sandale. N'en est-il pas sorti lui-même ?

Dans le silence embarrassé qui suivit, Paser éclata de nouveau de rire comme s'il goûtait la plaisanterie. Seul Nenry reconnut la froide colère à peine perceptible que masquait son amusement.

— Je n'ai jamais caché mes origines, cher maire. Nul n'ignore que tu es l'héritier d'une glorieuse lignée alors que moi j'ai dû me lancer dans la vie avec ma vivacité d'esprit pour seul bagage. Mais pour finir, nous voici égaux.

— Égaux ? réfléchit Paour. Oui, comme nous le sommes tous devant les dieux, même Pharaon.

— Dans ce cas, je te laisse le soin de le lui expliquer car moi je n'en ai pas le courage.

Paser fit signe à ses porteurs de poser la chaise à terre. Après plusieurs tentatives, il parvint enfin à s'extirper de son siège étroit pour rejoindre Paour. Le contraste offert par les deux rivaux fut plus évident que jamais. Le gros et le maigre. Le hautain et l'aimable. L'un allongé comme un roseau, l'autre aussi trapu qu'un lutteur. Pourtant au-delà de leurs différences, quelque chose les unissait très fort : la haine pure et extrême qu'ils se vouaient mutuellement.

Paser tendit son bras à Paour. Ensemble, ils gravirent la longue rampe d'accès au temple de Justice, chacun son bâton de fonction en main. Aux yeux de tous ceux qui les regardaient de loin, ils pouvaient paraître les meilleurs amis du monde. Mais, en son for intérieur, Nenry ne pouvait s'empêcher de penser aux danses nuptiales exécutées par certaines araignées du désert dont les délicats pas guindés et précautionneux débouchaient souvent sur la mort au lieu de l'accouplement.

Le grand vizir reçut les deux maires dans l'antichambre habituellement réservée à ce type de réunion. À l'extérieur attendait une longue file de suppliants et de plaideurs. De leurs cris et supplications, ils tentaient désespérément d'attirer l'attention du Premier ministre, car il ne fréquentait guère Thèbes ces temps-ci, lui préférant Pi-Ramsès, la capitale du Nord où résidait Pharaon. S'ils ne parvenaient pas à obtenir audience, ou ne lui versaient pas des pots-de-vin suffisants, les pétitionnaires risquaient d'attendre des semaines voire des mois avant que To revienne dans le sud.

Le grand vizir était un vieil homme ridé de quelque soixante-dix ans, plus âgé même que son ami, le pharaon. Il gagna lentement son fauteuil en chancelant, saluant les plaideurs de la main, et échangea quelques compliments avec les maires. D'un air triste, il indiqua à un esclave de leur présenter une coupe de dattes frites et autres délicates friandises. On apporta ensuite de la bière mélangée à du vin de palme – une boisson fort capiteuse – dont le vieil homme s'offrit une bonne gorgée pour fortifier son foie. Ensuite, il ordonna qu'on fît patienter tous les suppliants à l'extérieur et s'essuya la bouche de la main, prêt à aborder l'affaire suivante.

Lorsque la salle fut vide à l'exception des maires et de leurs suites, To prit la parole. Plus la moindre trace de faiblesse, de chevrotement, dans sa voix, ni de gâtisme dans son attitude.

— Par les couilles d'Horus, va-t-on me dire ce qui se passe, hurla-t-il en frappant violemment sa coupe sur le bras de son trône avec un regard inquisiteur. Une prêtresse assassinée. Thèbes n'a pas connu de telle infamie depuis le départ des Hysksos. J'exige des réponses et que ça saute !

— Qu'il me soit permis de te rappeler, noble seigneur, commença Paser avec un large sourire, que nous ne pouvons en aucune manière savoir s'il s'agit ou non d'un meurtre. Et qu'il me soit permis de demander en quoi cet incident justifie la présence des deux maires de Thèbes ?

To cracha dans un bol à ses pieds.

— Parce que, techniquement, le crime relève de vos deux juridictions.

Du fond de l'antichambre, Nenry s'efforçait de tendre l'oreille. To ramassa une pile de tablettes de cire.

— Ce rapport du capitaine Mentmose, des Medjaïs, nous apprend que la défunte a été identifiée comme l'une de tes administrées, Paour – elle venait de la place de Vérité. Il remit les tablettes à un esclave qui les porta à Paser. Mais son corps a été découvert du côté de chez Paser. Vous voyez le dilemme.

Paser commit alors une erreur tactique car il survola le rapport du regard.

— Assurément, seigneur To, il s'agit d'une affaire regrettable mais sans importance. Il est dit ici que cette Hétèphérès ne s'occupait que de petits sanctuaires dans les montagnes du désert.

— Mes prêtresses vaudraient-elles moins que les tiennes ? fulmina Paour.

Il allait poursuivre dans la même veine quand le vizir émit un grognement de rage.

— Il s'agit donc pour toi d'un banal incident, Paser ? Laisse-moi te dire que quand il apprendra la nouvelle, le peuple s'indignera et demandera justice, car le meurtre d'une prêtresse déclenche la furie des dieux. Tu es jeune. Tu n'as jamais vu la populace se déchaîner ni la ville après une émeute. Je me souviens que, durant la famine qui s'est abattue sur la région il y a cinquante ans, les Thébains se sont soulevés comme un seul homme pour nous tenir responsables, nous leurs dirigeants, de cette catastrophe. Nous avons dû fuir dans les montagnes pour ne pas y laisser la vie. À ta place, je ne m'empresserais pas de classer ce « crime mineur » avec une telle désinvolture. En pareil cas, il est difficile pour un maire de se raccrocher à sa fonction. Comment crois-tu que j'aie gravi les échelons ? ajouta-t-il, les yeux brillants, après une pause.

Le vieil homme cracha de nouveau dans le bol.

— Alors, je te le demande une nouvelle fois, comment vas-tu t'y prendre pour que nous puissions tous dormir sur nos deux oreilles ?

— Puisque le corps a été découvert dans la partie est de la ville, il m'appartient de résoudre ce crime – si ç'en est un, se hâta-t-il de répondre en espérant réparer son erreur.

Voyant le vent tourner en faveur de Paser, Paour prit la parole :

— L'affaire me revient. Après tout, la prêtresse faisait partie de mes administrés.

— Si bien administrés qu'ils se font massacrer sous ta garde, murmura Paser suffisamment fort pour se faire entendre à travers toute la pièce.

— Nous n'en savons rien pour le moment, le sermonna le vizir. Le crime aurait tout aussi bien pu se produire aux fêtes d'Osiris, sous ta garde à toi.

— Mais aucun artisan de la place de Vérité n'est autorisé sur mon territoire, lui rappela Paser.

— Serais-tu en train de me citer la loi, monsieur le maire ? To plissa les yeux.

De peur de perdre son avantage, Paser s'enhardit.

— Il est pourtant manifeste que les dieux se sont exprimés clairement, vénérable Seigneur.

— Que veux-tu dire ? s'enquit To avec curiosité.

— Que si les dieux avaient foi dans les compétences du seigneur Paour, le corps de cette Hétèphérès aurait sûrement été découvert de son côté de la ville. Manifestement, les Augustes veulent que ce soit moi qui me charge de l'affaire.

— Voilà qui est fort ! sursauta Paour. Qui plus est hérétique !

— Tu m'accuses d'hérésie ? C'était la charge la plus grave en Égypte. Je vois bien où tu veux en venir, ne t'y méprends pas. Tu cherches à dissimuler quelque sombre dessein derrière ces accusations.

— Sombre dessein… !

— C'est pour ça que tu veux l'affaire, pour occulter la vérité.

Les serviteurs et les esclaves du temple en eurent le souffle coupé.

— Il suffit ! coupa le vizir. Ces accusations sont parfaitement déplacées. Je sais que vous ne vous aimez pas mais si tout cela était vrai, qu'en serait-il de moi qui vous ai nommé tous les deux ? Le vizir To ravala ses lèvres gommeuses. Nous devons trouver une solution, sur-le-champ. Qui devons-nous charger de découvrir la vérité dans cette affaire ? Et comment saurai-je que ce vous me racontez n'est pas une simple invention de votre part pour m'apaiser ?

Au fond de la salle, il vint soudain une idée à Nenry, qui eut une légère toux pour se faire entendre.

— Oui, qu'est-ce que c'est ? Les yeux embrumés du vizir scrutèrent la pièce. Que veux-tu nous dire ? Qui es-tu ?

— Je m'appelle Nenry, monseigneur, je suis le grand scribe du Seigneur Paser. Que les maires veuillent bien me pardonner, mais je pense avoir une solution à ce dilemme.

— Nous t'écoutons.

— Il faut désigner quelqu'un qui ne soit inféodé à aucun des deux maires pour enquêter sur ce crime, pour veiller à ce que la plume de vérité de Maat soit honorée.

— Oui, très bien. Mais existe-t-il une telle personne à Thèbes ? Chacun doit forcément fidélité à l'un ou l'autre maire.

— Mon frère Semerkhet ferait l'affaire, monseigneur.

Le nom circula de bouche en bouche dans un murmure bruissant.

— Et de quel droit ce Semerkhet pourrait-il enquêter sur ce crime ?

— Il a justement été employé au Service des investigations et des secrets des lieux, Monseigneur. Il connaît les lois d'Égypte et possède une vive intelligence – et il est entièrement dévoué à la vérité.

Le vizir était intrigué.

— Mais tu es toi-même au service du seigneur Paser. Ton frère ne lui accorderait-il pas sa préférence par amour pour toi ?

— Monseigneur, mon frère n'aime personne. Et comme le meilleur ami du seigneur Paser n'est autre que le seigneur Nakht, marié à l'ancienne épouse de Semerkhet, je ne crois pas qu'il soit enclin à favoriser le seigneur Paser en quoi que ce soit.

— Nakht, le responsable du harem ?

— Oui, monseigneur.

— De mieux en mieux, ricana To tout à sa joie. Mais ne risque-t-il pas d'accorder sa faveur à Paour dans ce cas, pour se venger de Nakht ?

— Certainement pas, monseigneur. Il ne ferait jamais ça.

— Et pourquoi pas ?

Nenry eut un serrement de gorge.

— Parce que… Selon ses dires, il tient le seigneur Paour pour un… Sa voix se perdit dans le lointain.

— Oui ? To perdait patience.

— Eh bien, monseigneur, il le traite de vieux chicanier et prétend qu'il a un petit pois dans la tête.

Des rires s'élevèrent dans la salle. Assis sur son tabouret, Paour se raidit et rougit.

— Silence ! hurla To. Au moindre nouvel éclat, je fais évacuer la salle. On dirait que c'est un homme très aigri votre frère, ajouta-t-il en se tournant vers Nenry.

— Oh oui, monseigneur, confirma Nenry avec un violent hochement de tête. Il ne respecte qu'une seule chose : la plume de vérité de Maat.

Indigné, Paour se leva de son siège.

— Je proteste. Retenir un tel homme – un adepte de Seth si j'en crois la description de son propre frère – serait une attaque ouverte contre les dieux. Il ne peut rien en sortir de bon.

Mais To l'ignora et s'adressa à Nenry.

— Fais venir cet homme ici.

D'un geste, l'audience fut levée. Le grand vizir se leva de son trône. Titubant légèrement sous l'effet de la bière arrosée de vin de palme, il sortit se soulager contre le mur. Avec un regard furieux à Nenry et à Paser, Paour eut un spasme de dégoût puis repartit vers le fleuve pour retrouver son canot. Derrière lui, Nenry et Paser demeurèrent dans l'antichambre. Paser gardait le silence.

— J'espère que je me suis pas trop mis en avant, mon maître, en proposant mon frère… commença Nenry.

— Je devrais te faire battre, déclara le maire, terre à terre. Ne refais jamais ça, Nenry, sans m'en parler avant.

— Bien, maître. J'ai eu tort, maître. Plus jamais, je ne recommencerai, maître.

Le maire de Thèbes Est gloussa et passa son bras autour des épaules tremblantes de son scribe.

— Pas de précipitation, Nenry. Tu as eu tort de ne pas m'en parler avant, mais le plan est excellent.

— Que… ?

Paser étouffa un petit rire.

— Tu as vu la colère de cette Vieille Chouette ? Hé ! Hé ! Hé ! Ça en valait la peine, rien que pour ça. Mais presque aussitôt, un mauvais pressentiment l'assaillit. Je le maintiens, néanmoins, il y a forcément une raison pour que Paour veuille la mainmise sur cette enquête. Je n'ai aucune confiance en lui. Je n'en ai jamais eu. Ton ivrogne de frère est peut-être justement ce qu'il nous faut. Et j'ai bien l'intention de lui apporter toute l'aide que je peux.

Après une rapide volte-face, le maire quitta l'antichambre à grands pas. Ce ne fut qu'après son départ que Nenry se rendit compte, bien que confusément, que Paser avait traité Semerkhet d'ivrogne. Comment pouvait-il savoir ? À moins que…

Mais avant de pouvoir ruminer plus avant, il hélait une chaise à porteurs pour se rendre au centre-ville et se mettre en quête de Semerkhet. Les dieux seuls savaient dans quels endroits sordides il aurait à le chercher.

Il était dans leur chambre, comme il en avait gardé le souvenir. Semerkhet rit tout haut de se retrouver chez lui, et il regarda autour de lui, ravi. Les murs de briques crues étaient peints à la chaux et percés d'une petite ouverture en mica transparent. Il avait acheté l'épaisse vitre à prix d'or à une caravane de passage il y avait des années, afin que Naya pût jouir de la vue sur les figuiers et les papyrus plantés dans la cour. Le soleil entrait dans la pièce par la fenêtre et Naya se penchait sur son lit pour le soigner. Semerkhet soupira de bonheur. Il avait toujours su que Naya lui reviendrait. Ils s'aimaient trop pour qu'il n'en fût pas ainsi.

Et puis il aperçut les oiseaux dans les champs au loin.

« Naya ! s'écria-t-il gaiement, en pointant le doigt de sous la couverture. Naya, regarde ! Les petits ibis sont dans les labours ! » Il savait à quel point elle aimait ces oiseaux qui fourrageaient dans les sillons de leur long bec noir. Semerkhet détourna les yeux de la fenêtre inondée de soleil. Le coin de ses lèvres s'effondra. Ce n'était pas Naya, mais quelqu'un d'autre qui était penché à son chevet.

En le voyant ouvrir les yeux, elle prononça son nom. Il

l'entendit très très loin… Et ce n'était pas la voix de Naya non plus.

Semerkhet cligna des yeux en essayant de forcer ses esprits à revenir dans la pièce baignée de soleil. Il lui suffisait de fermer les yeux pour faire revivre l'image de son couple dans la petite maison de briques crues et celle des lièvres qui chapardaient dans les blés. Non, pas des lièvres. C'était quoi, déjà ?

Des petits ibis, murmura-t-il tout haut, et il sourit.

La femme s'agenouilla par terre à ses côtés et tendit le bras pour lui tâter le front.

— Des ibis ? Semerkhet, tu me fais peur. S'il te plaît, ne dis pas des choses pareilles !

Il se rendit à peine compte du léger choc que lui produisit la vue de cette curieuse femme qui caressait sa chevelure noire. Il écarta la main d'un mouvement de tête.

— Tu n'es pas Naya, dit-il dans un souffle.

— Allez, debout Semerkhet. À moins que tu n'aies encore un peu de cuivre dans ta ceinture pour te payer un verre, ils vont te jeter dehors. Tu devrais rentrer chez toi, de toute façon.

De quoi parlait-elle ? Il était chez lui.

Le rideau de la pièce fut brutalement tiré en arrière dans un désagréable courant d'air. Un eunuque syrien fit entrer un autre homme. L'étranger était mince et chauve, son visage se tordait sous une multitude de tics convulsifs, et il tenait un mouchoir sous son nez à cause des relents de vin et de vomi émanant de la paillasse.

— Oui, dit l'homme nerveux. C'est bien mon frère. Semerkhet perçut le cliquetis des morceaux de cuivre qui changeaient de mains.

— Nenry ? Il voulait demander à son frère ce qu'il faisait ici, chez lui, mais un vent de panique chassa toute curiosité de son esprit. Il s'assit et reprit :

— Où est passée Naya ? Et la fenêtre en mica ? Qu'est-il arrivé à sa petite maison aux murs de briques crues ?

De quelque part au loin surgirent des cris stridents. Semerkhet secoua la tête, força son cerveau à occulter ces horribles hurlements, mais ces derniers s'intensifièrent au point qu'il dut se boucher les oreilles des deux mains.

Le chauve continuait de le fixer d'un regard horrifié.

— Depuis combien de temps est-il dans cet état ? demanda-t-il à la femme.

— Le début de la matinée. Il n'a pas arrêté de hurler, malgré tous mes efforts pour le soulager. Des larmes lui coulaient le long des joues. Elle les essuya d'un geste irrité. Il est si torturé, ton frère. Je n'ai jamais vu un tel chagrin. Je ferais n'importe quoi pour lui, mais il ne semble même pas me voir. Je suis juste une pauvre serveuse auprès de laquelle il pleure parfois sa femme.

Semerkhet battit des paupières. Le chauve parlait à un médecin assis à côté du lui sur le lit. La jolie femme tenait la tête de Semerkhet dans son giron.

— Alors, tu l'appliques ce traitement ? demanda son frère au médecin. Ce dernier hocha la tête

— Apporte-moi du vin de datte, s'adressa-t-il à la serveuse.

— Encore du vin ? s'exclama Nenry. Mais ça va le tuer !

— Il n'a rien pris d'autre depuis un certain temps. Son organisme ne supporterait pas une privation brutale.

Le médecin rédigea rapidement une prière à l'encre noire et rouge sur une bande de papyrus. La femme posa la coupe de vin devant lui. De sa mallette, le médecin sortit un flacon bouché à l'émeri. Lorsqu'il l'ouvrit, un parfum âcre envahit la pièce.

— Qu'est-ce que c'est que ça ? demanda Nenry, suspicieux.

— De la résine de pin fermentée, répondit le médecin en versant. Et ceci, ajouta-t-il en ouvrant un autre flacon, est de l'opium de Hattousa.

— Combien tout cela va-t-il coûter ?

— Souhaites-tu qu'il vive ?

Nenry opina du chef.

Le médecin versa cinq gouttes de sérum dans le vin de palme, ajouta un œuf de perdrix puis remua. Il trempa la prière dans la coupe et l'encre de la formule fut dissoute dans la mixture. Après avoir inséré un bouchon d'ivoire entre les dents de son patient, le médecin lui versa le vin à la cuillère dans la gorge.

Les cris cessèrent presque aussitôt et Semerkhet vit de nouveau la belle chambre à la fenêtre de mica dans toute sa sérénité. Gêné par le bouchon, il ne pouvait pas parler. Sinon ses questions auraient fusé dans la pièce. Il aurait demandé au médecin pourquoi son adorable Naya n'était pas là et quand elle allait revenir...

Brusquement, il eut conscience des réponses à ses questions. Pour la première fois depuis des jours, il se reposa tranquillement, sans que son esprit agité ne fasse surgir de visions de chambres mirifiques et de douces pâtures peuplées des ombres de sa splendide épouse. Sans doute cela expliquait-il les larmes qui jaillissaient par intermittence sous le papillotement de ses paupières meurtries.

Il fut réveillé par un bruit d'éclaboussures d'eau et de frottement. En ouvrant les yeux, des murs de briques crues surgirent devant lui et il aperçut une vitre de mica dans l'ouverture de la pièce.

L'espace d'un instant, il se crut de nouveau en plein rêve, mais le rougeoiement du soleil couchant à travers la fenêtre baignait d'une lumière sanglante maints petits détails désagréables de la minuscule pièce. Malgré sa lourdeur et les sons stridents qui résonnaient dans sa tête et qui le faisaient grimacer de douleur, il se souleva pour mieux regarder. Il était allongé sur des draps sales et chiffonnés. Des débris de vaisselle jonchaient le sol. On distinguait des crottes de souris un peu partout et, au-dessus de sa tête, les poutres du toit disparaissaient sous les toiles d'araignées.

Un homme aux pieds couverts de squames était en train de tout nettoyer, récurant nonchalamment le sol à l'aide d'une brosse en soies de sanglier. Semerkhet ravala sa salive, se racla la gorge et parvint à demander d'une voix rauque :

— Qui es-tu ?

L'homme se retourna aussitôt, laissa tomber la brosse dans la bassine d'eau et fila à toute allure en criant :

— Maître, maître ! Il est réveillé !

Nenry apparut sur le seuil.

— En effet, dit-il d'un air de désapprobation sardonique. N'aie pas peur de lui. Ce n'est que mon petit frère, il ne compte pas.

Semerkhet lança à son aîné un regard étonné.

— Nenry, que fais-tu ici ?

Puis la mémoire des derniers jours lui revint. La tempête faisait rage sous son crâne et il avait la gorge en feu. Il adressa à son frère un regard plaintif.

— Un peu de vin ? De bière ?

— Tu devras te contenter d'eau ! répondit Nenry en lui versant une coupe qu'il lui tendit.

La coupe vola à travers la pièce.

— Du vin ! rétorqua-t-il d'une voix âpre.

Jetant un regard discret au serviteur, Nenry sortit quelques morceaux de cuivre de sa ceinture.

— Va à la taverne du coin et rapporte-nous un pichet de vin. Si jamais je trouve le bouchon descellé, je te ferai donner des coups de bâton.

L'homme détala comme un lapin. Semerkhet remarqua qu'il boitait, que ses blessures étaient récentes. Aussitôt l'image de la terrifiante épouse de Nenry prit forme dans son esprit.

— Ton serviteur ? demanda-t-il.

— Mon valet. J'ai dû faire venir quelqu'un. Ça sentait plus

mauvais chez toi qu'au fond de la tanière d'un fennec. Tu ne vois quand même pas quelqu'un dans ma position faire le ménage moi-même.

— Quelle position ?

Semerkhet reposa la tête sur l'oreiller. La simple mention du vin avait suffi à l'apaiser.

— Eh bien je suis grand scribe auprès du maire de Thèbes Est ! Tu n'as pas reçu le faire-part que je t'ai envoyé lors de ma nomination ?

La tristesse se lisait sur le visage de Nenry, déçu de se rendre compte que son frère ignorait manifestement tout de sa bonne fortune, lui qui croyait susciter l'envie de tous les hommes. Nenry comptait même dessus.

— Je croyais que tu servais au temple de Sekhmet, avança Semerkhet avec peine.

— Je suis ravi de t'apprendre que mon zèle et mes compétences ont été remarqués. Un sourire fat se dessina sur ses lèvres. Grâce aux dieux, mon épouse et moi-même comptons désormais parmi les citoyens de marque de cette ville.

— Ah oui. Maintenant je me souviens. Et pour ça, il vous a suffi de vendre un fils, incisa Semerkhet, tel un chirurgien dont le scalpel a terminé son travail avant que le sang ne coule.

Nenry cligna des yeux. Indigné, il se leva et regarda son frère de haut.

— Comment peux-tu dire une chose pareille ? Mon fils est aujourd'hui un prince grâce à mon altruisme. Si je l'ai confié à l'oncle de ma femme, c'est pour le bien que cela pouvait lui apporter. Je l'ai fait pour lui, tu m'entends ?

Semerkhet voulut le rassurer, calmement.

— Ne te méprends, Nenry. Tu as bien fait. « Grand scribe auprès du maire », ça vaut au moins deux fils.

Nenry regarda son frère, les bras ballants.

— Pourquoi persisté-je à t'aider ? Tu ne m'en es jamais

reconnaissant. Tu te moques toujours de moi. Pourquoi ? Qu'est-ce que je t'ai fait pour mériter ça ?

Semerkhet lança alors à son frère un regard si soutenu que Nenry dut baisser les yeux.

— Tu as vendu ton fils pour devenir scribe. Scribe, Nenry ! Si tu savais combien Naya et moi voulions avoir un enfant… Pourtant tu as donné le tien aussi facilement qu'une femme prête son mouchoir.

Les tics redoublèrent autour de la bouche de Nenry.

— J'aurais dû te laisser mourir aujourd'hui. Tout le monde s'en serait mieux porté.

— Oui, confirma Semerkhet d'une voix morne et fatiguée. Surtout moi.

***

Le serviteur revint avec le vin, et Nenry le décacheta. Après en avoir versé une coupe, il la tendit à Semerkhet qui la vida d'une traite. Sans un mot, il la tendit de nouveau. Cette fois, il but plus lentement, et soupira. Les forces lui revenaient de manière visible. Il tourna son regard de jais vers son frère et le serviteur :

— Joignez-vous à moi.

— Te voilà bien généreux avec le vin que j'ai payé de ma poche.

Nenry était encore maussade, toutefois il remplit les coupes. Les trois hommes sirotèrent en silence pendant un moment. Puis Semerkhet leva les yeux de sa coupe et regarda autour de lui.

— Je ne pensais vraiment pas revenir ici un jour, déclara-t-il presque étonné.

— Pourquoi ?

— C'est pourtant évident, je pensais mourir.

Nenry ne se laissa pas attendrir.

— Tu veux dire que tu t'es lassé de tambouriner à la porte de Naya à toute heure, pour ta plus grande honte et celle de ta famille ?

Convaincu de voir son frère entrer dans l'une de ses terribles fureurs, il attendit l'explosion avec appréhension. Or Semerkhet se contenta de répondre :

— Non, j'en ai fini avec ça maintenant.

Nenry émit un grognement sarcastique.

— À quel miracle l'Égypte doit-elle ce changement ?

Semerkhet prit une lente inspiration et les mots sortirent dans un long soupir :

— Elle attend l'enfant de Nakht. Tu ne savais pas ?

Nenry tourna un visage défait vers son frère. Oubliée l'agressivité, il afficha aussitôt un air contrit.

— Oh, Kheti ! Et il se rapprocha de son frère, le visage à quelques centimètres du sien. Comment l'as-tu appris ? Qui te l'a dit ?

— C'est elle.

— Quand ?

— Je ne sais plus. Au moment des fêtes d'Osiris, je crois. Elle m'a pris la main… Je l'ai senti bouger…

— C'est pour quand ?

— Je l'ignore. Trois, quatre mois ?

— Kheti, je suis désolé. Sincèrement.

Semerkhet se détourna vers le mur.

— Ne me plains pas. Pas toi.

— Alors accepte la compassion de quelqu'un qui sait ce que c'est que de perdre un fils.

C'était la plus grande confession que Semerkhet eût jamais obtenue de la part de son frère. D'un battement de paupières, il refoula les larmes qui lui montaient aux yeux puis s'essuya violemment le visage du revers de la main.

— Pourquoi a-t-il fallu que tu viennes justement aujourd'hui ? Ne pouvais-tu pas me laisser simplement mourir ?

Nenry leva la tête.

— Je suis venu parce que je t'ai trouvé du travail. On a

pensé, ma femme et moi, que si tu avais de quoi t'occuper, tu oublierais tout ça.

Semerkhet soupira tristement.

— Tout ça.

Pris d'excitation, Nenry poursuivit.

— En fait, je parie qu'une fois que tu m'auras écouté, tu abandonneras cette terrible idée de te précipiter dans la tombe en te noyant dans l'alcool. Et le plus fort, c'est que tu es le seul à pouvoir faire ce travail.

Le valet leur apporta un second pichet de vin. Grâce à cela ou parce qu'il touchait le fond et n'avait plus rien à perdre, Semerkhet écouta son frère sans broncher.

Nenry raconta à Semerkhet le meurtre de la prêtresse, expliqua que l'affaire tombait par hasard à cheval sur la juridiction des deux maires et que le vizir en personne avait choisi Semerkhet pour mener l'enquête, grâce à l'intervention de Nenry, bien sûr. Le mieux, l'assura-t-il, c'était que le vizir To avait opté pour Semerkhet en raison de son esprit de contradiction et d'indépendance. Il était le seul à pouvoir s'en occuper parce qu'il méprisait tout le monde.

Lorsque Nenry eut terminé, Semerkhet affichait une telle impassibilité que son frère dut réprimer la crainte qu'il ne fût mort pendant qu'il lui parlait. Mais il vit son frère ciller enfin et les premières paroles qu'il prononça lui apportèrent la réponse qu'il lui fallait :

— Et tu dis que la prêtresse a été trouvée dans les quartiers côté fleuve… ?

— Non ! cria Mérit à son serviteur en chef. Tout l'effet tient à l'équilibre entre les roseaux et les lotus. Faut-il être stupide pour ne pas le voir !

Debout au milieu du bassin, l'eau lui arrivant à la taille, le serviteur tenait un bouquet de papyrus ruisselants. Les derniers jours avaient été consacrés au pénible nettoyage et au remplissage du bassin. Mérit avait dépensé beaucoup au bazar pour acquérir des plantes importées du delta, ainsi que de nouveaux poissons. S'avançant légèrement, l'homme hésita et chercha des yeux sa confirmation.

— Oui, là ! C'est exactement ça. Plante-les.

Cela faisait deux nuits que son mari n'était pas rentré à la maison. Il lui avait seulement dit que sa mission avait quelque chose à voir avec son ivrogne de frère, Semerkhet. Depuis, plus aucune nouvelle. Cela lui convenait parfaitement car peu lui importait où se trouvait son époux ou s'il reviendrait.

Sa bonne, Kipa, se tenait avec elle dans la cour. C'était une jeune fille ordinaire *(Mérit ne tolérait pas les jolies filles)* qui soupirait et bâillait d'un air endormi en tenant loin devant elle le bocal des précieux poissons multicolores. Originaire d'une ville dans laquelle la consommation de poisson était interdite pour des raisons religieuses, elle était véritablement épouvantée par ces créatures qui ne cessaient d'ouvrir et de fermer la bouche.

Mérit remarqua que, malgré l'heure matinale, la jeune fille s'était mis du rouge aux joues, avait souligné ses yeux de khôl et portait de longues boucles de perles de faïence bleue aux oreilles. Bien que se sachant quelconque, Kipa s'efforçait toujours de soigner son apparence grâce au maquillage et aux bijoux, aussi bon marché fussent-ils.

Mais le chatoiement des perles de Kipa dans la lumière ne cessait de distraire et d'irriter sa maîtresse. Serrant les dents, Mérit se forçait à ne pas prêter attention aux éclats bleus qui dansaient aux coins de ses yeux. Le serviteur se pencha pour planter une nouvelle gerbe de verdure. Malheureusement, il heurta le bord du bassin avec son derrière et bascula la tête la première. La vague ainsi provoquée déferla sur Kipa.

La jeune fille lâcha le bocal sur le sol en pierre de la cour, où il se brisa en mille morceaux. Les poissons glissèrent sur les carreaux et se tortillèrent dans tous les sens avant d'expirer aux pieds de l'épouse de Nenry. C'était la deuxième fois de la semaine qu'elle voyait ses poissons massacrés par ses domestiques. *Je suis entourée d'imbéciles*, marmonna-t-elle entre ses dents.

Sa remarque fut interrompue par un cri perçant de Kipa.

— Regarde ma robe ! Elle est fichue !

— Ta robe ? fulmina Mérit. Et mes poissons, alors ? Espèce de petite garce ! Tu les as tous tués !

— Ce n'est pas de ma faute. Tu as vu ce qu'il a fait.

— Je te jure que tu vas les payer. Je les déduirai de ton salaire.

— Mais ce n'est pas ma faute.

Mérit s'approcha de la bonne à grandes enjambées et la gifla violemment. La jeune fille pleurnicha de plus belle.

— Je ne payerai pas ! Ça, non ! s'obstina à crier Kipa entre les gifles, en hochant la tête en signe de refus catégorique. Ses perles bleues miroitaient telles les ailes d'un scarabée sous le soleil.

Sincèrement, Mérit voulait juste lui tirer les cheveux quand, sous ses doigts, elle sentit quelque chose de froid et métallique. Ensuite elle perçut le crissement caractéristique de la chair déchirée.

Kipa arrêta de crier subitement, jeta un regard hébété sur la main de sa maîtresse qui tenait maintenant les perles bleues en miettes. Hésitante, elle porta ses doigts à son lobe et vit sa main couverte de sang. Sa robe en était aussi maculée.

Les hurlements de Kipa déchirèrent le calme de la maisonnée. Les voisins cessèrent toute activité pour tendre l'oreille. On grimpa sur les toits en terrasses pour regarder dans la cour. Mérit torturait une fois de plus ses domestiques ! Les langues allèrent bon train.

C'est alors que la porte s'ouvrit et que le valet un peu simplet de Nenry entra. Kipa se tut aussitôt et le fixa du regard, comme sa maîtresse. À côté de Nenry se tenait une grande litière.

Le maître des lieux ferma les yeux à demi pour mieux comprendre la scène. Du sang sur le dallage, la bonne en pleurs, des poissons gisant par terre… Que s'était-il donc encore passé ?

Mérit avança à grands pas vers la porte et fit une révérence exagérée à son mari.

— Que soit loué le jour qui ramène notre Seigneur dans cette maison !

— Ma chérie, commença Nenry, en se méfiant du ton sarcastique de son épouse.

Mais une pluie d'invectives s'abattit aussitôt sur lui.

— Tu es donc sain et sauf. Quelle idiote je fais de m'inquiéter à te croire peut-être mort ou blessé par des voyous ! Ne pouvais-tu pas me faire porter un message par ton serviteur ?

— J'avais besoin de lui. Mon frère était, est, très malade… Comme tu peux le voir.

Sur ce, il se tourna pour désigner l'homme dans la litière. On percevait à peine le souffle de Semerkhet sous le châle en laine qui le couvrait.

— Dans une chaise à quatre porteurs, effectivement, je vois. Plus belle que toutes celles dans lesquelles il m'ait jamais été donné de monter. Combien cela t'a-t-il coûté ?

— Trente morceaux de cuivre.

— Trente ! Que le dieu des voleurs et des voyageurs l'entende ! Quoi, cette chaise volerait-elle ?

Elle lança un regard accusateur aux porteurs, qui eurent un mouvement de recul instinctif.

— C'est la seule chaise que j'aie pu trouver, mon trésor. Je te l'ai dit, il est malade. Très malade.

Sa femme arracha l'étoffe qui couvrait Semerkhet.

— Il tient une sacrée gueule de bois, tu veux dire !

On perçut un léger mouvement à l'intérieur de la chaise. Les paupières meurtries de Semerkhet s'agitaient. Lentement, il ouvrit des yeux qui retrouvèrent leur intensité de jais au spectacle alentour. Il lui suffit de voir la cour surchargée de décorations, l'expression servile de son frère et la servante en sang pour savoir immédiatement où il se trouvait. Avec un léger gémissement, il referma les yeux et ne prêta qu'une oreille indiscrète à la complainte de sa belle-sœur.

— … du bon argent jeté par les fenêtres !

— Ma chérie, je t'en prie, il est notre invité... Il va t'entendre.

— Invité ?

— J'ai pensé qu'il valait mieux l'emmener ici, pour le soigner plus facilement.

— Sans rien me demander ?

— Que pouvais-je faire ? C'est mon frère.

— Et moi, je suis ta femme.

— Tu m'as dit de m'en occuper !

— Est-ce que je t'ai parlé de l'emmener ici, chez nous ? Il ne va faire que se saouler et tous nous couvrir de honte. Crier à la nuit le nom de la putain à laquelle il était marié en hurlant comme un babouin enragé pour que tout le monde entende.

Le torrent de reproches stoppa net. La main de Semerkhet venait de surgir de la litière pour lui saisir le poignet. Mérit poussa un glapissement puis un râle de douleur tandis que les larmes lui montaient aux yeux.

Lentement, Semerkhet força Mérit à se mettre à genoux pour voir son visage. Sans élever la voix, implacable, il demanda :

— Tu sens cette main ? Sa force ?

— Lâche-moi, murmura-t-elle les yeux écarquillés.

— Un mot de plus contre Naya et je te brise le cou comme un roseau.

Les yeux plongés dans son regard noir, elle comprit qu'il s'agissait bien d'un homme de Seth, toujours à semer le désordre – et la violence – autour de lui. Il lui était impossible de le maîtriser, comme son époux craintif et malléable, par ses seules colères et sautes d'humeur.

— Tu peux médire tant que tu veux de moi, poursuivit Semerkhet sur le même ton insistant, mais je ne veux rien entendre sur Naya, compris ?

Elle fit un signe de la tête.

Il lui lâcha le poignet si soudainement qu'elle tomba par terre comme une vulgaire masse. Son regard passa de son mari, gêné et silencieux, à ses domestiques. Kipa, qui en avait oublié son oreille écorchée, regardait bouche bée sa maîtresse étalée sur le pavement de la cour. Au milieu du bassin, le chef des serviteurs ouvrait de grands yeux derrière les bosquets de roseaux. Brusquement, de toutes les maisons environnantes, s'éleva une clameur. Aux youyous stridents des servantes se mêlaient les huées d'approbation des hommes.

Mérit se releva. Refusant de croiser le regard de quiconque, elle se dépêcha de gagner la porte de la maison. Arrivée sur le seuil, elle se mit à courir. De la cour, on l'entendit étouffer ses pleurs.

Au bout d'un moment, Nenry se tourna vers son frère :

— Tu n'aurais vraiment pas dû, Kheti. Elle n'est pas si mauvaise.

Semerkhet se contenta de fermer les yeux et de se renfoncer dans son siège, de sorte qu'il ne remarqua pas l'infime sourire qui effleurait les lèvres de son aîné.

Semerkhet dut attendre plusieurs jours avant que son organisme eût évacué suffisamment d'alcool pour qu'il pût se tenir debout sans que la tête ne lui tournât. Durant tout ce temps, il dormit chez son frère, sur une paillasse installée dans l'une des remises de la cour. Mérit ne quittait pas sa chambre, résolue à ne pas en sortir « tant que ce fou ne serait pas parti de chez elle ». Tout compte fait, tout le monde se satisfaisait de ces dispositions et les domestiques se murmuraient entre eux qu'ils aimeraient bien recevoir la visite du frère de leur maître plus souvent.

Cependant, l'épouse de Nenry fut contrainte de rompre ses vœux un matin car monsieur le maire se présenta pour rencontrer le nouvel enquêteur du Service des investigations et des secrets. Paser arriva entouré de son habituelle cour d'admirateurs. Nenry se précipita au portail, en s'inclinant de tout son long, les bras tendus. Mérit demeura en retrait, les lèvres serrées de fureur, car le magistrat n'avait pas annoncé sa venue.

— Je t'en prie, protesta Paser, je viens simplement voir ton frère, je serai reparti en un rien de temps. Mais si par hasard vous aviez un quartier de bœuf… ? Quelque gibier d'eau ferait bien mon affaire aussi. Et des dattes frites, si vous allez jusqu'à vous donner cette peine, car je sens un petit creux ce matin. Rien de bien extraordinaire, surtout, je ne voudrais pas déranger.

Sur ce, Paser entra dans le salon de réception d'un pas digne tandis que la maîtresse de maison et ses domestiques s'éparpillaient pour préparer la « simple » collation réclamée par leur invité de marque. Ce dernier s'installa dans le plus grand fauteuil de la pièce, et Mérit se mordit les lèvres en entendant les grincements de protestation de ses frêles pieds d'ébène. Ayant hâtivement revêtu les plus beaux atours de Nenry, Semerkhet se joignit bientôt à lui.

— Bien, bien, voici donc enfin l'homme de la situation, celui que nous attendions tous. Semerkhet, c'est bien cela ?

Semerkhet inclina le buste, les mains tendues au niveau des genoux.

Le gros magistrat sourit.

— Nenry, ici présent, ne cesse de vanter tes mérites à qui veut l'entendre. Nous attendons de toi que tu te distingues dans cette affaire.

Semerkhet dévisagea son frère d'un air de doute.

Surprenant ce regard, Paser s'esclaffa.

— C'est vrai. Si ton frère n'avait pas eu le courage de plaider ta cause, tu ne serais pas là aujourd'hui. Et laisse-moi te dire que, même moi, j'ai du mal à prendre la parole en présence de la Vieille Chouette !

Il jeta un regard affectueux à son scribe, que la timidité retenait à l'autre bout de la pièce.

— La Vieille Chouette ? s'enquit Semerkhet.

— C'est juste le surnom que je donne à mon homologue de la rive occidentale. Paour.

— Ah, oui.

— Je me suis laissé dire que tu partages mon opinion à son égard. Comment Nenry a dit que tu l'appelais, déjà ? « Vieux chicanier au petit pois dans la tête », c'est bien cela ? Merveilleux !

— Mon frère n'aurait jamais dû dire ça, glissa Semerkhet consterné.

— Et pourquoi donc ? C'est ce que tout le monde pense. En fait, ce sont justement ces propos qui m'ont convaincu que le vizir avait raison de te confier l'affaire. Et puis, entre nous, je soupçonne Paour d'en savoir plus sur ce cas qu'il ne veut bien le dire, dit-il sur le ton de la connivence. Ah, voilà de quoi manger !

Kipa, l'oreille bandée, apportait un plateau débordant de viande et de pain tandis que le valet de Nenry versait du vin dans des coupes d'argent. Sans cesser de sourire, Paser ne quittait pas Semerkhet des yeux.

— S'il te plaît, lui dit-il en lui présentant une coupe, accompagne-moi. J'y tiens.

Dans l'ombre, Nenry s'alarma.

Sans tenir compte de l'expression rembrunie de son frère, Semerkhet accepta le capiteux maréotique que lui tendait le maire. Nenry n'y eut pas droit et dut se contenter d'assister, impuissant, à la scène, redoutant de voir tous ses efforts anéantis.

— Pourquoi monsieur le maire soupçonne-t-il son homologue ? demanda Semerkhet.

Paser porta une côte de bœuf à sa bouche et mordit dedans en réfléchissant avant de répondre. Voyant la coupe de Semerkhet vide, il la remplit de nouveau.

— C'est juste à cause de ma vieille méfiance à l'égard des nobles. Ils ne sont pas comme nous, Semerkhet. Toi et moi, nous avons dû respecter les règles du jeu toute notre vie alors qu'eux peuvent n'en faire qu'à leur tête.

Dans le fond de la pièce, Nenry toussa. Le maire se trompait s'il pensait que Semerkhet avait jamais respecté d'autres règles que les siennes. Nenry ne s'empressa pas pour autant de le détromper et, comme il put le constater, son frère non plus.

— Ces familles du Sud sont les pires, poursuivit Paser. Elles sont pétries d'arrogance et de privilèges ! Tu peux me passer le canard ? Parfait. Et laisse-moi te dire aussi que, maintenant que l'Empire a pratiquement disparu, ces familles connaissent les privations pour la première fois depuis des générations. Toute la richesse est concentrée dans le Nord, désormais. Il ne reste rien à Thèbes et cela ne leur plaît pas du tout. Je les soupçonne, Semerkhet – et Paour plus que tout autre.

— De quoi ? demanda Semerkhet en acceptant une troisième coupe de vin.

— De tout… Et de rien. C'est juste une intuition de ma part, rien d'autre. Rien de plus, rien de moins. Voilà, je suis intimement convaincu que Paour nous cache quelque chose d'inquiétant. Maintenant – son visage rayonnant prit une expression sournoise et pressante tandis qu'il vidait l'os à moelle –, si tu devais découvrir quelque chose, n'importe quoi qui puisse justifier mes soupçons, je serais peut-être en mesure de… Euh, inutile de préciser, n'est-ce pas ?

Il laissa miroiter cette promesse sans rien dire, mais Semerkhet conserva un visage de marbre.

— Je comprends, répondit-il en articulant mal exprès.

Paser s'essuya les doigts d'un air absent sur le coussin du fauteuil en ébène, puis détacha une bourse de cuir de sa ceinture et la lui lança. Elle était remplie d'argent.

— Je savais bien que tu étais un homme perspicace.

Sur ce, le maire de Thèbes Est se leva et, pour clore l'entretien, émit un rot sonore.

— Tu peux compter sur moi, Semerkhet, conclut-il. Je suis ton ami, dans tous les sens du terme.

— Je m'en souviendrai, monsieur le maire.

Contrairement à son frère et à sa belle-sœur, Semerkhet ne raccompagna pas leur hôte à la porte. Nenry le trouva quelques minutes plus tard dans les latrines en train de vomir le vin qu'il avait absorbé.

Le lendemain, Nenry prit les dispositions nécessaires pour présenter son frère au vizir. Cependant, peu avant l'aube, une tempête s'était mise à souffler du désert. Le sable se glissait partout dans la capitale du Sud. Il s'incrustait dans les rides des vieilles personnes et desséchait les joues des enfants en pleurs. Il s'engouffrait en tourbillonnant dans les cahutes des pauvres, dans les temples et les palais et s'écoulait en filets par les fissures des murs de briques crues.

Emmitouflés dans leurs tuniques réservées à cet effet, Semerkhet et Nenry avançaient en se tenant le bras dans les avenues désertes en direction du temple de Maat. Ils ne parlaient pas, afin d'éviter d'avaler du sable. En ce milieu de matinée, il faisait presque nuit. À leur arrivée au temple, les deux frères furent immédiatement reçus par le Premier ministre.

— J'ai pris mes renseignements à ton sujet, annonça To à Semerkhet qu'il regardait de haut, assis sur son petit trône surélevé. Tu as laissé de nombreux souvenirs ici.

Semerkhet inclina la tête.

— Mais pas que des bons.

Les bras croisés sur la poitrine, Semerkhet se contentait de regarder le vieillard depuis son tabouret, placé au bas de l'estrade.

Ce fut en fait Nenry qui prit la parole.

— Comme j'en ai informé monseigneur, dit-il le visage ravagé par les tics, mon frère est un homme franc, peu enclin à la flatterie et aux douces paroles.

— Franc ? l'interrompit le vizir. J'ai entendu dire qu'il était insolent, insubordonné, arrogant et grossier, vulgaire même, selon certains.

Nenry changea de tactique.

— Il faut néanmoins lui reconnaître une vertu, monseigneur. Il dit toujours la vérité.

To se recala contre son dossier, en soupirant.

— Ça aussi, j'en ai entendu parler. Il gémit – ses articulations le faisaient souffrir quand la tempête faisait rage. Sous sa perruque, il jeta un regard irrité en direction de Semerkhet. J'ai entendu dire que ton frère manie la vérité comme un bûcheron la hache.

To demanda alors qu'on lui apportât de la bière sucrée au miel. Son scribe, assis par terre à ses côtés, posa son stylet et se servit du broc à côté de lui.

— Bien, déclara le vizir, voyons un peu ce franc-parler. Dis-moi quelque chose que personne n'ose me dire en face.

Aussitôt, Nenry s'alarma.

— Monseigneur ! bredouilla-t-il par peur de la réponse.

Dans la pénombre, To leva la main pour l'apaiser.

— Allons, poursuivit-il en maintenant un regard scrutateur sur Semerkhet. Surprends-moi.

Semerkhet parut peser ses mots.

— Ses os mettent monseigneur au supplice aujourd'hui.

— C'est vrai, admit To avec un soupir suspicieux, mes os me font terriblement souffrir. Je suis vieux, vieux.

— Pourquoi ne pas te retirer, dans ce cas, et laisser les rênes de l'Égypte à un homme plus jeune et plus vigoureux ? demanda alors Semerkhet d'une voix claire.

Devant l'expression du vizir, Nenry bondit de sa chaise pour se recroqueviller par terre en tremblant.

— Comment ? gronda To d'une voix basse et dangereuse.

— Tu as cru à tort, comme tous les despotes qui ont longtemps vécu, que ce qui était bon pour toi était bon pour le pays, reprit Semerkhet.

To en avait les lèvres tremblantes.

— Quelle insolence ! Je devrais te faire battre !

Semerkhet haussa les épaules.

— Comment connaîtras-tu la vérité au sujet du meurtre d'une prêtresse, alors, si tout ce que tu veux c'est la faire taire à coups de bâton ?

— Par les dieux ! To céda d'abord à la colère puis se ressaisit. La mention de la prêtresse l'apaisa. Il se rassit sur son trône, prit une profonde respiration et tapota du doigt la marqueterie ornant ses accoudoirs. On ne m'a pas menti à ton sujet. Tes manières auraient dû te valoir la mort depuis longtemps.

— Je ne mentirai jamais à monseigneur, aussi désagréable la vérité soit-elle. Pas plus que je n'en tirerai de nouveau parti pour me railler.

Il s'agissait donc d'une plaisanterie, pensa To. Cette idée mit du baume sur sa fierté meurtrie – un peu, du moins.

— Combien de temps te faudra-t-il pour résoudre ce crime ?

— Je ne garantis aucunement de le résoudre, monseigneur. J'ignore combien de temps cela prendra. Des semaines, des mois peut-être.

— J'imagine qu'il me faudra assurer tes dépenses.

— Mes frais de subsistance, les habituels pots-de-vin…

— Tu n'auras qu'à porter cet insigne prouvant que tu es mon envoyé. To lui remit un collier en perles de jaspe auquel pendaient les insignes du vizir. Tu peux prélever de mes caisses la somme dont tu as besoin. Tu pourras te déplacer sans encombre car tu disposeras de toutes les autorisations nécessaires. Ne ménage ni tes efforts ni personne pour découvrir la vérité. J'attends de toi des rapports, mais uniquement si tu as quelque chose à m'apprendre. Le Premier ministre claqua des doigts et son scribe lui tendit une sacoche en cuir, qu'il lança à Semerkhet. Ceci devrait te permettre de commencer.

À l'intérieur tintaient de l'or, de l'argent et quelques morceaux de cuivre. Semerkhet soupesa le sac.

— Ça devrait suffire.

— Si tu as besoin de quoi que ce soit d'autre pendant que je serai dans le Nord, vois avec Kenamon, ajouta To en indiquant le scribe assis en tailleur par terre à côté du trône.

Ce dernier se leva poliment et s'inclina devant Semerkhet puis Nenry. Il arborait un visage doux et intelligent.

Un brusque parfum de musc mit fin à leur conversation. L'air irrité, To renifla dans sa direction. Sur le seuil de la salle se tenaient cinq femmes, toutes vêtues de gaze de la tête au pied. Celle au centre fut la seule à retirer ses voiles, destinés à la protéger contre le sable.

Dans la pénombre, on distingua les traits d'une femme certes âgée, mais d'une grande beauté. Sur sa peau sombre, elle portait une tenue des plus simples, presque sévère. La vue de l'aspic fixé à sa perruque fit instantanément s'incliner Semerkhet. En effet, seuls les membres de la famille royale avaient droit à l'emblème du cobra sacré. Nenry se prosterna également face à terre.

Le vizir prit un air revêche. Avec raideur, il s'agenouilla.

— Madame.

— Je te prie de m'excuser, vizir To.

Sa voix, pensa Semerkhet, était l'une des plus mélodieuses qu'il lui eût jamais été donné d'entendre, à la fois légère et chaleureuse, emplie de sollicitude maternelle.

— La présence de la reine Tiyi est comparable à l'apparition du soleil après l'orage, prononça le vizir avec affectation.

Son témoignage de respect était marqué d'une froideur si étrange que Semerkhet jeta un discret coup d'œil à cette reine si renommée, mais que l'on voyait rarement.

— Je t'en prie, reste assis, galant homme, répondit-elle en

traversant la pièce pour aider To à se réinstaller sur son petit trône. Je n'en ai pas pour longtemps. C'est Semerkhet que je suis venue voir.

Nenry eut un hoquet de surprise. Comment Semerkhet avait-il réussi à susciter l'attention d'un si haut personnage ? D'où il était, il ne put apercevoir que ses sandales dorées lorsqu'elle s'approcha de son frère et lui toucha l'épaule.

— S'il te plaît, dit-elle de sa voix magique, je n'aime pas les cérémonies. Viens t'asseoir près de moi, que nous bavardions comme tout le monde.

Semerkhet se leva pour satisfaire sa demande, mais il hésita avant de s'asseoir, de sorte qu'elle tapota sur le banc à côté d'elle en souriant. Il s'assit, mais du bout des fesses, le dos raide.

Tiyi tendit la main et l'une des silhouettes voilées avança pour déposer un objet métallique dans sa paume. Se tournant alors vers Semerkhet, la reine lui saisit la main et y déposa l'objet en lui refermant les doigts dessus.

— Je suis venue ici aujourd'hui pour te remettre cela. Cela te protègera, et t'aidera aussi dans cette terrible… Ce crime affreux qui a entraîné la disparition de cette adorable vieille dame.

Chose incroyable, la reine se mit à pleurer. Le souffle coupé, Semerkhet ne put s'empêcher de la dévisager. Tiyi tenait toujours sa main dans la sienne.

— Je considérais Hétèphérès un peu comme ma mère, expliqua-t-elle après avoir pris le temps de se ressaisir. Nous nous sommes connues durant notre formation de prêtresse, mais, au fil des ans, nous sommes devenues beaucoup plus que des amies. Quand je pense… Ses lèvres tremblèrent de nouveau, mais elle se reprit avec détermination. Quand Paser m'a dit que tu avais été choisi pour résoudre l'énigme de sa mort, j'ai su que je devais tout faire pour t'aider.

— Merci madame, s'efforça de prononcer Semerkhet.

Elle posa sa joue humide sur sa main, et l'embrassa.

— Je sais que je ne suis qu'une faible femme, mais tu dois me croire quand je te dis que cette amulette est très puissante. J'ai aussi envoyé des gris-gris aux Medjaïs qui gardent la Grande Place. Tu dois toujours la conserver sur toi.

Semerkhet hocha la tête.

— Que les dieux te bénissent et te protègent, Semerkhet. Sache que si tu as besoin de quoi que ce soit, tu peux venir me trouver sur-le-champ.

Il hocha de nouveau la tête.

Elle se leva alors en déclarant ne pas vouloir se mettre en retard pour sa répétition avec le chœur du temple de Sekhmet.

— Humpf. Les femmes et leur magie ! s'exclama To après le départ des femmes. Le geste affaibli, il paraissait exténué par la brusque apparition de la reine. Je suis fatigué, et le sable m'irrite les paupières. Vous pouvez vous retirer, maintenant.

Sur un ton amusé, il ajouta presque avec malice pour Semerkhet :

— Je devrais vraiment t'emmener pour te présenter à Ramsès. Cela lui ferait du bien d'entendre la vérité de ta bouche.

Devant le palais de justice, où les tourbillons de sable redoublaient de violence, Nenry et Semerkhet s'abritèrent derrière un sphinx d'albâtre à l'effigie du grand Ramsès II, lointain ancêtre de l'actuel pharaon. Nenry hurla à Semerkhet à travers son châle :

— Tu joues un jeu dangereux, mon frère, à moucher To comme ça à propos de son âge !

— Je ne joue pas, rétorqua Semerkhet. J'essaie d'aller droit au but le plus vite possible.

Soudain, Semerkhet attrapa son frère par le bras et Nenry sentit la force de sa poigne. Malgré le sable, Nenry vit étinceler le regard noir de Semerkhet.

— Je peux compter sur toi, Nenry ?

Ce dernier le regarda à contrecœur et finit par dire :

— Je sais que je suis un lâche et un idiot d'aucune utilité à personne – ma femme ne cesse de me le répéter –, mais tu es mon frère. Oui, tu peux compter sur moi. Pour ce que ça vaut.

— Je t'enverrai des nouvelles dès que possible, répondit Semerkhet en hochant la tête. Puis, à travers les bourrasques de sable, Nenry crut voir l'éclat des dents de son frère. Dis à ta femme qu'elle peut sortir de sa chambre maintenant.

Nenry se retrouva brusquement seul. Il distingua à peine la silhouette voilée de son frère qui disparaissait au cœur de la tempête.

LA PLACE DE VERITE

« Qu'est-ce que tu veux ? » Le garçon avait ouvert le grand portail en bois de mauvaise grâce. Un doigt dans la bouche, il tenta de déloger une graine coincée entre deux dents, puis s'essuya tranquillement la main sur son pagne crasseux. Il fixait Semerkhet des yeux, ou plutôt le pichet de bière forte dans sa main.

Il était midi. L'air était toujours rempli du sable fin apporté par la tempête et une chaleur torride écrasait le paysage alentour, baigné par une brume qui s'attardait. Semerkhet avait volontairement choisi cette heure-là pour se rendre à la maison de Purification, où il savait que les prêtres et leurs serviteurs seraient en train de faire la sieste. Mais il savait également que c'était le moment où l'odeur serait la plus forte.

— Metoufer le paraschite est-il toujours en vie ?

— Il est vieux, et sa main tremble mais, oui, c'est toujours lui l'Inciseur.

— Mène-moi à lui, demanda Semerkhet en tendant la bière au garçon.

Celui-ci s'en saisit avidement. Il déchira le bouchon en argile molle et renifla.

— Et, en plus, elle est fraîche. Pas comme la pisse qu'on nous apporte d'habitude. Un air suspicieux lui assombrit le visage. Mais tu n'as apporté personne à purifier. Qu'est-ce que tu lui veux, d'abord, à Metoufer ?

— C'est mon ami. Je m'appelle Semerkhet.

— Ton ami ? Tu ne sais même pas s'il est mort ou vivant ! grogna le garçon avec mépris. Qui me dit que tu ne viens pas lui causer des ennuis ?

— Si tu ne veux pas de la bière... insinua Semerkhet en haussant les épaules avant de tendre le bras pour reprendre le pichet.

Le garçon recula aussitôt.

— Je vais te conduire à lui, l'assura-t-il sur un ton cajoleur. Nous ne recevons guère de visites, c'est tout. Je me ferais rosser si je laissais entrer un indésirable.

La porte s'ouvrit un peu plus grand. Semerkhet prit une dernière bouffée d'air frais avant de franchir le seuil, puis s'engouffra dans la pénombre de la maison de Purification. Le garçon referma derrière lui.

Peu à peu, les yeux de Semerkhet s'habituèrent à l'obscurité. Il se trouvait dans le vestibule dominé par une haute statue à l'effigie d'Osiris en suaire, noircie par de séculaires dépôts d'encens. La divinité arborait encore les guirlandes de fleurs, désormais fanées, de la fête donnée en son honneur. Un Anubis tout aussi crasseux se dressait à sa droite. La seule lumière qui éclairait cette entrée provenait de fenêtres situées près du toit. Sous ses sandales, Semerkhet sentait le crissement du natron sur le sol. Ces sels étaient récoltés dans les mines du désert.

— Attends ici. Je vais chercher l'Inciseur, annonça le garçon.

Semerkhet se rendit compte qu'il n'avait pas repris haleine depuis qu'il était entré. S'armant de courage, il expira. Avant même d'inspirer de nouveau, il perçut l'écœurante odeur d'épices. Le lourd parfum de résine de la myrrhe se télescopait avec de doux effluves floraux. L'essence de genièvre, les sels, mais surtout les relents saumâtres du natron lui donnaient la nausée, sans compter le fort remugle de viande pourrie qui semblait s'infiltrer partout et que les parfums ne parvenaient pas à masquer.

Semerkhet farfouilla dans sa ceinture à la recherche du sachet de copeaux de cèdre, dont il s'était muni, et respira profondément le bois aromatique. La puanteur lui parvenait encore, mais de manière quelque peu atténuée.

D'un pas sûr, il traversa le sombre vestibule, le sachet de cèdre résolument maintenu sous le nez, pour gagner l'arrière de l'enceinte. Un volet en bois entrouvert laissait pénétrer le soleil de midi par ses persiennes. Il l'ouvrit plus grand et regarda en clignant des yeux dans la cour baignée par une lumière éclatante.

Les appentis se tenaient sur la gauche, comme dans son souvenir, serrés les uns contre les autres, tous uniformément semblables. Orientés vers le désert, ils abritaient d'étroits rayonnages superposés dont chaque tablette disparaissait sous des monceaux de natron jaune.

À l'extrémité de la cour, Semerkhet perçut des mouvements furtifs à la lisière du désert rouge – des chiens errants hantaient les alentours de la propriété. Les oreilles dressées, ils reluquaient avidement les appentis. Le plus hardi, dont les flancs beiges décharnés étaient infestés de tiques et de puces, se glissa jusqu'à la bâtisse la plus éloignée. Les garçons qui montaient la garde s'étaient retirés pour faire la sieste. À l'heure la plus chaude de la journée, seul le plus jeune était resté à son poste et il se précipita pour jeter des cailloux aux cabots et leur crier dessus.

Le chef de la meute tint bon. Tête baissée, il montrait les crocs. Lorsqu'un fragment de poterie le toucha, l'animal bondit vers le garçon et se mit à aboyer méchamment. Aussitôt, la jeune sentinelle fit demi-tour et prit la fuite en appelant les autres à l'aide.

Voyant les lieux temporairement sans surveillance, le chien saisit aussitôt l'occasion pour gagner l'appentis le plus proche. Il donna de furieux coups de patte au tas de natron, en faisant voler des nuages de poussière jaune. En quelques secondes, sa proie fut découverte.

Le chien saisit un bras humain tout maigre et desséché par le poignet et tira d'un coup sec. Le reste du corps émergea de la poussière jaune – une femme dans les dernières phases de la purification. Sa chevelure était décolorée par le natron, son corps n'était plus qu'un amas de cuir raide, racorni et tendineux.

Après un craquement sonore, le bras se détacha au niveau du coude. Deux os rugueux et une main aux ongles noircis, telle fut sa récompense. Le chien partit alors se réfugier dare-dare dans le désert pour savourer son festin de chair rabougrie, entrecoupé de grognements féroces à l'adresse de ses acolytes accourus à ses basques.

Semerkhet vit d'autres gardiens sortir de la maison pour ensevelir de nouveau la femme sous une montagne de natron. Ses proches, si elle en avait, ne sauraient jamais qu'il lui manquait un bras car les embaumeurs de la maison de Purification lui en façonneraient un en argile ou lui en tailleraient un dans une feuille de palmier. Sous ses bandelettes, personne ne s'apercevrait de la supercherie.

Semerkhet regagna le hall d'entrée pour y attendre Metoufer sur un banc branlant. Sous l'effet de la chaleur mêlée aux odeurs nauséabondes, il sentit la somnolence le gagner. Malgré lui, ses paupières se fermaient et, très vite, il oublia totalement le bourdonnement continu des mouches noires qui tournoyaient paresseusement autour de lui.

Un rire lointain se terminant bientôt par une toux ravageuse explosa tout à coup.

— Par la verge rouge d'Anubis, mais c'est Semerkhet ! Après toutes ces années !

La toux sèche et pénible emplit le lugubre vestibule.

Semerkhet se réveilla et manqua s'étouffer lorsque son ka vagabond réintégra son corps. Ouvrant calmement les yeux, il aperçut son vieil ami et mentor Metoufer.

— Et voilà que je te retrouve à ronfler chez moi, s'exclama le vieillard entre deux quintes, moi qui pensais t'épater de me retrouver encore vivant !

Le paraschite était d'une obésité caricaturale. Semerkhet fut surpris de découvrir un Metoufer très peu changé, malgré les dix ans écoulés depuis leur dernière rencontre. Certes, ses mains tremblotaient un peu et sa voix dénotait une humeur chagrine, mais on ne pouvait que s'émerveiller devant l'absence totale de rides sur son visage.

— Metoufer ! Semerkhet serra tant bien que mal son ami dans ses bras. Tu as l'air en forme.

Le vieil homme s'esclaffa en rejetant la tête en arrière, ce qui déclencha de nouveau une terrible quinte de toux.

— Jamais... senti mieux... de ma... vie, parvint-il à prononcer entre deux soubresauts.

Depuis que Semerkhet le connaissait, Metoufer avait toujours toussé, prétendant que le natron lui irritait les poumons. Mais si la toux l'empêchait de s'exprimer clairement, elle semblait avoir renforcé ses capacités intellectuelles. En fait, on considérait Metoufer comme une sorte d'oracle à la maison de Purification, en raison à la fois de son intelligence et de son habileté à manier le couteau de basalte. C'était ce qui lui avait valu d'être nommé paraschite.

Metoufer eut alors une intuition. Regardant Semerkhet, il cessa de rire.

— Quelque chose te tourmente, fit-il remarquer, la bouche tombante. Mais si je me souviens bien, ce n'est pas nouveau. Jeune homme, tu étais toujours maussade.

— C'est en effet une affaire désagréable qui m'amène ici, Metoufer. Une prêtresse est morte. Et s'il s'agit d'un meurtre, je dois en découvrir l'auteur.

— Alors te revoici agent... du ... Le vieillard empoigna

son gros ventre et se courba en deux pour reprendre son souffle.

— Service des investigations et des secrets. Par nomination du vizir To. Il souleva son manteau pour montrer l'insigne de l'homme d'État. Il pendait à un long collier de perles de jaspe qu'il portait autour du cou. Je dois déterminer s'il s'agit d'une mort accidentelle. On a retrouvé le corps de la prêtresse dans le Nil. Elle s'est peut-être noyée. Ses blessures sont peut-être le fait d'un crocodile, mais peut-être ont-elles été portées après la mort, je l'ignore. Tout ce que je sais, c'est que toi, Metoufer, tu peux entendre ce que les morts ont à dire bien après que leurs lèvres se soient refermées à tout jamais.

— Tu tombes à point nommé. Le corps d'Hétèphérès est justement plongé dans un bain de natron, comme le veut la tradition. J'allais l'inciser quand tu es arrivé. Tu vas me seconder, dans ce cas, comme au bon vieux temps.

La pièce dans laquelle Semerkhet suivit Metoufer était la plus vaste de l'enceinte. Comme toutes les autres, elle baignait dans une triste pénombre éclairée aux flambeaux. Un grand bassin, rempli d'eau du Nil maculée de sels jaunes, en occupait la majeure partie méridionale. Ici, Semerkhet put rempocher son sachet de copeaux de cèdre car l'odeur de viande pourrie était dissipée par les saisissantes fragrances de résine et de baies de genièvre.

Derrière le bassin s'alignaient de longues tables de pierre sur lesquelles étaient allongés des corps, à des stades divers de purification, semblait-il. Réveillés de la sieste, les garçons de salle s'étaient remis à laver le sol à grande eau. Cette corvée était indispensable, car il s'écoulait des rigoles pratiquées sur les tables un flot constant de fluides émanant des cadavres. D'autres jeunes éparpillaient sur le sol des seaux de natron, ce qui permettait d'en éponger une partie.

Metoufer s'approcha d'une table libre et demanda à un assistant de sortir le corps d'Hétèphérès du bassin. Se saisissant d'une perche munie d'un grand crochet en bronze à l'extrémité, l'homme se mit à fouiller l'eau trouble. L'un après l'autre, il dragua les corps en les attrapant sous le cou pour les amener à la lumière et les identifier. Semerkhet suivait attentivement de ses yeux noirs.

« Là ! » s'exclama-t-il en voyant le corps d'une femme âgée apparaître à la surface. D'instinct, il sut qu'il s'agissait d'Hétèphérès. Il sentit une pointe au cœur en voyant la vieille dame qu'il s'était efforcé d'imaginer depuis qu'on lui avait confié l'affaire. Même s'il savait à quoi s'attendre pour avoir déjà travaillé en ces lieux, il s'était représenté un être vivant – pas ce pauvre amas de chair caoutchouteux qu'on hissa sur la table.

Puis il aperçut l'entaille à la gorge. La plaie béante était aussi propre qu'une blessure infligée par un prêtre à sa victime lors d'un sacrifice au temple. Ce ne pouvait en aucun cas provenir d'une morsure de crocodile. Il n'en restait pas moins possible qu'Hétèphérès eût été mutilée après sa mort. Cette question devait aussi être posée et trouver une réponse, même si Semerkhet avait la triste certitude qu'il ne s'était rien produit de tel.

Metoufer et trois de ses assistants avaient disparu dans une antichambre. Ils revinrent portant chacun un masque en cuir à l'effigie d'Anubis, le dieu à tête de chacal. Dans la main de Metoufer brillait un couteau de basalte dont la lame finement polie accrochait le peu de lumière qui éclairait la pièce. Marmonnant une dernière prière de pardon, Metoufer enfonça brutalement le couteau dans le flanc d'Hétèphérès et lui taillada le corps jusqu'au milieu du torse.

Aussi vif que l'oiseleur rattrapant dans son filet un poussin échappé sur la place du marché, le paraschite pratiqua une longue incision, sans verser la moindre goutte de sang. Semerkhet tiqua, surpris de se découvrir plus sensible que dans sa jeunesse. Tandis que Metoufer découpait le cadavre, Semerkhet sentit son estomac se rebeller. En silence, il lui demanda de bien se tenir comme s'il s'adressait à un chien turbulent, toutefois une goutte de sueur perla sur son front.

Lorsque l'inciseur eut enfin terminé, les autres prêtres d'Anubis entamèrent leurs lamentations, en levant les bras dans un geste d'outrage et de chagrin feints. Usant d'expressions archaïques, prononcées depuis mille ans pour ce « second meurtre » ritualisé, ils chassèrent le gros homme de la pièce à grand renfort de cris et de jurons. En sortant, Metoufer demanda subrepticement à l'un des garçons d'apporter une boîte à Semerkhet.

Celle-ci renfermait une tunique de lin dont il se saisit et qu'il déplia. Au vu des taches qui maculaient le devant comme le dos du vêtement, il conclut qu'il s'agissait de la robe que portait la prêtresse au moment de la découverte de son corps. Malgré son séjour dans le Nil, l'eau n'avait pas lavé le sang. Dans la boîte était également rangé le pectoral en fil métallique incrusté d'amulettes et de perles de verre. *On ne l'avait pas tuée pour ses richesses*, se dit Semerkhet. Il replia la triste relique et la rangea dans la boîte. Metoufer le rejoignit.

— C'est tout ce qu'elle portait ? Ni perruque ? Ni sandales ? s'enquit Semerkhet.

— Rien d'autre.

Semerkhet réfléchit. Il est plus que probable que la perruque et les sandales reposaient encore au fond du Nil – déplorable perspective ! Mais si elles étaient ailleurs et qu'il parvenait à les trouver, elles pourraient peut-être lui indiquer où la vieille dame avait trouvé la mort.

Metoufer, qui se tenait de nouveau à la table, lui fit signe de venir le retrouver.

— Que cherches-tu à savoir Semerkhet ? Chose remarquable, sa toux avait disparu.

Semerkhet s'approcha de la table.

— S'est-elle noyée ? Il connaissait la réponse, mais la question devait être posée.

— Voyons ce que cette morte a à nous dire.

Metoufer plongea sa large main dans l'incision. Semerkhet vit les chairs d'Hétèphérès rouler et se soulever sous l'effet de ses allées et venues. De sa main entraînée, Metoufer trouva ce qu'il cherchait. Il ressortit un poumon brun et distendu.

— Elle ne s'est pas noyée, murmura-t-il. Si c'était le cas, j'aurais pu essorer son poumon comme une éponge. Maintenant, regarde ce qui sort quand je presse. Sa main compressa la chair. Du sang noir s'écoula entre ses doigts. Elle était sur la terre ferme quand on l'a tuée et le sang qui lui a empli les poumons provient de la blessure portée au cou et à la trachée. C'est pour ça que les tissus sont bruns.

— Alors elle s'est quand même noyée, mais dans son propre sang.

— Non. Il n'y en a pas assez dans le poumon. Elle était déjà morte avant de pouvoir en inspirer davantage.

Metoufer tendit l'organe à son assistant, qui le déposa dans un vase rempli de natron. Plus tard, quand toute l'humidité en serait absorbée, on le plongerait dans un bain de résine de genièvre chaude puis on l'emmailloterait dans des bandelettes avant de le placer dans une urne pour l'enterrer avec les autres organes d'Hétèphérès.

— Est-il possible que les blessures aient été portées après sa mort ?

Metoufer demanda aux prêtres d'Anubis de tourner Hétèphérès sur le ventre.

— Tu vois la couleur des chairs ? D'après tes connaissances, que fait le sang lorsqu'il ne peut s'écouler à l'extérieur ?

— Il s'accumule dans la partie du corps la plus basse en fonction de la position du cadavre.

— Or les chairs d'Hétèphérès sont restées blanches. Aucune accumulation de sang ne les a noircies. Que peut-on en déduire ?

— Qu'elle s'est vidée de son sang à cause de ses blessures avant de mourir.

— Absolument !

Metoufer applaudit la vivacité d'esprit de Semerkhet, comme s'il était de nouveau son élève et lui son maître.

C'est alors que Semerkhet aperçut la seconde plaie à la base du crâne, un trou dans l'os et la chair exposant la cervelle. Malgré son grand âge, cela n'échappa pas non plus à la vue perçante de Metoufer. À l'aide d'un petit crochet métallique, il se mit à sonder soigneusement la plaie.

— Normalement, j'incise les sinus pour retirer le cerveau mais compte tenu de la commodité de cet accès…

Il commença à retirer des petits morceaux de cervelle sans finasser. Le cerveau ne serait pas conservé car il s'agissait d'un organe inutile, Metoufer faisait donc davantage preuve de minutie que de propreté.

Puis, à leur grande surprise, les deux hommes entendirent un léger tintement métallique. Délicatement, Metoufer explora le crâne du bout de son crochet. Le petit bruit résonna de nouveau. Avec précaution, Metoufer enfonça son instrument un peu plus loin vers l'objet recherché.

Semerkhet retenait son souffle.

Metoufer mit enfin la main dessus. Semerkhet se pencha pour y regarder de plus près. L'Inciseur manœuvra le crochet une dernière fois avant de le ressortir lentement. À son extrémité brillait une petite pièce de métal noir, gluante de plasma mêlé de morceaux de cervelle.

À ne pas s'y méprendre, il s'agissait de la pointe d'une hache, dont la lame avait été forgée dans le rare métal bleu des Hittites. Metoufer tenait le coin cassé entre son pouce gras et l'index. Avec une sage lenteur, il le plaça au bord de la seconde plaie, à l'arrière de la tête d'Hétèphérès. Compte tenu du relâchement naturel des chairs dû au séjour du corps dans l'eau, les deux formes correspondaient parfaitement.

Metoufer tendit le morceau de lame à Semerkhet.

— Manifestement, notre prêtresse veut te faire savoir quelque chose. Alors que ce métal est le plus solide du monde, elle s'est accrochée à lui dans la mort. Pas même les eaux du

Nil n'ont pu le lui arracher. Trouve le propriétaire de la hache dont ce morceau provient et tu auras ton assassin.

— Si elle n'a pas déjà été fondue ou dissimulée, rétorqua Semerkhet d'un air de doute. En tout cas, on sait au moins que la pauvre femme a été assassinée.

Le paraschite se contenta d'acquiescer de la tête puis se pencha pour rincer le morceau de métal bleu avec grande précaution dans le bassin de natron laiteux. Puis il l'essuya avec soin avant de le remettre à Semerkhet. Ce dernier le rangea dans les plis de sa ceinture. Se tournant de nouveau vers le vieux prêtre, il posa une main reconnaissante sur son épaule. La terrible toux sèche revint de plus belle, déchirant le silence de la pièce. Après un dernier long regard vers Hétèphérès, Semerkhet porta de nouveau son sachet de cèdre à son nez et rebroussa chemin.

***

Dès les premières lueurs, l'aube annonça un soleil éclatant. Semerkhet descendit de la barque de roseau dans laquelle il venait de traverser le fleuve et lança un morceau de cuivre au passeur. Il se retourna pour faire face à la porte des Cieux, la cime conique de la montagne protectrice de la Grande Place et du repos des pharaons. Le jour naissant colorait la roche d'une teinte melon prononcée tandis que les ombres s'aplatissaient sous les rayons du soleil laissant peu à peu apparaître son habituelle coloration rose poudrée.

Semerkhet quitta rapidement le débarcadère pour gagner la route menant vers l'ouest. La chaussée empierrée n'était guère fréquentée, seuls quelques pêcheurs se dirigeaient vers le fleuve. La canne de Semerkhet frappait la pierre à un rythme régulier avec un écho qui résonnait dans l'air frais et clair du matin.

Quelques minutes plus tard, il passa devant le temple du grand dieu Amenhotep III. L'édifice décrépi était gardé par deux colosses en position assise, à l'effigie de l'ancien pharaon que les habitants des environs surnommaient le Soleil des princes. On distinguait toujours leurs couleurs vives, mais la peinture commençait à s'écailler. Aucun pharaon – pas même Ramsès II – n'avait fait sculpter de plus hautes statues. Le temple qu'elles gardaient n'abritait cependant qu'une poignée de prêtres. Le principal corps de bâtiment s'était écroulé des années auparavant car, dans leur ambition, les architectes l'avaient placé près du fleuve afin qu'il soit baigné par les eaux du Nil en période de crue. Le temple était ainsi devenu le symbole du premier monticule de terre émergé des eaux du chaos primordial. Hélas, les crues avaient fini par éroder les fondations et l'édifice s'était effondré sur lui-même. Les pharaons ultérieurs – notamment Ramsès II – avaient transformé le vaste champ de ruines en carrière. Les vestiges étaient désormais ensevelis sous des broussailles et de jeunes palmiers sauvages, parmi lesquels résonnaient les seuls chants des alouettes et des criquets.

Au moment où Semerkhet passa, les prêtres du temple étaient en train de déposer des offrandes d'oignons et de pain aux esprits des statues parmi les ruines. L'air de rien, ils lui retournèrent son regard insistant. Semerkhet poursuivit sa route, le visage résolument tourné vers la porte des Cieux.

Bientôt, il arriva à une bifurcation. L'embranchement qui partait au sud, il le savait, le mènerait au temple de Djémé. Abritant la résidence du pharaon actuel, Ramsès III, Djémé était le carrefour animé et bruyant de toute l'activité et la richesse de la région. À droite, l'autre sentier partait dans les montagnes au nord puis rejoignait le terrible désert rouge, territoire du dieu Seth.

Semerkhet hésita. Les bureaux du maire de Thèbes Ouest se trouvaient également à Djémé. Il savait que la courtoisie voulait qu'il se présentât à Paour, car le maire régnait en maître absolu sur Thèbes Ouest. En cheminant par ici, techniquement, il empiétait sur sa juridiction.

Néanmoins, une force obscure l'attirait vers le rude silence des falaises et du désert. C'est là qu'Hétèphérès avait ses petits sanctuaires et temples. Il devait de toute façon s'y rendre, ne serait-ce que pour se faire une idée de l'endroit où elle avait vécu, ce qu'elle avait vu et entendu durant son passage sur cette terre, et même sentir l'air qu'elle avait respiré.

Semerkhet décida que Paour pouvait attendre. Il opta donc pour le chemin du nord qui conduisait à la porte des Cieux.

Encore à leurs récoltes, des paysans ramassaient les derniers amidonniers. Aucun d'eux ne lui fit signe. Ils se dépêchaient car la crue du Nil n'allait pas tarder. Dans les champs, plusieurs feux étaient allumés pour brûler la balle et une épaisse fumée noire s'élevait dans les airs. L'odeur le prit par surprise et lui rappela brutalement Naya. Il se souvint de leur maison qui sentait la terre, elle aussi, parce qu'elle jouxtait des champs semblables, et des fêtes de la moisson auxquelles ils assistaient ensemble…

Semerkhet s'arrêta. Une grande amertume s'empara subitement de lui et il sentit de nouveau son ka se réduire comme peau de chagrin. Le nom de son ancienne épouse retentit comme un cri dans sa tête. Il ne savait pas s'il avait réellement ou non hurlé, mais il semblait que toute la campagne résonnait de cette plainte.

Un démon ou un mauvais génie quelconque devait avoir pris possession de lui, se dit-il. Combien de temps lui faudrait-il pour l'oublier et redevenir lui-même ? Combien de temps encore ce sentiment de perte allait-il l'écraser ? À cet instant, il n'était rien qu'il ne désirât plus qu'une longue et apaisante rasade de vin.

Avec résolution, il rejeta son manteau de laine grise sur son épaule et mit fermement un pied devant l'autre pour continuer sa route. La chaussée céda la place à un chemin de terre puis à un petit sentier bordé de touffes herbues, à peine assez large pour le passage d'une seule personne. Au fil des minutes qui passèrent, le cri dans sa tête se transforma peu à peu en murmure.

Les cultures s'arrêtèrent brusquement. De fait, il pouvait avoir un pied dans la terre noire fertilisée par la crue du Nil l'année précédente et l'autre dans les premiers sables rouges du désert. Un puits se trouvait là. Ne sachant pas quand il pourrait de nouveau se désaltérer, il but l'eau fraîche à grands traits.

Le soleil était désormais haut et la fraîcheur du matin disparut. Le sentier se raidit pour grimper à travers les abruptes falaises de grès rouge. Devant Semerkhet se dressait une tour medjaï. Il se dit que la police nubienne ne manquerait pas de l'arrêter pour vérifier son identité. Les Medjaïs veillaient avec vigilance à ne laisser personne pénétrer dans la Grande Place sans autorisation, du moins c'était ce qu'il avait entendu dire.

Pourtant, personne ne le héla. En approchant, il distingua un bruit de ronflement, faible mais facilement reconnaissable, au-dessus de lui. Il secoua la tête de désapprobation. Des richesses séculaires étaient enterrées dans les tombeaux situés à quelques mètres à peine et personne ne les surveillait.

— Medjaï ! cria Semerkhet en direction de la tour.

Aucune réponse. Les ronflements se poursuivirent.

— Sergent ! hurla-t-il plus fort, en ramassant un caillou pour le lancer par la fenêtre.

Ce dernier heurta quelque chose de mou et les ronflements s'interrompirent. Semerkhet attendit patiemment l'apparition du garde, mais le son du sommeil profond ne tarda pas à lui parvenir de nouveau.

Haussant les épaules, Semerkhet fit demi-tour pour reprendre sa route à travers les replis de la montagne. Un tel laxisme illustrait tristement la manière dont Paour gérait cette rive-ci du Nil. Son mépris pour le maire de Thèbes Ouest se renforça davantage.

Semerkhet s'était déjà profondément enfoncé dans le territoire de la Grande Place. Les falaises de grès rouge avaient peu à peu cédé la place au monotone calcaire blanc érodé par les éléments. Il régnait un silence si pénétrant qu'il émettait son propre bruit, un étrange grognement primal. En se tenant parfaitement immobile, Semerkhet découvrit qu'en fait ce bruit provenait des battements de son cœur.

Quelque part sous ces rochers était entreposée la plus importante moisson d'Égypte : les momies des pharaons morts. En réalité, les tombeaux abritaient la source de la vie éternelle pour les rois. Des formules magiques peintes sur les parois veillaient à ce qu'ils s'éveillent à cette vie afin d'œuvrer éternellement au bien de l'Égypte. En échange, le peuple les vénérait à perpétuité et maintenait leur nom en vie.

Quelque chose à la limite de son champ de vision mit un terme à ses méditations. Qu'avait-il aperçu ? Il regarda à nouveau droit vers l'horizon et le vit de nouveau : les traces d'un petit campement en contrebas. Aussitôt, il s'engagea à grandes enjambées sur le sentier menant vers l'endroit. L'étroite sente zigzaguait entre les saillies rocheuses et, tandis qu'il contournait ainsi une falaise, il fut soudain stoppé par un tas de fragments de calcaire. Il ne l'avait pas vu plus tôt car il était situé dans l'ombre d'une anfractuosité de la montagne. Semerkhet chercha des yeux un groupe d'artisans car ces gravats indiquaient souvent la présence de bâtisseurs de tombes.

Cependant, aucun chant d'ouvrier ni le moindre murmure humain ne parvinrent à ses oreilles. Pas même le souffle du vent. Seul signe de vie : un aigle qui tournoyait haut dans le ciel. Au sommet des falaises entourant la vallée, Semerkhet reconnut d'autres tours medjaïs, identiques à celle qu'il avait croisée un peu plus tôt. L'une des raisons, pour lesquelles les rois avaient choisi cet endroit désolé pour leurs sépultures, était qu'il était justement facile à surveiller et à protéger. Mais cet amas de pierres calcaires était quelque peu masqué à la vue des Medjaïs, nota-t-il, assombri par les saillies rocheuses et leurs longues ombres portées.

Quoi qu'il en soit, les lointains postes d'observation semblaient déserts et, pas plus que précédemment, on ne lui cria de venir justifier sa présence en ces lieux. Délicatement, Semerkhet s'avança sur l'éboulis. Sa pente douce lui permit de gagner la Grande Place à moitié en marchant, à moitié en se laissant glisser.

Il arriva directement au camp déserté. Quiconque était venu là avait tenté de cacher les traces de son feu sous une légère couche de sable. Le vent, qui avait soufflé tout au long de la journée, avait chassé le sable et révélé le foyer noir de cendres.

Le sol était jonché de tessons d'un pot en terre éparpillés au petit bonheur, noircis par un long séjour sur le feu. Apparemment, la poterie avait cédé sous l'intensité de la chaleur et on s'en était débarrassé. Semerkhet remarqua que les surfaces internes ne présentaient aucun reliquat de nourriture. En revanche, on distinguait des traces de dorure sur l'extérieur et, sur l'un des tessons, il fut presque certain de reconnaître un glyphe grossier, peut-être le nom de l'ancien propriétaire du pot. De manière distraite, il commença à assembler les morceaux, puis il creusa autour du camp à la recherche d'autres tessons. C'est alors que ses doigts heurtèrent une baguette de bois.

Il retira du sable l'extrémité noircie d'un manche de flambeau taillé dans une branche de sycomore. Celui qui s'en était servi avait trop rapidement ré-alimenté la torche à l'aide d'un chiffon imbibé de cire. Il jeta la branche et se mit à donner des coups de pied dans le sable. Cinq autres morceaux de sycomore semblables refirent surface : au moins six personnes avaient campé là.

Semerkhet se demanda quel genre de travail à la Grande Place nécessitait un tel éclairage ? Des Medjaïs en campement se seraient contentés du feu. Peut-être à l'intérieur d'un tombeau, alors ? Il se souvenait vaguement que les artisans utilisaient un coûteux mélange spécial composé d'huile de sésame et de sel censé éviter que les torches fument. Mais ceux qu'il avait trouvés dans le sable n'étaient que des flambeaux ordinaires.

Tandis qu'il tentait de résoudre cette énigme, Semerkhet ramassa le plus grand nombre possible de tessons, sans savoir pourquoi. Il les rangeait sous son manteau quand il entendit une voix.

— La peau divine est fabriquée là-bas…

De là où il était assis, la voix semblait l'assaillir de toutes parts. Semerkhet tourna sur lui-même en scrutant les saillies rocheuses. Enfin, il aperçut un jeune garçon à dos d'âne. Ce dernier le regardait. Il avait le crâne rasé, à l'exception de la tresse sur le côté, caractéristique des princes royaux.

— Tu dis ? lui cria Semerkhet.

— C'est là qu'ils la font. La peau divine.

Semerkhet entreprit de remonter vers le sentier, mais il eut du mal à retrouver son chemin à travers l'éboulis de pierres calcaires. Tout en montant, il poursuivit la conversation.

— Je ne comprends pas ce que tu dis !

— Ils viennent chaque mois.

— Qui ?

— Ceux qui fabriquent la peau divine. Quand Khonsou cache son visage.

Il souriait.

— Les nuits sans lune… ?

Le garçon se tut. Semerkhet se souvint que la lune ne s'était pas montrée depuis deux jours.

— Qui es-tu ? Attends, s'il te plaît ! J'aimerais te parler.

Semerkhet atteignit le sentier et courut dans la direction où le garçon avait disparu. Il espérait l'apercevoir au détour de chaque virage.

— S'il te plaît ! s'écria-t-il de nouveau. Attends !

Seul le silence lui répondit. Lorsqu'il atteignit la pointe

d'une saillie rocheuse, essoufflé, le garçon s'était comme évaporé.

À sa place se tenait un Medjaï, lance baissée. Dans son visage noir, ses yeux veinés de rouge fixaient Semerkhet d'un air courroucé. Semerkhet n'eut pas d'autre choix que de lever lentement les mains.

Paour tripotait un éventail fait de courtes plumes de pluvier. Il tournait légèrement la tête comme si l'idée d'avoir à parler directement à Semerkhet l'horrifiait.

— Tu as violé la loi en te rendant là-bas et, en plus, tu aurais d'abord dû te présenter à moi. Tu as de la chance d'être encore en vie car les Medjaïs ont pour ordre de tirer à vue sur les intrus.

Le maire de Thèbes Ouest daigna un regard foudroyant au Medjaï au fond de la salle, comme s'il l'accusait d'avoir manqué à son devoir puisque Semerkhet se tenait vivant devant lui. L'homme clignait des yeux, tentant héroïquement de rester éveillé. Des larmes de fatigue lui coulaient des yeux. Paour plumait son éventail, sans prêter la moindre attention à la somnolence de son archer. Il poursuivit ses remontrances.

— Si tous les roturiers avaient le droit de se promener…

Semerkhet montra l'insigne du Premier ministre.

— Le vizir m'a donné libre accès.

Le regard froid de Paour tint à peine compte de l'existence de la médaille, mais ses doigts nerveux continuèrent de triturer l'éventail.

— Le vizir To doit savoir qu'il ne peut y avoir deux autorités ici à Thèbes Ouest. Que l'équilibre de Maat en sera perturbé.

— Comme bon semblera à monsieur le maire.

L'indifférence de Semerkhet irrita Paour. Puis il se rappela ce que cet homme-là avait dit à son sujet et le rire que cela avait provoqué chez le vizir : « Vieux chicanier au petit pois dans la tête. »

Rougissant à ce souvenir, le maire changea de tactique. Toujours occupé à tirer sur les plumes de son éventail, il sourit en retroussant ses lèvres fines sur ses longues dents étroites.

— Je serais curieux de savoir, simple employé, comment tu as pu échapper à la vigilance de la tour medjaï.

Semerkhet vit la panique gagner le Nubien. La sieste pendant le service était sanctionnée par de terribles punitions et les Medjaïs encouraient jusqu'au renvoi.

Semerkhet réfléchit à la hâte à une réponse convenable.

— J'ai… grimpé jusqu'au sentier bien au-dessus de la tour, seigneur. J'avais aperçu un garçon – un prince – et j'étais curieux de faire sa connaissance.

Le soulagement se lut aussitôt sur le visage de l'archer. Mais aux propos suivants, il se remit à trembler.

— Si cela est vrai, medjaï Qar, tu as laissé deux étrangers pénétrer dans la Grande Place durant ta garde. Que devons-nous penser de cela, hein ?

Le Medjaï tomba à genoux, les mains croisées sur la poitrine.

— Il n'y avait pas de garçon, seigneur. Tout le long du chemin pour revenir ici, cet homme n'a cessé de me répéter qu'un prince lui était apparu. Pourtant, quand j'ai examiné le sentier, il n'y avait pas d'autres empreintes que les siennes. Je me suis dit qu'il devait mentir ou qu'il était fou, alors je l'ai amené ici.

Paour se tourna vers Semerkhet en souriant toujours de toutes ses dents.

— Je suis d'accord avec le Medjaï. Tu ne connais pas le désert comme nous. C'est un endroit mystique, capable de susciter des hallucinations et des mirages chez les gens naïfs comme toi.

— Ce n'était pas un mirage. Nous avons parlé ensemble.

Paour n'avait pas l'habitude d'être contredit et ses lèvres se rétrécirent tandis qu'il tentait de contenir sa rage. Il s'éventa avec furie, ce qui déclencha une pluie de plumes. Il jeta l'éventail par terre.

— Et que t'a donc dit ce jeune « prince » ?

— Que la peau divine était fabriquée là-bas.

Le Medjaï se leva en pointant un doigt exaspéré sur Semerkhet.

— Je te dis qu'il n'y avait pas de garçon !

Aussitôt Paour l'interrompit d'un geste de la main.

— La peau divine ? interrogea-t-il Semerkhet, cette fois en le regardant directement.

Semerkhet hocha la tête.

Momentanément déconcerté, le maire baissa la tête pour réfléchir, les yeux rivés sur le basalte noir du sol. Au bout d'un moment, il se redressa. Sa voix exprimait ses doutes.

— La peau des dieux est en or. Inaltérable. Le matériau le plus pur de l'univers. Je ne peux pas imaginer ce que ce garçon pouvait bien vouloir dire. La peau divine, l'or, ne se « fabrique » pas.

— Du moins monsieur le maire admet-il que le garçon m'a parlé.

— Pas du tout, répondit Paour en se hérissant. Il est évident que tu étais sous le charme du désert, rien de plus. Ce soi-disant « prince » n'est que le pur fruit de ton imagination.

En dépit de son silence, Semerkhet affichait un mépris palpable pour Paour – pour l'élégance excessive de ses vêtements, pour la sophistication de sa perruque, dont les minuscules tresses renfermaient des perles d'or, mais surtout pour sa condescendance acharnée. Pour Semerkhet, Paour représentait l'essence même du noble à la tête vide.

Paour finit par perdre patience.

— Je suis bien conscient de ton hostilité, vil sous-fifre. La réciproque est vraie. Je sais que je ne suis pour toi qu'un

« vieux chicanier au petit pois dans la tête ». Parfaitement ! Je sais que tu m'as traité de ça, inutile de le nier… !

Semerkhet maudit son frère en silence d'avoir débité cette histoire.

— Quoi qu'il en soit, poursuivit le maire, c'est moi qui fait la loi sur cette rive du fleuve, et tu devras te plier à ce que je dis.

— Je suis au service du vizir. Les ordres de monseigneur ne me concernent pas.

Semerkhet s'était exprimé à mi-voix. C'en était trop, Paour se leva de son fauteuil.

— Toi ! Toi qui n'as pour ainsi dire aucune famille, je ne te permets pas de me parler sur ce ton ! Très bien, tu n'obtiendras de moi ni aide ni provision. Ceux qui sont sous mes ordres auront pour instruction de ne te communiquer aucun renseignement. Et qu'à l'heure de ta mort, tu ne disposes ni d'une tombe ni même d'un linceul.

Semerkhet ne broncha pas. Des lueurs noires dansaient dans ses yeux. Il connaissait suffisamment l'âme humaine pour savoir qu'en menaçant de le dénoncer au vizir, Paour avait en réalité exprimé sa peur. Il fut prompt à saisir la perche.

— Dans ce cas, j'informerai le vizir To que je te soupçonne de complicité, comme Paser. Qu'il faut te soumettre à un interrogatoire plus serré.

Le Medjaï Qar regarda Semerkhet avec stupéfaction. Soit c'était l'homme le plus courageux qu'il eût jamais rencontré, soit il était fou. Le maire de Thèbes Ouest était le frère de la reine Tiyi, la grande épouse de Pharaon. Ce petit employé comprenait-il le danger de ses propos inconsidérés ?

Paour regardait Semerkhet d'un air furibond. Il se dressa de toute sa hauteur, le visage de plus en plus rouge. Mais il ne pouvait laisser éclater sa colère et, soudain, son visage se rembrunit. Il se rassit en tremblant dans son fauteuil, et son expression de rage disparut aussi vite qu'elle était apparue. Il soupira longuement avant de parler, en regardant Semerkhet de biais comme pour juger de son effet.

— Paser a tort. Ce crime m'ennuie profondément et tu es loin d'imaginer à quel point. Il se sert de cette affaire pour me faire passer pour un idiot, surtout maintenant que ma sœur lui prête l'oreille. Même elle, la grande épouse, réclame justice. Tiyi est convaincue qu'une catastrophe nous attend à cause de cette mort et elle me presse pour que je dissipe ses craintes. Mais comment m'y prendre ?

Semerkhet lui lança un regard impartial.

— Si tu veux résoudre ce crime, alors qu'on me laisse faire ce que j'ai à faire, sans interférence de ta part ni de celle des Medjaïs.

Paour laissa échapper une nouvelle vague de soupirs.

— Trouves-en l'auteur, enquêteur, déclara-t-il d'un signe approbateur de la tête tandis qu'une lueur de haine fatiguée éclairait toujours ses yeux soulignés de khôl.

Semerkhet le salua. Alors qu'il faisait demi-tour pour quitter la pièce, Paour prit de nouveau la parole.

— Où comptes-tu te rendre en premier ?

— À la place de Vérité. Je veux interroger les voisins de la vieille dame au village des artisans.

— Quand tu les auras questionnés, je veux que tu m'informes de tout ce qu'ils t'auront dit.

— Impossible, fit Semerkhet en secouant la tête. Tout ce que j'apprendrai devra rester secret, si on veut attraper le meurtrier.

Paour réfléchit un long moment. Puis d'une main lasse, il fit signe à Semerkhet et au Medjaï de se retirer. Au dernier regard que lui jeta Semerkhet, il fixait le vide, effondré dans son fauteuil.

Les deux hommes traversèrent les vastes salles de Djémé. Semerkhet écarquillait les yeux car il n'avait encore jamais eu l'occasion de pénétrer chez un roi. La faïence turquoise, qui ornait les murs, resplendissait sous les rayons du soleil de l'après-midi et les piliers peints de couleur vive, qui soutenaient les hauts plafonds, étaient trop nombreux pour qu'on pût les compter. Des vases en or ou en argent martelé débordaient les dernières fleurs de l'été. Aux portes et aux fenêtres, de délicates moustiquaires, qui empêchaient les nuées de mouches noires de pénétrer à l'intérieur, se soulevaient sous le souffle de la brise.

Certes, le temple de Djémé était consacré à Amon-Rê, mais il abritait également le centre administratif de Thèbes Ouest. Des scribes, des soldats, des serviteurs et des nobles s'affairaient en tous sens, absorbés par leurs tâches de la plus haute importance. Des gardes d'honneur issus des corps de mercenaires libyens marchaient en formation ou se tenaient aux portes des appartements privés de Pharaon, dont ils interdisaient l'accès. Semerkhet fut momentanément déçu de ne croiser aucune femme en ces lieux, car la beauté des épouses de Pharaon et de leurs servantes était légendaire. Il s'était imaginé une cour remplie de jolies femmes, couvertes de fleurs… de pures mousselines… de parfums de musc…

— Où sont les femmes de Pharaon ? s'enquit-il auprès de Qar.

Déjà loin des alcôves, ils approchaient du territoire des artisans et des prêtres, près de la salle d'audience.

— Notre pharaon est un soldat qui a horreur de laisser les femmes se mêler des affaires des hommes. Elles sont confinées là-haut, dans le harem ou dans les jardins.

Semerkhet leva les yeux dans la direction indiquée par le Medjaï. À un haut balcon clos, il distingua les silhouettes diaphanes des épouses de Pharaon qui épiaient derrière les claustras. Le harem était placé sous la responsabilité de Nakht, le mari de Naya, en raison de sa noble origine. Semerkhet frissonna au souvenir de leur dernière rencontre. Devinant les mouvements des femmes derrière les claires-voies, il se félicita d'être l'objet de leurs regards. Comme pour confirmer cette impression, un rire léger et haut perché le suivit tandis qu'il gagnait l'entrée du temple sous le balcon du harem.

Aux grands pylônes, Semerkhet s'adressa de nouveau à Qar.

— Ce n'est pas vrai, tu sais, que j'ai évité ta tour ce matin. Je m'y suis arrêté pour me présenter avant de me rendre à la Grande Place. Celui qui était de service dormait. Je l'ai entendu ronfler.

Sans attendre les explications ou les protestations du Medjaï, il reprit le chemin de la porte des Cieux. Qar, manifestement honteux, se hâta à sa poursuite, sans un mot.

Alors qu'ils se dirigeaient au nord sur la route empierrée, Semerkhet demanda l'air de rien :

— Dis-moi, est-ce que vous autres Medjaïs étiez en manœuvres hier soir dans la Grande Place ?

— Non.

— Un cortège funèbre… des agents chargés d'un inventaire ? Quelque chose du genre ?

— Non, je te l'ai déjà dit. Pourquoi poses-tu cette question ?

Semerkhet n'eut pas le cœur d'annoncer à Qar qu'au moins six autres personnes que lui et le garçon s'étaient introduites dans la Grande Place sans autorisation.

Des filaments de nuages lointains accrochaient les rayons du soleil couchant lorsque le contremaître Paneb émergea du tombeau en construction de Pharaon. Épuisé, il gravit le long escalier de calcaire menant à la porte. Après avoir travaillé comme il se doit huit jours à la sépulture, son équipe ramassait maintenant ses affaires pour rentrer au village et savourer ses trois jours de repos.

À sa gauche brillait une flamme. Dans l'abri réservé aux artisans, en face, le scribe Neferhotep coupait la mèche d'une bougie. À la fin de chaque période de travail, le scribe avait coutume de rédiger un rapport sur l'avancée des travaux pour le vizir, qu'il l'ait demandé ou non. Le scribe leva les yeux par hasard et aperçut Paneb. Aucun signe ne fut échangé, pas un geste de déférence ni un salut exprimé. Neferhotep se pencha en avant et tira le rideau.

Les deux hommes ne s'étaient jamais entendus. Il était pour le moins ironique que, grâce au tombeau et au rang élevé que chacun occupait au sein de la place de Vérité, ils se trouvaient désormais plus intimement liés que des frères. Paneb admirait la manière dont Neferhotep s'interdisait de laisser leur présent rapprochement faire obstacle à leur dédain mutuel.

En entendant les pas de ses hommes dans l'escalier derrière lui, Paneb se tourna pour accueillir leurs silhouettes tachées de peinture dans la lumière faiblissante. « Tu rentres chez ta jolie petite femme ce soir, hein, Kenna ? On ne te reverra pas avant un jour ou deux… Kofi, profites-en pour dormir un peu, tu as l'air fatigué… Tu vas te soûler ce soir, Hori ? Mon vieux… »

Malgré son ton joyeux, Paneb n'était pas heureux. Depuis le jour où sa tante Hétèphérès avait été portée disparue, le malheur avait été son seul compagnon. Rien ne le consolait.

Le contremaître du tombeau de Pharaon était un homme à la carrure solide, doté d'une force prodigieuse, mais d'une humeur changeante. Bien que loin d'être beau, car il avait eu le nez cassé lors de combats avec d'autres contremaîtres, il fascinait par sa seule présence. À la place de Vérité, Paneb était plutôt considéré comme un héros folklorique que comme une vraie personne. À le voir ainsi abattu, ses ouvriers ne purent s'empêcher d'échanger des regards sombres et soucieux.

De longues années s'étaient écoulées depuis le « percement » du tombeau et l'équipe en était aux somptueuses peintures de rites et de formules qui couvraient les murs, les plafonds et les galeries. Compte tenu du long règne dont le pharaon Ramsès III jouissait, des générations d'artisans s'étaient succédé sur ce seul chantier. Ces hommes, dont

Paneb, étaient en fait les fils de ceux qui avaient démarré les travaux.

Sous la vaste tente, où dormaient les hommes la nuit, Paneb s'assit en tailleur entouré de ses ouvriers. Ils nettoyaient soigneusement leurs brosses et leurs pinceaux en roseau et affûtaient leurs outils métalliques. C'était une tâche quotidienne qu'ils ne confiaient jamais aux serviteurs et dont ils s'acquittaient toujours avant la préparation du dîner car les outils étaient le bien le plus précieux que ces hommes possédaient.

Rami était le garçon assis le plus près de Paneb. Bien qu'il fût le fils du scribe Neferhotep, c'était un grand et solide gaillard comme le contremaître, dont il partageait également les yeux dorés et la large bouche déterminée.

— Paneb ?

— Oui ?

— Ça va le quadrillage que j'ai fait pour les personnages cette semaine ?

Rami avait la charge de quadriller de vastes pans de gypse à l'aide de cordelettes tendues et enduites de craie rouge qu'il faisait claquer sur la surface à préparer. Cela permettait ensuite aux peintres de reproduire en les agrandissant les petits modèles créés par leurs pères, des années auparavant, sur des papyrus.

— Oui.

Le garçon le regarda d'un air entendu.

— J'aurai quinze ans le mois prochain.

Paneb passait une pierre à aiguiser sur la lame de son ciseau.

— Et alors ?

— Alors je suis assez grand pour commencer à tracer la silhouette des personnages, non ? Pas les plus importants, bien sûr, mais ceux placés sur les bords ou derrière les piliers ? Ceux que personne ne voit ?

— Mais tu n'as aucune expérience.

— Je me suis entraîné. Tiens, regarde !

Rami se hâta de sortir une poignée de fragments de calcaire de son havresac en paille. Le garçon avait réalisé diverses esquisses. Certaines lignes s'effilaient finement, d'autres formaient des volutes et des cercles tandis que d'autres encore se terminaient par des angles droits.

— Très impressionnant.

Rami rayonnait.

— Mais ce sont des traits courts, reprit Paneb. Es-tu capable de tenir ton trait sur la surface d'un mur entier, de ne pas trembler avec le pinceau ?

— Je sais que je peux le faire.

— Peux-tu peindre, comme Aaphat ici présent ? Paneb adressa un clin d'œil au peintre, la ligne de la lèvre d'un pharaon, suggérer un sourire ? Ou l'œil d'un dieu scrutant un monde invisible à nos yeux ? Ou la courbe des doigts délicats d'une reine repliés sur la tige d'une fleur de lotus ?

Rami en resta bouche bée de stupeur.

— Tout ce que je voulais, c'était tracer quelques esquisses, déclara-t-il affligé, pas peindre toute la tombe.

L'éclat de rire de Paneb retentit bruyamment à travers la Grande Place. C'était la première fois depuis la mort de sa tante que ses hommes l'entendaient émettre un son joyeux. Ils se joignirent à son rire.

Même si Paneb avait un jour battu à mort l'un de ses ouvriers pour insubordination, ses hommes l'adoraient pour ses généreuses attentions à leur égard. Ils n'oubliaient pas la fois où il avait puisé dans les réserves des rations de bière et d'huile supplémentaires, malgré les protestations de Neferhotep, parce que l'équipe avait terminé en avance sur ses prévisions. Une autre fois, Paneb avait échangé son propre ciseau en cuivre contre la moitié d'un bœuf parce qu'il jugeait que son équipe le méritait. Ils avaient ri aux éclats en le voyant, le lendemain, réclamer de nouveaux outils à un Neferhotep au bord de l'apoplexie.

À la vérité, ses hommes l'aimaient autant pour ses prodigieux défauts que pour ses qualités. Mais par-dessus tout – défaut ou qualité –, il accomplissait des prouesses auprès de la gent féminine. Même si ses conquêtes se trouvaient être leurs propres compagnes, cela n'entamait en rien leur loyauté à son égard, ils auraient donné leur vie pour lui.

— On verra, annonça Paneb en enserrant la nuque du garçon dans sa main.

Comme tout jeune, Rami en conclut aussitôt que cela voulait dire « Oui », et il rendit à Paneb son large sourire.

Mais Rami commit alors une erreur. Il baissa la tête et murmura au contremaître :

— Je suis… Je suis désolé pour Hétèphérès, Paneb. Je n'avais pas encore eu l'occasion de te le dire.

C'était comme si on avait brusquement claqué et verrouillé une porte au nez de Paneb. Ses yeux se rétrécirent, sa bouche prit une expression butée.

— Maudit sois-tu ! grogna-t-il. Je vous l'ai déjà dit, je ne veux plus en entendre parler !

Il embrassa toute l'équipe d'un regard si furieux que tous baissèrent la tête pour fixer le sable à leurs pieds. Sans cesser de jurer, Paneb balança son sac d'outils sur l'épaule et se leva brusquement pour rentrer au village. Son pas rapide indiquait clairement qu'il ne souhaitait pas être rattrapé.

Rami était assommé. Il vénérait Paneb, l'aimait plus que son propre père. Suivant du regard son pas lourd tandis qu'il descendait le sentier, le garçon laissa tristement tomber les épaules. Comme les larmes commençaient à lui monter aux yeux, il se hâta de ramasser le reste de ses outils.

Rien n'allait plus depuis le matin où Hétèphérès était morte. Rien.

Il faisait nuit quand Paneb passa devant la tour medjaï où Qar était en faction. Il fit signe au garde sans s'arrêter. Il voulait rester seul car il s'en voulait de son comportement abject à l'égard de Rami. Le garçon n'avait fait que tenter d'exprimer l'inquiétude éprouvée par toute son équipe.

Quelques pas plus loin, Paneb avait pardonné à son jeune ouvrier. Il se rattraperait en lui confiant quelques menus travaux d'ébauche au tombeau. Mais il décida de ne pas en informer l'intéressé avant le lendemain. Pour ce soir, Paneb n'avait pas la force d'affronter la jubilation du garçon. L'âme fatiguée et triste comme la mort à la pensée de la fin tragique de sa tante, il ne fut pas même réconforté par les alléchantes odeurs de cuisson émanant des feux du village.

Dans l'ombre des remparts, quelqu'un attendait à la porte du village. En y regardant de plus près, il reconnut Hénouti, nonchalamment appuyée contre le linteau. Bien qu'elle eût atteint un âge où la plupart des Égyptiennes commençaient à se défraîchir, les années n'avaient pas altéré ses charmes. Elle ne possédait pas une beauté classique car elle était grande et mince, et portait les cheveux coupés très courts. Mais elle avait le regard fier, plein de promesses et on ne résistait pas à son sourire. Même s'il avait connu des centaines de femmes plus belles, toutes avaient fini par l'ennuyer. Leur poitrine et leurs lèvres étaient devenues familières, leurs mouvements, aussi gracieux fussent-ils, prévisibles.

En revanche, jamais il ne s'était lassé d'Hénouti. En vieillissant, elle entretenait leur passion grâce à une incessante créativité, dont l'imprudence n'était pas toujours sans danger. Il se sentit en émoi rien qu'à la regarder. Cela faisait plus d'un mois qu'il n'avait pas couché avec elle. Même le souvenir du décès de sa tante ne parvenait à faire retomber son désir : Hounéti était exactement ce qu'il lui fallait pour chasser la tristesse et les démons.

— J'aurais dû savoir que tu viendrais m'attendre, dit-il en posant son sac d'outils à terre.

— Ah oui ? Comment sais-tu que je n'attends pas mon mari ? siffla-t-elle d'une voix pointue et dédaigneuse.

— Parce que je sais que Neferhotep t'a envoyé un serviteur te prévenir qu'il serait en retard.

— Je déteste qu'on lise aussi facilement dans mon jeu. Elle émit un petit gloussement d'exultation malveillante.

— Tu ne peux rien y faire. C'est ta nature, lui murmura-t-il à l'oreille.

Malgré le sourire affiché, ses yeux lancèrent un éclair d'avertissement dans le noir.

— Tu es un porc.

— Ça, c'est ma nature.

Elle rit de nouveau, un peu plus fort. Paneb la pressa contre lui. Il sentit sa chaleur et la prit dans ses bras. Hénouti s'était aspergée de santal, un lourd parfum qu'il appréciait tout particulièrement. Il posa ses lèvres sur les siennes. Elle les entrouvrit et il lui enfonça la langue dans la bouche. Mais brusquement, elle lui mordit profondément la lèvre. Il la repoussa avec un grognement et une grimace.

— C'est pour ton manque d'égards et parce que tu ne m'as pas apporté de cadeau.

Il passa la langue sur sa lèvre meurtrie et sentit le goût du sang. Tenté de la frapper, il préféra se pencher vers son sac et y fouilla à tâtons. Ayant trouvé ce qu'il cherchait, il sortit un petit objet enveloppé dans un chiffon sale.

— Qui t'a dit que je n'avais rien pour toi ?

Elle eut un regard avide en tendant la main. Très vite, elle défit le chiffon et en resta bouche bée en découvrant l'objet qui brillait même dans le noir.

— Oh… ! Où as-tu eu ça ? Au bazar de la rive Est ? Tu as encore franchi le fleuve ?

— Non, répondit-il le regard vide. C'est le vieil Amenmose qui est repassé par le camp.

— Le marchand de Kouch ? Ça a dû te coûter très cher.

— Ne le mérites-tu pas ?

Paneb lui passa le bracelet au poignet. Son poids lui fit tourner la tête et elle le tint sous la faible lumière des flambeaux accrochés aux murs du village. Le bijou brillait plus même que les flammes. C'était un magnifique bracelet en or, qui lui couvrait presque entièrement le poignet, incrusté de cabochons de rubis dont l'éclat surpassait celui du sang fraîchement versé. Des glyphes étaient gravés tout autour et l'agrafe était formée par les serres de deux rapaces.

Même lorsqu'elle lui passa les bras autour du cou, elle ne put en détacher les yeux. Avec de petits sons de gorge, elle lui prit la main et l'emmena derrière les ateliers du village. *Il faut que je te remercie comme il faut*, murmura-t-elle.

Le pas aguerri, ils se hâtèrent vers l'abri réservé à la tonte et se jetèrent sur une pile de laine fraîchement coupée, qui s'enfonça mollement sous leur poids. Il enleva grossièrement son pagne tandis qu'elle tendait la main pour le caresser, se souriant à elle-même en le découvrant déjà enflé et gluant de désir. Il approcha de nouveau sa bouche de la sienne, gémissant tandis qu'elle le caressait d'une main experte. Sa lèvre meurtrie l'élançait, mais la douleur ne faisait que l'enflammer davantage.

Alors, il lui retira grossièrement sa robe en la relevant par-dessus ses épaules. Puis il redescendit lentement le long de son corps, en lui léchant le creux du cou, les oreilles, le coin de la bouche. Il se serait attardé sur ses seins si elle l'avait laissé faire, mais elle le poussa plus bas. Elle se cambra dès qu'elle sentit sa langue l'effleurer et ses yeux se fermèrent à demi dans l'obscurité, telles des demi-lunes où la pupille avait disparu. Il s'enfonça en elle, et son goût sur sa langue se mêla à celui de son propre sang. Elle se mit à gémir, à se tordre puis elle cria plus fort, une première fois, puis encore, tentant à la fois de le repousser et de le garder là pour toujours. À ses cris, il atteignit aussitôt l'orgasme, déversant sur elle son liquide tiède et poisseux. Paneb l'attira vivement vers lui, lui écarta les jambes afin de terminer en elle. Il se cambra puis s'effondra sur elle et ses gémissements se transformèrent en un profond cri animal de plaisir. Puis ce fut terminé, et leurs mouvements cessèrent peu à peu. Baignés de sueur, ils restaient allongés sans trouver la force de se séparer. Il allait bouger pour lui dire quelque chose de tendre à l'oreille quand il fut interrompu par un grattement à la porte.

— Paneb !

C'était un murmure qu'on aurait pu confondre avec le vent. Hénouti se rassit. Paneb secoua la tête, voulant la prévenir qu'elle risquait de trahir leur présence. Par gestes, il lui demanda de retirer son bracelet.

La voix se fit insistante.

— Paneb ! Je sais que tu es là-dedans, alors ne prétends pas le contraire !

— Khépoura ?

— Il y a du grabuge !

— Comment savais-tu que j'étais là ?

— Je ne suis pas la représentante des femmes pour rien. Toi aussi, Hénouti, sors de là. Ton fils Rami est déjà rentré à la maison.

Hénouti desserra son étreinte en proférant à voix basse une bordée d'injures dignes des troupes de Pharaon. Après s'être essuyée avec une poignée de laine, elle attrapa sa robe et la renfila par les épaules. Hénouti détestait l'idée que Khépoura pût surveiller ses allées et venues. À contrecœur, elle remit le bracelet dans son chiffon.

La corpulente et intimidante épouse de l'orfèvre Sani les attendait devant la porte, la désapprobation gravée dans tous les plis de son large visage plat.

— Regardez-moi ces deux-là. Un procès pour adultère, c'est tout ce que vous cherchez.

— Va te faire voir, Khépoura ! lâcha Hénouti, la voix rêche et pleine de morgue. Elle ne permettait à personne de la juger, encore moins cette grosse et laide femme autoritaire.

— Silence, toutes les deux ! ordonna Paneb d'un ton sec

et impatient, tout en s'enveloppant la taille de son pagne. Alors, quel est le problème ?

— Chez ta tante...

Alarmé, Paneb partit en courant avant que Khépoura eût terminé sa phrase.

— Essuie-toi la lèvre, Paneb ! lança-t-elle derrière lui. Tu saignes !

Les deux femmes se pressèrent à sa suite tandis qu'il franchissait les portes du village à la hâte. Khépoura, qui considérait de son devoir d'élue des femmes du village de veiller aux bonnes mœurs de ses compagnes, n'en finissait pas avec ses commentaires outragés.

— Ne crois pas que je sois la seule à savoir à propos de toi et Paneb ! avertissait-elle Hénouti au moment où elles arrivaient dans l'étroite rue principale.

— Ça m'est bien égal ! rétorqua Hénouti en évitant un groupe d'enfants brailleurs qui jouaient dans la rue.

Plus vive que Khépoura, elle contourna habilement la bande de chiens qui aboyaient maintenant sur leur passage. Telle une anguille entre les roseaux, elle se faufila agilement entre les groupes de villageois commérant sur le pas de leur porte. Khépoura, pantelante et la respiration sifflante, s'efforçait de ne pas se laisser distancer.

— À coucher à droite et à gauche, je te mets au défi de me nommer les pères de tes enfants !

— Je suis sûre que ton Sani en fait partie.

— Par Isis !

Les deux femmes se disputaient encore quand elles arrivèrent chez Hétèphérès. Stoppée dans son élan par la corpulence de Paneb qui bloquait l'entrée, Hénouti tenta de jeter un œil dans la pièce par-dessus son épaule. De frustration, elle finit par le pousser de côté. Malgré son embonpoint, Khépoura parvint aussi à se frayer un chemin dans la pièce bondée.

Un homme était assis sur le banc de prière d'Hétèphérès.

Malgré son silence, ses yeux incroyablement noirs miroitèrent lorsqu'il tourna son regard vers Hénouti. Jamais elle n'avait vu d'yeux aussi sombres. Pour la première fois peut-être de sa vie, Hénouti fut soudain prise de timidité, et elle précipita ses mains à son cou pour dissimuler les éventuels suçons que Paneb aurait pu y faire.

— Je comprends pourquoi tu ne veux pas d'étranger dans la maison de ta tante, expliquait patiemment Semerkhet à l'homme au nez écrasé dressé devant lui. Mais le vizir m'a envoyé pour découvrir son meurtrier et le produire devant la justice.

Paneb cessa alors de menacer Semerkhet qu'il cherchait à chasser à grand renfort de vociférations.

— Meurtrier ? murmura-t-il, sous le choc.

Les visages horrifiés des deux femmes à ses côtés reflétaient le sien. Khépoura avança alors d'un pas en agitant les mains.

— Mais on a entendu dire que... peut-être elle s'était noyée, ou qu'un crocodile... ?

— Elle a été tuée à coups de hache.

Paneb lâcha une telle obscénité que même Hénouti en battit des paupières. Il s'effondra par terre, et Hénouti se pencha pour le prendre dans ses bras en lui murmurant son réconfort et sa compassion.

— Comment sais-tu qu'il s'agit d'un meurtre ? demanda Khépoura avec brusquerie.

— J'ai examiné le corps moi-même à la maison de Purification.

— Mais... Après être restée aussi longtemps dans le Nil, comment peux-tu dire... ?

Khépoura lança un coup d'œil à Paneb qui se balançait maintenant d'avant en arrière, accablé de chagrin.

— Il n'y a pas d'erreur.

Semerkhet se garda de préciser qu'il possédait aussi un morceau de l'arme du meurtre car il comptait fouiller discrètement les sacs d'outils des artisans à la recherche de la lame correspondante. C'était la principale raison qui l'avait amené à commencer l'enquête au village : les artisans étaient les ouvriers les mieux équipés de toute l'Égypte. Si une communauté disposait d'outils en métal bleu, ce ne pouvait être qu'eux.

En levant les yeux, Semerkhet remarqua qu'Hénouti le fixait avec un vif intérêt. Leurs regards ne se croisèrent qu'un instant, mais il crut déceler dans le sien une invitation à quelque chose de plus. Il baissa rapidement les yeux.

— Informez les habitants du village, reprit-il en s'éclaircissant la voix, que je passerai les voir pour recueillir leur témoignage.

Hénouti hocha la tête, s'apprêtant à parler, mais Khépoura lui coupa l'herbe sous le pied.

— C'est impossible. Ce genre de choses… doit être approuvé par le Conseil des anciens, annonça-t-elle en levant le menton d'un air de défi.

— Alors je commencerai par les anciens. Demain.

— Tu restes ici pour la nuit ? Au village ? s'alarma Khépoura.

— Oui.

La grosse femme secoua la tête.

— Personne n'a le droit de passer la nuit au village à moins d'être artisan de métier – le tombeau de Pharaon relève du secret d'État.

— J'ai l'autorisation du vizir, et du maire de Thèbes Ouest. Semerkhet tendit l'insigne de To à son cou. Hénouti avança le bras pour toucher de ses doigts le lingot d'or gravé. Khépoura grogna de dégoût. Ne lui prêtant aucune attention, Hénouti continua de palper l'insigne. Bien qu'incapable de lire les glyphes inscrits dessus, elle releva les yeux vers Semerkhet et lui sourit en laissant retomber le collier contre sa poitrine.

Khépoura lança un regard nerveux à Paneb, dans l'espoir qu'il dise quelque chose. Ce dernier se releva et déclara :

— Comme bon te semble, dans ce cas. Mais tu ne peux pas rester ici.

— Il le faut, je dois examiner la maison pour trouver d'éventuels indices…

Le rugissement fut si prompt et si puissant que les voisins accoururent, abandonnant leur dîner et leurs cancans. Paneb souleva Semerkhet du banc avec une telle rapidité qu'il en eut le souffle coupé. Des éclats de lumière explosèrent dans sa tête quand son crâne heurta le mur de briques crues. Les mains de Paneb lui enserraient le cou.

Les deux femmes se ruèrent sur le contremaître pour frapper de leurs poings ses larges épaules et tirer sur son manteau.

— Paneb ! Lâche-le !

— Si tu le tues, tout le village le paiera !

— Paneb, il est envoyé par le vizir !

Semerkhet tentait d'enlever ses mains de son cou, de le griffer au visage, de lui arracher les yeux. Enfin, avec les dernières forces qu'il lui restait, il parvint à haleter :

— Pourquoi… ne veux-tu pas que je… résolve le meurtre de ta tante ?

La question finit par faire battre en brèche la rage de son adversaire. Le démon qui hantait son regard prit soudain la fuite. Le cœur déchiré, Paneb libéra Semerkhet, qui tomba par terre en suffoquant.

— Si. Si. Bien sûr que je veux que son meurtre soit résolu, dit-il entre deux soubresauts.

Une voix dehors demanda plaintivement qu'on la laissât entrer dans la maison. Neferhotep se frayait un chemin parmi les voisins bouche bée. C'était un homme menu qui, malgré sa relative jeunesse, portait les épaules en avant à cause de ses longues années de travail de scribe. Il ne lui fallut qu'un instant pour comprendre la situation.

— Oh la la ! Qu'est-ce que tu as encore fait, Paneb ?

— Dis-le-lui, toi. Dis-lui qu'il ne peut pas rester chez ma tante. Dis-lui que tu l'interdis, Nef.

— Maintenant certainement… mais qui est-ce ?

Khépoura et Hénouti répondirent en même temps. À elles deux, elles mirent Neferhotep au courant avec force agitation. Il eut la même réaction que les autres.

— Un meurtre ! s'exclama-t-il enfin, comme s'il avait du mal à le croire.

Neferhotep se pencha pour aider Semerkhet gisant à ses pieds.

— Pardonne-nous, s'il te plaît. Comme tu peux imaginer, nous sommes tous anéantis par cette nouvelle. Paneb que voici était son neveu et le choc lui a sans nul doute fait perdre la tête…

— Je ne veux pas qu'il reste ici ! intervint l'intéressé, comme prêt à se jeter de nouveau sur Semerkhet.

— Ça suffit maintenant, Paneb. Cet homme a été nommé par le vizir. S'il a besoin de…

— Nooon !

À la surprise de tous, Neferhotep changea instantanément de visage.

— Écoute-moi bien, dit-il en plongeant son regard dans celui de Paneb, je crois que tu ne sais plus ce que tu dis. Tu es trop bouleversé pour t'exprimer intelligemment. Tu ferais mieux de te taire maintenant, sinon ce charmant homme que voici risque de rapporter au vizir de terribles histoires au sujet de notre… hospitalité. Pas une fois Neferhotep ne cilla. Suis-je bien clair ?

La bouche pincée en une mimique entêtée, Paneb laissa néanmoins tomber la tête pour acquiescer.

— Bien, reprit Neferhotep. Maintenant je pense que nous devrions présenter nos excuses puis nous en aller de chez toi.

— Ce n'est pas nécessaire… commença Semerkhet.

— Si, à mon avis, ça l'est. Paneb ? rétorqua Neferhotep avec calme.

Le contremaître tordit le cou vers Semerkhet, le visage rempli de haine.

— Désolé, marmonna-t-il avant de décamper.

Ses voisins interdits lui firent rapidement place tandis qu'il jouait des coudes à travers la foule pour descendre l'étroite avenue.

Lorsqu'il fut parti, Neferhotep soupira en tremblant puis sourit à Semerkhet.

— Je suis désolé de tout ça. Paneb est notre contremaître, le meilleur que tu rencontreras jamais. Mais par ici, un contremaître doit parfois recourir à la brutalité… Et puis, il a des manières relativement simples.

— Je m'en souviendrai, répondit Semerkhet en se frottant le cou.

— J'espère que tu ne nous en tiendras pas rigueur, ajouta-t-il sur un ton plus cajoleur. Surtout dans tes rapports officiels au vizir.

Semerkhet ne dit mot. Neferhotep, désormais très cordial, reprit :

— Je m'appelle Neferhotep, je suis le grand scribe et le chef du village. Cette dame, qui t'a accueilli, j'imagine, s'appelle Khépoura. Et voici mon épouse, Hénouti.

À la surprise de Semerkhet, il indiqua la grande femme qui l'avait regardé avec tant d'audace.

— Cette dame est ton épouse ? Un chacal aurait-il épousé une lionne que Semerkhet n'en aurait pas été plus étonné.

— Oui, répondit Neferhotep toujours tout sourire. Nous sommes mariés depuis quasiment l'enfance, même si Hénouti n'a pas grandi ici. S'il te plaît, dis-nous ce que nous pourrions faire pour te mettre à l'aise et te rendre service en quelque manière que ce soit. J'aimerais savoir que nous avons fait tout notre possible pour te venir en aide.

— Eh bien... Je mangerais volontiers quelque chose, si ça ne vous pose pas de problème. Je payerai, naturellement.

— Nos serviteurs ici préparent les repas des Medjaïs, s'empressa de répondre Hénouti. Je suis sûre qu'il reste de quoi t'apporter une ration.

Neferhotep la regarda sortir avec une mystérieuse expression. Quelques secondes plus tard, Khépoura s'éclipsa à son tour en silence. Le scribe se tourna juste à temps pour voir le regard fixe de Semerkhet dans la direction d'Hénouti.

Une ombre passa sur son visage. « Bon », dit le grand scribe. Il lançait à Semerkhet le même regard qu'à Paneb – sans ciller, ni se troubler, ni lâcher le visage de son interlocuteur. Lorsque le sourire lui revint, ses yeux conservèrent leur froideur.

Hénouti courait vers les cuisines. À sa grande exaspération, Khépoura la rattrapa. Elle l'interpella d'un air détaché, comme s'il s'agissait du repas de la veille au soir.

— Qu'est-ce que tu tiens là enveloppé dans ta main ?

Hénouti s'arrêta et eut un mouvement de tête dédaigneux.

— Qu'on me sorte de ce trou !

Puis, de défi, elle glissa le bracelet à son poignet, en minaudant à l'adresse de l'autre femme. Il fallut à Khépoura mobiliser toute son énergie pour ne pas faire passer l'envie de sourire à cette mal peignée en la giflant.

— Tu finiras par mener ce village à la ruine avec tes manières de putain. Mais autant te le dire tout de suite, Hénouti, les femmes d'ici ne te laisseront pas faire. On est toutes d'accord à ton sujet.

Hénouti releva les lèvres en un sourire moqueur.

— À en juger par ta seule présence, on ne peut guère dire qu'elles fassent corps, dit-elle le ton léger, mais les yeux remplis de malice. Au fond, ce qui te gêne, Khépoura, c'est que tu ne supportes pas le fait que le grand scribe est mon mari et le chef contremaître mon amant. Si tu me pousses encore un peu, tu découvriras qui est la véritable représentante des femmes dans ce village.

— Tu ne t'en tireras pas comme ça, rétorqua Khépoura sur un ton égal.

Hénouti sourit avec indulgence.

— Fais ta loi, Khépoura, je ferai la mienne.

De bravade, elle tendit le bras vers le flambeau pour faire rougeoyer son bracelet à la lumière, puis tourna les talons et se hâta vers les cuisines.

Khépoura ne la suivit pas. Elle en avait assez dit. Il viendrait un temps, pensa-t-elle, où les dieux témoigneraient leur désapprobation à Hénouti. Et Khépoura fit vœu en silence de voir ce temps-là arriver bientôt.

Une bonne heure s'écoula avant qu'Hénouti revienne chez Hétèphérès. Semerkhet commençait à désespérer de se voir servir quelque chose à dîner. Malgré la faim, il bâilla de fatigue. La journée avait été longue et agitée. Peut-être valait-il mieux se coucher sans manger pour repartir du bon pied le lendemain matin. Mais Hénouti ouvrait déjà la porte, apportant bière, pain et haricots.

— Je suis désolée d'arriver si tard mais les domestiques viennent juste de m'apporter tout ça. J'ignore ce qui les a retenus.

Elle posa le bol par terre sur le carrelage de la grande pièce et déboucha le pichet de bière. L'arôme de levure lui caressa les narines. Il se sentit aussitôt assoiffé.

— Tu m'accompagnes ?

— N-non, répondit-elle à regret. Mon mari…

— J'espérais que nous pourrions discuter.

— De quoi ? demanda-t-elle les yeux luisants.

Par gestes, il indiqua le village autour d'eux.

— D'ici. D'Hétèphérès. De toi.

— De moi ? Elle eut un petit rire. Je ne suis pas très

intéressante. Je n'ai pas quitté le village depuis que je suis mariée.

On aurait dit soudain la voix d'une femme âgée, et elle laissa tomber la tête. Appuyée contre le mur orné de stucs, elle regarda d'un air morose par la porte ouverte.

Il s'étonna de ce changement d'attitude. Sa coquetterie avait disparu. Il porta le pichet de bière à ses lèvres et la dévisagea à la dérobée.

Elle se retourna et le regarda boire.

— Tu la trouves comment ?

— Il y a un petit goût de… Qu'est-ce que c'est ? demanda-t-il avec un petit frisson.

— On ajoute de la coriandre et d'autres herbes. Elle n'est pas aussi délicate que celle qu'on sert à Thèbes, j'imagine. Mais bon, c'est normal, non ?

Semerkhet secoua la tête d'un air ironique et cita quelques vers.

— *Que disent-ils, eux qui vivent si loin de Thèbes ? Ils passent leurs journées à cligner des yeux en entendant son nom. Si seulement elle nous appartenait, disent-il…*

— Elle m'appartiendra, dit-elle fermement, les yeux durs comme du basalte. Bientôt.

Semerkhet plongea les doigts dans le bol de fèves et sentit la même herbe piquante que dans la bière.

— Qu'en ferais-tu ? demanda-t-il en avalant. C'est un triste endroit. Les gens sont mécontents, âpres au gain – comme dans toutes les villes.

— Mais les fêtes ! Les bazars où on peut acheter le monde si on veut. Les auberges, où on rit et on chante toute la nuit…

À entendre ces transports d'admiration, on aurait dit qu'elle parlait de « clair de lune ! » ou de « baisers ! ».

— Et les étrangers…, reprit-elle sur le même ton palpitant, j'ai entendu dire qu'ils viennent jusque d'Inde et de Cathay. C'est fascinant !

Semerkhet bâilla de sommeil. Il s'était levé avant l'aube.

— Les mendiants, les imposteurs et les escrocs, les prêtres gros et adipeux...

Elle s'esclaffa d'un rire qui lui parut frémissant comme l'huile sur le feu.

— Tu ne m'en dissuaderas pas. C'est parce que tu as toujours vécu à Thèbes Est, je parie, que tu as oublié comme c'est merveilleux. Je m'y installerai aussi un jour, tu verras. Je quitterai ce sale trou sans un regard en arrière.

Semerkhet ne contesta pas. Il piquait du nez malgré ses efforts pour garder les yeux ouverts.

— Je suis désolé... marmonna-t-il. Si fatigué...

— Laisse-moi t'aider, murmura Hénouti.

Lui passant un bras autour des épaules, elle le mit sur ses pieds. Appuyé contre elle, Semerkhet s'étonna de sa robustesse et se laissa guider en titubant vers la pièce du fond. Après l'avoir installé sur un banc, Hénouti déroula une paillasse puis l'aida à s'allonger avant de le couvrir de peaux légères ayant appartenu à Hétèphérès. Ses lèvres effleurèrent-elles les siennes ? Il dormait déjà quand elle quitta la maison de la prêtresse.

Il eut l'impression d'avoir dormi pendant des heures lorsqu'il se réveilla, pourtant il ne pouvait s'être écoulé tant de temps à en juger par le tapage qui régnait dans le village. Quelque part un enfant pleurnichait. Au coin de la rue, un charpentier travaillait tard, il entendait le bruit de la scie. Quelqu'un éteignit un feu avec force grésillements accompagnés de nuages de fumée âcre. Des bribes de conversation trop éloignées pour être clairement comprises lui parvenaient dans le noir, ponctuées de temps à autre par un rire strident. Il distingua les murmures d'un groupe d'hommes dont les lourds outils résonnaient dans la nuit. Ils disparurent rapidement, après avoir manifestement tourné dans une ruelle adjacente.

Comment ces artisans pouvaient-ils dormir, se demandait

Semerkhet, dans une telle promiscuité ? C'était un miracle s'ils ne s'écharpaient pas plus souvent.

Et puis, plus près, il surprit la dispute d'un couple dont les voix déchiraient la nuit. Luttant contre le sommeil, il tendit l'oreille et perçut indistinctement une partie de leur échange hargneux, semblable aux cris des hyènes.

— … me l'a donné… Et pourquoi donc ? Tu ne m'as jamais… avare, bon à rien…

— … imbécile !

—… plus jamais parlé à Khépoura… pas le savoir… te quitter ! ... l'autre rive du fleuve !

Le claquement d'une gifle retentit. Un cri indigné, puis le bruit d'une joute physique. Des coups, des claques encore. Des jurons. Des insultes. Le silence. Semerkhet allait de nouveau sombrer dans le sommeil quand il entendit des bruits, cette fois, très différents.

Un couple faisait l'amour.

Il se réveilla de nouveau en sursaut. Ces artisans étaient décidément bien étranges, songea-t-il. Pourtant même le bruit d'un accouplement à la sauvette ne parvint pas à le tenir éveillé. Semerkhet sentit son ka lutter pour quitter son corps. Avec un long soupir, il le laissa partir et ferma les yeux.

Soit qu'il fût épuisé, soit qu'il se trouvât dans un curieux endroit, Semerkhet ne savait plus s'il était éveillé ou endormi. Peu après la cinquième heure, lorsque le village plongea vraiment dans le silence, il finit par glisser dans un sommeil plus profond.

De courte durée. Soudain, il sursauta car son ka réintégrait son corps, et il ouvrit brusquement les yeux. Un bruit venait de l'entrée : on soulevait le loquet de la porte.

Se forçant à calmer les battements de son cœur, il se concentra. Rien de plus que les sons habituels de la nuit dans le désert. Un milan siffla. Une vache meugla dans un pré au loin. Un campagnol, ou peut-être un scorpion, détala tout près. Semerkhet referma les yeux, convaincu de n'avoir rien entendu de bien extraordinaire.

Or, juste au moment où le sommeil lui alourdissait de nouveau les paupières, il entendit quelque chose de différent : le souffle profond et primitif d'une énorme bête, à peine perceptible. Semerkhet s'assit, scruta l'obscurité, le halètement devint plus intense à mesure qu'il se rapprochait dans la maison. Glacé par la peur, il sentit une odeur animale, accompagnée de relents de sang et de chasse.

En silence, Semerkhet rejeta les peaux qui le recouvraient. En trois enjambées, il atteignit ses affaires. Il ouvrit son petit sac sans faire de bruit et tâtonna à la recherche de son poignard. La lame recourbée ne lui offrirait guère de protection, mais c'était tout ce qu'il avait sous la main.

Le couteau n'y était plus !

Ce n'est qu'alors qu'il se souvint que Naya le lui avait pris le soir de la fête, quand il était allé hurler sa colère et son chagrin à sa porte.

Il tenta d'appeler à l'aide, mais la peur le paralysait tellement que seul un coassement absurde sortit de sa gorge. Son regard fouilla l'obscurité à la recherche d'une arme, quelle qu'elle fût, pour se défendre. C'est alors qu'il la vit et il se figea sur place.

La lionne pénétra dans la pièce en se frottant le dos contre le linteau, à l'instar d'un chat ordinaire. Dans le noir, sa fourrure émettait une sorte de lumière dorée. Semerkhet distinguait maintenant clairement ses muscles tendus sous la peau et les longs filets de bave rouge qui lui dégoulinaient des babines.

Voilà la mort qui vient me chercher, pensa-t-il. Cela y ressemblait bien.

Même si la mort était son credo encore peu de temps auparavant, il était désormais attaché à la vie de tout son être. Il refusait de mourir ainsi, mis en pièces à coups de crocs et de griffes. Il recula lentement. Les yeux jaunes de l'animal scintillant, la lionne s'accroupit comme pour bondir puis se dirigea tout doucement vers lui.

Semerkhet s'élança : il courut à l'arrière de la maison, passa devant la cuisine et gagna l'escalier menant sur le toit. La lionne le rattrapa d'un bond en montrant les dents. Il grimpa vivement. Il était maintenant au-dessus du village, plongé dans le noir le plus complet. Pas la moindre lueur de lune dans le ciel. Réfugié derrière un réservoir d'eau de pluie, il attendit. Ses yeux commencèrent à distinguer certains détails : les flambeaux de la porte Sud du village au loin, la silhouette d'une tour medjaï derrière et, plus loin encore, les feux de Thèbes Est, palpitant de l'autre côté du fleuve.

Les toits du village formaient un patchwork de différents niveaux car un second petit étage avait été ajouté à certaines maisons. Semerkhet se dit que s'il parvenait à sauter jusqu'à l'un d'eux, il pourrait frapper à la porte et demander de l'aide.

Mais alors il vit que la lionne avait réussi à escalader la façade en silence pour se jucher sur le petit mur d'enceinte de la maison d'Hétèphérès. Il entendait parfaitement le faible halètement régulier de l'animal, semblable au raclement d'une meule. Lentement, il tenta un regard furtif de derrière le réservoir.

L'apercevant, la lionne se laissa tomber du mur sur le toit. Elle allait bondir lorsque…

Une prière jaillit tout à coup aux lèvres de Semerkhet, la même que prononce tout petit Égyptien réveillé par un cauchemar : *Viens à moi, mère Isis ! Voilà, je vois ce qui est loin de ma cité !*

La lionne sauta en poussant un terrible rugissement. Semerkhet se jeta par terre, replia les bras sur sa tête et attendit le baiser de la mort…

Aucune attaque ! Dans le silence qui s'ensuivit, Semerkhet se força à risquer un œil de sous ses mains crispées. Il était de nouveau dans la maison, sur la couche d'Hétèphérès.

Derrière lui, il distingua juste un léger bruit. Il se retourna le souffle coupé. C'était un chat, manifestement domestique puisqu'il ne chercha pas à s'enfuir.

Encore pantelant, Semerkhet se rallongea. C'était un rêve, les vapeurs d'alcool lui jouaient probablement encore des tours. Il retrouva alors son calme et s'esclaffa tout haut.

Il avait rêvé d'un lion, voilà tout.

Le chat vint se pelotonner contre lui sur la paillasse. Il se rendormit bercé par ses ronronnements.

On frappa à la porte. Hébété, Semerkhet secoua la tête, comme pour se débarrasser de toiles d'araignées dans les cheveux. Quelle heure pouvait-il bien être ? Un coup d'œil par les claustras de la fenêtre lui apprit que le soleil était déjà haut dans le ciel. Il sauta sur ses pieds tandis que le chat s'écarta d'un bond pour l'accompagner dans la cour.

Khépoura l'attendait à quelques pas dans la ruelle.

— Je suis venue te dire que les anciens sont réunis chez Neferhotep afin d'étudier ta requête pour interroger les gens du village.

— Ma requête ?

Il était encore à moitié dans les vapes. Il lui parut curieux qu'une directive émanant du vizir pût être considérée comme une requête.

— Tu as dit que tu voulais les rencontrer, reprit-elle sur un ton de reproche. Je t'ai moi-même entendu le dire.

— Oui, mais…

Il était agacé mais, sans doute, valait-il mieux ne pas leur donner l'impression de leur tenir la dragée haute. Au même instant, le chat se glissa par la porte en direction des cuisines.

— Soukis ! s'écria Khépoura. Il est revenu !

Le chat se retourna et envoya un regard de mépris à la représentante des femmes du village.

— La nuit dernière en fait. Il m'a d'ailleurs fait peur.

— C'était le chat d'Hétèphérès. On ne l'avait pas revu depuis la disparition de la prêtresse. Elle se baissa pour gratter les oreilles de l'animal mais, évitant sa main, il recula dans un coin en sifflant. Soukis ! Qu'est-ce qui t'arrive ? s'exclama-t-elle, vexée.

Le chat s'enfuit dans le couloir. Khépoura haussa les épaules et s'adressa de nouveau à Semerkhet.

— Alors, tu viens ?

— J'arrive.

Khépoura redescendit l'étroite rue principale dans la direction où le chat avait disparu. C'est alors que la mémoire lui revint, et il lui cria dans le dos : « Khépoura… ? »

Sans prendre la peine de se retourner, elle lui répondit par-dessus l'épaule : « Cinq maisons plus bas, au bout de la ruelle. »

Un peu plus tard, il se tenait dans le sombre salon de Neferhotep. Des sept hommes qui l'attendaient, aucun n'était vraiment âgé. Ces « anciens » l'informèrent gravement qu'ils étaient les chefs élus des clans du village. En sa qualité de représentante des femmes, Khépoura faisait également partie du conseil, de même que Neferhotep, par sa fonction de grand scribe. Paneb étant parti au tombeau royal, Khépoura annonça qu'elle allait parler en son nom.

— Paneb s'oppose à toute enquête au village.

— Et pourquoi ? sourcilla Semerkhet.

— Parce que c'est une insulte, répondit-elle sèchement, de croire que l'un de nous puisse avoir quelque chose à voir avec un crime pareil… Manifestement la moutarde lui montait au nez, pourtant, au lieu de donner l'impression de se draper dans sa dignité outragée, on aurait dit, à son expression, un buffle d'eau furieux de se retrouver coincé au milieu des fourrés. C'est un brigand ou un autre criminel du genre qui a tué Hétèphérès – si c'est bien ce qui s'est passé – pas l'un de nous.

— C'est curieux, dit Semerkhet presque pour lui-même, j'aurais cru que Paneb serait le premier à exiger une enquête.

Parmi l'assemblée, un homme maculé de boue toussa.

— Je m'appelle Snéfrou, je suis potier de Pharaon, se présenta-t-il calmement, en se penchant en avant. Pourquoi, selon toi, Paneb devrait-il souhaiter cette enquête ?

— D'abord, parce que Hétèphérès était sa tante, fut surpris d'avoir à expliquer Semerkhet.

Snéfrou jeta un regard de biais aux autres anciens. Mal à l'aise, ils s'agitèrent un instant, sans pouvoir retenir de petits rires étouffés. Devant l'expression sidérée de Semerkhet, ils reprirent immédiatement une attitude posée.

— Mais nous sommes tous les neveux de la pauvre tante Hétèphérès, expliqua Snéfrou.

Semerkhet battit des paupières.

Les mains tendues, Snéfrou poursuivit ses explications.

— Oh, il était vraiment son neveu de sang. Mais comme on a rarement le droit de quitter le village des artisans, on se marie entre cousins ici. On est donc tous plus ou moins parents.

Les anciens manifestèrent leur approbation d'un grognement.

Le soleil avait atteint son zénith et la température avait grimpé en conséquence. En détournant le regard, Semerkhet aperçut Hénouti qui écoutait sur le seuil d'une pièce éloignée. Il la salua discrètement de la tête. Aussitôt, elle recula dans l'ombre.

— Pourtant le vizir m'a envoyé mener l'enquête ici, c'est pourquoi je me vois dans l'obligation d'insister.

Semerkhet se leva du banc et croisa les bras sur sa poitrine.

— Voyons, s'il te plaît, l'interrompit vivement Neferhotep, pas de précipitation. Nous ne t'interdisons pas d'enquêter. Pas du tout. Il lança un coup d'œil autour de lui pour finalement poser un regard entendu sur Khépoura. Mais nous avons nos traditions. Tout ce que nous voulons dire, c'est que nous devons en débattre entre anciens. Même le vizir peut comprendre cela.

Semerkhet était perplexe. Jamais, auparavant, il n'avait rencontré un tel flegme, surtout chez quelqu'un qui venait d'apprendre que l'un de ses parents avait été sauvagement assassiné. D'habitude, l'entourage des victimes s'époumonait à clamer publiquement vengeance. Les soupçons l'envahirent.

— Combien de temps s'écoulera-t-il, à votre avis, avant que l'esprit furieux d'Hétèphérès vienne hanter le village pour se venger ? demanda-t-il avant de poursuivre, une note d'incrédulité dans la voix. Les fantômes des victimes de meurtre sont les plus féroces de tous les esprits. Ils contrarient les récoltes, rendent vos enfants malades. Ils peuvent même boucher les oreilles des dieux afin qu'ils n'entendent plus vos prières. Pourquoi prendre de tels risques ?

Snéfrou allait dire quelque chose quand Khépoura lui coupa froidement l'herbe sous le pied.

— Si toi tu ne le comprends pas, l'esprit d'Hétèphérès comprendra que les anciens aient besoin d'en débattre, dit-elle sur un ton sec et dédaigneux. Enfin, elle a disparu pendant trois jours avant que l'un d'entre nous s'en aperçoive et aucun fantôme…

Ses propos se perdirent dans le silence. Elle en avait trop dit, elle regarda désespérément Neferhotep pour qu'il lui vienne en aide.

— Elle a disparu pendant trois jours sans que vous le sachiez ?

Les yeux de Semerkhet avaient viré au noir vitreux. Personne ne pipa mot.

— Quand avez-vous signalé sa disparition ?

Silence de nouveau. Semerkhet avait sa réponse.

— Vous voulez dire… que personne ne l'a signalée.

Khépoura fut la première à retrouver la parole.

— Inutile de nous accuser. Hétèphérès s'occupait de tous les sanctuaires de ces collines. Il n'était pas rare qu'elle reste partie si longtemps.

L'un des anciens prit la parole et se laissa emporter par son enthousiasme.

— C'est vrai, avant que les dieux l'affligent de cécité, il arrivait souvent qu'on ne la voie pas pendant des semaines d'affilée.

À ces mots, Khépoura fit la grimace, ses lèvres formulant des jurons silencieux. Neferhotep planta le menton dans le creux de sa main. Voyant leur réaction, l'ancien s'embrouilla :

— Quoi ? Qu'est-ce que j'ai dit ?

— Elle était aveugle ?

Les yeux noirs de Semerkhet brillaient durement.

— Mais ce n'est pas un secret, insista l'ancien pour sa défense. Tout le monde le savait !

— J'aimerais comprendre ceci, expliqua Semerkhet posément. Une vieille femme aveugle – votre tante – se promène dans les montagnes pendant trois jours, tout le monde est au courant et personne ne songe à s'inquiéter de son sort en ne la voyant pas rentrer ?

L'ancien referma brusquement la bouche. Tout à coup, il comprit la portée de sa bévue.

— C'est Rami qui était chargé de l'accompagner, lança Khépoura dans le vide. Mais ce n'est pas sa faute. Quand il est arrivé chez elle ce jour-là, elle était déjà partie dans la montagne. Hétèphérès pouvait se montrer très têtue, tu sais.

Neferhotep prit enfin la parole, avec un sourire d'excuse.

— Tout cela est très intéressant mais j'ai bien peur de ne pouvoir autoriser la poursuite de cet interrogatoire, cher Semerkhet, pas avant que les anciens n'en aient débattu.

Semerkhet lança au scribe un regard irrité.

— Quand aurez-vous terminé ?

— Demain, ou d'ici la fin de la semaine, répondit Neferhotep. Au plus tard.

Semerkhet entreprit la visite à pied de la place de Vérité, comme les bâtisseurs de tombeaux nomment leur village. Même si on l'empêchait d'ouvrir officiellement son enquête, il pouvait toujours mener quelques petites investigations de son côté. Certes, les artisans se montraient circonspects à son égard mais aucun ne remettait en question la raison de sa présence. Quoi qu'il en soit, il laissait l'insigne du vizir se balancer en évidence sur sa poitrine pour décourager toute confrontation éventuelle.

Il établit d'abord une carte mentale du site. D'après ses allées et venues, il estima que le village rassemblait une centaine de familles logées dans des maisons mitoyennes. Il remarqua en outre que certaines d'entre elles, dont celle d'Hénouti, avaient un second étage.

Semerkhet tenta d'imaginer la place de Vérité vue du ciel. Le village aurait sans doute la forme d'un édifice unique semblable à une tortue géante, avec un large centre et des extrémités en pointe. La rue principale tortueuse dans laquelle il se tenait, si étroite qu'il pouvait toucher les murs de chaque côté, en composait l'épine dorsale, et la multitude de ruelles menant vers l'est et l'ouest ses côtes. Les toits, plats et irréguliers, formaient les écailles de la carapace.

En revenant sur ses pas, il se sentit suivi. Le chat d'Hétèphérès, Soukis, lui avait emboîté le pas. Lorsqu'il faisait halte pour observer autour de lui, il s'arrêtait aussi, s'asseyant pour nettoyer consciencieusement son pelage jaune. Il se pencha pour le caresser, et l'animal s'enroula autour de ses chevilles en miaulant.

L'oreille attirée par le claquement d'une navette, il suivit le bruit. Des glyphes peints sur le mur au-dessus d'une porte annonçaient « Linceuls de Monthou ». Toujours en compagnie de Soukis, il s'approcha. La tisserande ne leva même pas les yeux lorsqu'il plongea le regard à l'intérieur. Une jeune fille, probablement son enfant, l'aidait en dévidant la bobine de fil. Dans la main de la femme, la navette voletait avec une telle rapidité que Semerkhet ne parvenait pas à la distinguer clairement. Le fil d'un blanc éclatant que la jeune fille dévidait était si fin qu'il en devenait pratiquement invisible. Au sol surgissait du métier une étoffe vaporeuse.

Une cacophonie de marteaux frappant le métal attira ensuite son attention. Dans une échoppe un peu plus loin dans la ruelle, il aperçut Sani l'orfèvre, l'époux de Khépoura, qui polissait soigneusement la surface d'un masque en or. Tout autour de lui, ses assistants – ses fils, au vu de leurs silhouettes identiques – martelaient des lingots d'or pour obtenir des feuilles aussi fines que du papyrus. Semerkhet se rapprocha pour examiner le masque et fut surpris de découvrir le visage du pharaon Ramsès III en personne. Sur une table derrière Sani reposait le némès en or aux bandes de lapis-lazuli qui serait assemblé plus tard au masque. Il était blasphématoire pour les Égyptiens d'imaginer seulement Pharaon mort dans sa tombe – pourtant, là devant lui, se trouvait le masque qui serait apposé sur sa momie.

Fortement ému par le sentiment d'une vision trop sacrée, trop terrible pour un regard aussi désinvolte, Semerkhet baissa les yeux. Pourtant, les gens qui passaient devant l'atelier de Sani, tout entiers à leurs affaires, ne ralentissaient même pas pour regarder à l'intérieur. Seul Semerkhet, semblait-il, en éprouvait de la confusion. Il reprit donc sa route, suivi de Soukis.

Tout le long de la ruelle émanait un bourdonnement incessant d'activité, de chaque porte provenaient le martèlement des marteaux, le résonnement d'une enclume, le grincement d'une scie ou des voix criant des instructions. Semerkhet se sentit écrasé, presque asphyxié par toute cette animation. Il avança à l'aveuglette jusqu'aux cuisines publiques, près des portes du village. Tandis qu'il s'en approchait, une forte odeur de graisse et d'huile lui envahit les narines. Il suivit les nuées de mouches qui formaient de grands nuages noirs, attirées comme lui par les effluves. Soukis disparut vers les étables dans l'espoir, sans nul doute, d'obtenir une goutte de lait de brebis.

Au détour d'un autre coin de rue, Semerkhet vit des serviteurs brider un flanc de bœuf. Il en fut très surpris : si c'est ainsi qu'il les nourrissait, Pharaon était bien généreux avec ses ouvriers. Il était rare en Égypte de manger du rôti de bœuf un jour de semaine, aussi cette richesse lui parut non seulement curieuse, mais dérangeante.

Semerkhet voyait les femmes se promener avec de l'or et de l'argent dans les cheveux, de longs sautoirs de pierres précieuses ou des colliers incrustés de joyaux. Le tissé de leurs robes, finement plissées et ornées de broderies époustouflantes, était de qualité royale. Les hommes aussi arboraient de somptueux bracelets de cuivre et de bronze, et leurs vêtements de travail étaient coupés dans de luxueuses étoffes. Même à Thèbes Ouest, où les nobles rivalisaient d'opulence dans leurs tenues, ces villageois ne seraient pas passés inaperçus. Fait tout aussi troublant, on ne voyait aucun mendiant dans le village. Les estropiés ou les victimes de guerre, d'accidents ou de famine, ces pauvres malheureux qu'on rencontrait partout ailleurs en Égypte semblaient inexistants ici.

D'une certaine manière, le village entier paraissait faux, comme l'une de ces maquettes de ville ou de ferme que les gens emportaient avec eux dans la tombe, parfaites et magnifiées dans le moindre détail. Tout le monde semblait jeune, riche et en bonne santé. Les maisons étaient peintes de frais, les murs réparés et il n'y avait pas de place pour le chagrin. Le village des artisans semblait l'œuvre d'un magicien. À tout moment, Semerkhet s'attendait à voir tout disparaître pour céder la place à une étendue de sable battue par les vents.

Rien ne pouvait atteindre une telle perfection.

Les ombres étaient très longues lorsque Semerkhet

remonta en compagnie du chat la grande rue vers la maison d'Hétèphérès. Dans l'assourdissant tapage habituel, les notes plaintives d'une harpe lui parvinrent aux oreilles. En suivant la musique, il fut surpris de découvrir Hénouti derrière l'instrument. Assise sur des coussins dans son salon, elle lui tournait le dos, il s'aventura donc jusqu'à sa porte pour l'écouter.

Avec un douloureux pincement au cœur, Semerkhet reconnut l'air préféré de Naya, un ancien chant folklorique du Fayoum, l'immense oasis située au centre de l'Égypte. Hénouti entonna :

Les roues à aubes m'appellent,
Sept oies passent dans le ciel,
Des ténèbres j'apprends
Que mon amour se rend.

Les roues à aubes me réclament
Seule sur ma couche, je vois son âme
Partie rejoindre le royaume des trépassés
Et je laisse le feu se propager.

Au souvenir de la douce voix grave de Naya, ses yeux se voilèrent de larmes et il s'éclipsa lentement à reculons. Mais par inadvertance, il frôla en passant le loquet de la porte. Hénouti s'arrêta de jouer et se retourna. Un sourire se dessina lentement sur ses lèvres quand elle le reconnut.

— J'ignorais que j'avais du public.

— J'écoutais aux portes, répondit-il en essuyant vivement ses larmes. Désolé. J'aurais dû m'annoncer. Il fit un nouveau pas en arrière dans la ruelle. Tu joues très bien.

— Il n'y a pas grand-chose à faire par ici, en fait, à part jouer pour passer le temps. Elle se pencha pour égrener un lent arpège. Contrairement à la plupart des femmes ici, je n'ai pas de métier.

— Tu dois être largement occupée avec ta famille…

Semerkhet indiqua d'un geste la maison derrière elle, sous-entendant que son entretien représentait un travail pénible.

— Il n'y a plus que Rami, le plus jeune, à la maison maintenant, répondit-elle en secouant la tête, et il sort pratiquement tous les soirs en compagnie galante. Il a bientôt quinze ans, il va se marier et avoir sa propre maison. Quant à mon mari, lui aussi est sorti ce soir.

— Où ? s'enquit Semerkhet, le sourcil levé.

— La question est officielle ? Elle avait les yeux voilés mais elle riait. De l'autre côté du fleuve, dans les quartiers Est. Il me tuerait sans doute de t'en parler, mais je m'en moque. Elle détourna le regard.

— Je croyais que personne ici n'avait le droit de franchir le fleuve.

— Oh, lui et Paneb le font sans arrêt « dans l'exercice de leurs fonctions ». Elle s'interrompit et poussa un long soupir. Et moi je reste là à m'exercer à la harpe. D'une main distraite, elle se mit à jouer de nouveau la chanson note par note, en en fredonnant le refrain : *Les roues à aubes m'appellent*...

— Chante autre chose, fit-il sèchement.

— Pourquoi ? demanda-t-elle innocemment, tout en continuant de pincer les cordes. Puis totalement surprise, elle éclata d'un rire cruel. Regardez-moi ça, mais tu pleures !

— Non.

— Si ! Et, impitoyable, elle pouffa de nouveau. J'ai vu des larmes sur tes cils. Imaginez un peu, l'implacable homme du vizir ému aux larmes par mon chant.

— C'était la chanson préférée de ma femme.

Elle cessa de jouer pour gratter une tache imaginaire sur sa tunique.

— Tu es marié ?

— Plus maintenant.

Hénouti eut un sourire subtil mais féroce au coin de la bouche.

— Elle est morte ?

— On a divorcé.
— Ah, soupira-t-elle comme si cela expliquait tout. Tu la battais.
— Non.
— Tu couchais avec d'autres, je suppose.
— Non !
— Alors, elle était vraiment stupide !
— Elle voulait des enfants.
Cela la fit réfléchir.
— Et tu ne pouvais pas… ?
Il secoua la tête.
— Crois-moi, reprit-elle, ce pourrait être l'un de tes plus grands attraits aux yeux de certaines. Elle se tourna de nouveau vers sa harpe. Ses doigts cruels reprirent l'air des roues à aubes et elle entonna les paroles avec provocation : *Partie rejoindre le royaume des trépassés et je laisse le feu se propager…* Elle s'interrompit de nouveau. Ça veut dire quoi, à ton avis ? Elles me paraissent stupides, à moi, ces paroles.
— C'est une chanson du Fayoum.
— J'ai entendu dire que c'était très vert là-bas, soupira-t-elle. Comme j'aimerais voir pareille merveille.
— D'immenses roues à aubes permettent d'irriguer la campagne. Toute la journée, on les entend grincer et craquer. Certains pensent que ces bruits ressemblent aux plaintes d'une femme qui pleure son amant.
— Mais s'il y a tant d'eau, comment se fait-il que le feu se propage ? C'est stupide. Et elle pinça de nouveau les cordes.
Brusquement, Semerkhet lui arracha la harpe des mains, qui retomba sur les coussins avec un son aigu et discordant.
— Certains feux ne peuvent jamais être éteints, rétorqua-t-il sur un ton rude.
Il se balançait au-dessus d'elle, tout près, la respiration tendue. Se renfonçant dans les coussins, Hénouti plongea les yeux dans son regard noir.
— Jamais ? Elle éclata de rire puis reprit sa harpe.

De retour chez Hétèphérès, Semerkhet entreprit de procéder à l'inventaire systématique des biens de la prêtresse, tout en cherchant ce qui pourrait l'aider à mieux la connaître et, ainsi, à déterminer peut-être ses éventuels ennemis.

Il était dans sa chambre lorsqu'il tomba sur une boîte cachée sous la couverture sur laquelle était couché Soukis. Ayant chassé le chat, qui en fut contrarié, il emporta le coffret dans le salon et le regarda à la lumière de la haute fenêtre. Sur le couvercle, des corbeaux noirs en agate voletaient dans les vignes et picoraient des grappes de raisin en lapis-lazuli. Sous les feuilles de vigne en bois de poirier, qui jonchaient le sol, des rats des champs et des scarabées se disputaient les grains échappés de leurs becs.

Semerkhet retint son souffle en effleurant du doigt la marqueterie de bois et de pierres. Plus il regardait la boîte, plus il était intimidé par les couleurs éclatantes et la perfection de l'exécution, mais aussi par l'œil de l'artiste qui avait fait preuve d'une telle création.

Ce coffret était un poème, une ode triste.

Au-delà d'une simple scène rustique, il livrait une description de la vie, de la manière dont la beauté et la perfection sont inéluctablement anéanties par les ravages auxquels elles sont soumises. En retournant la boîte, il vit des incrustations d'os formant des glyphes sur le fond en bois sombre. « Moi, ce coffret fabriqué par Djehoutymes, ébéniste au service de Pharaon, j'appartiens à Hétèphérès, son épouse. »

Semerkhet se laissa aller un instant à imaginer ce Djehoutymes voler du temps le soir pour travailler à ce cadeau destiné à sa femme. Il était manifeste que l'ébéniste y avait mis toute son affection pour Hétèphérès et qu'il avait anticipé le fait que le temps finirait forcément par leur ravir la joie de cet instant.

Semerkhet repensa aux présents qu'il avait faits à Naya au cours de leur mariage. Rien d'aussi beau que ce coffret. Il se rappela la fois où elle avait repéré un rare cactus en fleur en haut d'une falaise dans le désert et il n'avait pas eu envie de faire de l'escalade pour le lui cueillir.

Soigneusement, il replaça la boîte dans l'angle de la pièce. Comme les bruits du soir lui parvenaient portés par l'air frais du désert, il s'émerveilla du destin qui l'avait amené là. C'était un lieu enchanteur où la beauté régnait en maître. Le plus curieux, c'est qu'elle semblait être aussi banale aux yeux de ces artisans que l'eau du puits ou le pain pour les autres Égyptiens.

Semerkhet espérait ne pas découvrir le meurtrier d'Hétèphérès parmi eux. Si tel était le cas, il aurait forcément le rôle prédit sur le couvercle du coffret de la prêtresse, celui des corbeaux pillant les raisins, du profanateur de la perfection. Les artisans vivaient dans une réclusion de privilégiés et si l'assassin d'Hétèphérès se comptait parmi eux, Semerkhet deviendrait forcément le souffle d'air qui ferait exploser la bulle.

Troublé, il prit le chat dans ses bras, qui s'y lova et le réconforta par ses ronronnements.

À l'aube, Semerkhet partit rendre visite à Qar. Il trouva le Medjaï accroupi, nu, au pied de la tour, en train de se doucher à l'aide d'un broc. Semerkhet venait de se rendre compte du peu d'eau dont disposaient les artisans du village car il n'existait ni puits ni source à proximité de la place de Vérité tandis que les environs étaient aussi secs et desséchés que les momies des tombeaux.

Chaque jour, des trains de mules apportaient l'eau du Nil par les raides sentiers.

— Je vois que tu fais plus cas de ta propreté que de ta soif, lança Semerkhet sur un ton enjoué.

— Ça te surprend, demanda Qar en se levant pour se sécher avec un chiffon, qu'un « sale Nubien » prenne soin de se laver le matin ?

— Ce n'est pas ce que j'ai dit.

— Mais c'est ce que tu as pensé, comme tous les Égyptiens, grogna Qar.

— Je t'envie, déclara Semerkhet avec affabilité, de savoir ce que « tous les Égyptiens » pensent. Ça doit grandement te simplifier la vie.

Qar s'habilla vivement, enfila son armure et attacha son casque. Une fois prêt, il lança un regard circonspect à Semerkhet.

— Que me veux-tu ?

— Te montrer quelque chose dans la Grande Place.

— Un autre prince invisible sur son tapis volant ? s'enquit Qar, un sourire presque moqueur aux lèvres.

— Quelque chose de bien plus intéressant encore, répondit Semerkhet avant d'ajouter, froidement, qui pourrait même te permettre de conserver ton poste.

Le Medjaï attrapa sa lance. D'un signe de tête, il indiqua à Semerkhet de lui montrer le chemin. Ensemble, ils grimpèrent le long du sentier qui serpentait autour de la Grande Place. Lorsqu'ils eurent passé les falaises de grès rouge et pénétré dans la vallée, ils furent saisis par l'étrange silence des lieux. Leurs pas réguliers envoyaient rouler des cailloux au fond du ravin où ils résonnaient telle une avalanche de rochers. Aussitôt, le bruit suscita la réaction des tours medjaïs au sommet des falaises. Au moins sept gardes descendirent, arme à la main, voir ce qui se passait et Qar leur fit signe de sa lance. Satisfaits de constater que les intrus n'étaient pas des ennemis, les Medjaïs se replièrent dans leur tour respective. Semerkhet et Qar poursuivirent leur route en silence. Des vipères se chauffant au soleil sur les pierres sifflaient sur leur passage ou se réfugiaient dans les crevasses. Des scorpions prenaient la fuite devant eux.

Ils continuèrent ainsi de marcher jusqu'à ce que Semerkhet finisse par admettre.

— Je suis confus. Je pensais que c'était la route sur laquelle tu m'avais arrêté.

— Mais c'est bien celle-là.

— Pourtant…

Semerkhet voulait montrer à Qar le campement qu'il avait découvert au pied de l'éboulis de calcaire. Il avait finalement décidé que si des gens pénétraient dans la vallée sans autorisation, il était de son devoir d'en informer les Medjaïs.

Tout en examinant lentement les lieux, il effectua un tour complet. Il ne reconnaissait plus rien. Aucune trace d'éboulis ni de feu de camp. Ils s'étaient évaporés dans les airs, aussi certainement que le prince à dos d'âne. Il se rappela l'avertissement de Paour qui lui avait expliqué que le désert était un endroit enchanté, peuplé de fantômes et de démons, et il commençait un peu à le croire.

— J'aurais juré… commença Semerkhet pour s'excuser.

— Un autre mirage ? Qar s'exprima d'une voix blanche, comme n'importe quel policier face à un témoin douteux.

— Manifestement.

Le Nubien s'agenouilla pour ramasser un peu de sable qu'il laissa couler entre ses doigts. Puis il regarda en bas vers la vallée.

— Qu'est-ce que tu croyais avoir vu ?

— Un ancien feu de camp. Il y avait six flambeaux enterrés-là, des récents. Je voulais que tu saches que je n'étais pas le seul à être venu ici sans qu'on m'ait vu.

Qar pinça les lèvres et continua de fixer le sable en contrebas.

— Et tu penses que le camp était dans ce canyon ?

— Je n'en suis plus sûr, répondit tristement Semerkhet. Il y avait un monticule de pierres calcaires derrière cette saillie, je crois. Il indiqua la base d'une paroi rocheuse surplombant le sentier à deux pas. Il descendait jusqu'au fond du ravin.

— Du calcaire ? cingla Qar.

— Provenant de l'excavation d'une tombe, confirma Semerkhet. Il s'agenouilla à côté de Qar en se grattant le menton. Pourtant, on dirait que je fais erreur. Peut-être que je l'ai imaginé après tout.

Qar continua de scruter le fond de la vallée. Brusquement, il se redressa et montra du doigt un point précis.

— Là-bas.

L'instant d'après, le garde descendait la pente, sachant exactement où poser le pied sur les rochers saillants et le bord des crevasses. Semerkhet n'osa pas le suivre, de peur de se blesser. Il dévala le sentier à son rythme jusqu'à son point le plus bas puis sauta pour couvrir la faible distance qui le séparait encore du fond du ravin. Quand, à bout de souffle, il eût rejoint le Medjaï, Qar avait déjà déterré quelques morceaux de charbon. C'est tout ce qu'il put trouver comme trace du feu.

— Ils sont bien venus là, annonça-t-il en s'aidant de sa lance pour fouiller le sable et creuser à certains endroits. Aucun flambeau ne refit surface.

— Comment le sais-tu ? Ce ne sont que des bouts de charbon et ils peuvent provenir de n'importe quel feu allumé depuis cinquante ans. Où sont passés les fragments de calcaire ? demanda Semerkhet en regardant autour de lui.

Qar se tut un moment. Debout, il effectua un demi-cercle sur lui-même en fouillant la moindre crevasse de ses yeux perçants.

— Ils s'en sont débarrassés, répondit-il doucement. Ils les ont remis dans la tombe.

— Ils ? Tu veux dire les fossoyeurs ?

— Aucune tombe n'a été creusée dans la Grande Place depuis plus de trente ans, Semerkhet, sauf celle de Pharaon. Et celle-là se trouve de l'autre côté de la vallée.

Il parlait à regret, comme s'il trahissait un grand secret. Semerkhet se moquait bien du ton effrayé de sa voix ou de l'expression sur son visage.

— Je ne comprends pas…

Qar planta de nouveau sa lance dans le sol, sans y prêter attention.

— Des pilleurs de tombe, souffla-t-il, et ses mots portés par les airs se réverbérèrent sur les parois rocheuses. Des pilleurs de tombe se sont introduits dans la Grande Place. Ils ont rebouché le trou qu'ils avaient fait avec les gravats que tu as vus. C'est pour ça que l'éboulis a disparu.

Semerkhet ravala sa salive. Le pillage de tombes constituait la plus grave transgression en Égypte, le pire des crimes d'hérésie. Si Qar avait raison, et si la Grande Place avait effectivement été profanée, le délicat équilibre entre la vie et la mort était rompu. Les pharaons morts, qui travaillaient pour l'éternité au bien-être de l'Égypte dans l'au-delà, allaient durcir leur cœur envers les vivants. Il en résulterait misère et chaos.

Un petit cliquetis résonna dans le sable à leurs pieds. La tête de la lance de Qar avait heurté quelque chose de métallique. Un instant, ils se regardèrent sans mot dire. Puis le Medjaï tomba à genoux et se mit à creuser comme un fou. À la vue de l'objet, il recula d'instinct, comme s'il avait mis au jour quelque monstrueux insecte fouisseur. Semerkhet se pencha pour voir et vit briller, là sur le sable, une grande boucle d'oreille en or.

Ce fut Semerkhet qui se baissa pour la ramasser. Il s'agissait d'un somptueux bijou de grande dimension datant d'une dynastie antérieure. Ses bords martelés étaient incrustés des cabochons de rubis. Cette pure merveille alliait l'éclat du soleil et la couleur du sang.

— C'est ma faute, gémit Qar.

Tout en haut de la tour medjaï, il savourait le dîner apporté par les serviteurs du village en compagnie de Semerkhet. Cette fois, Semerkhet sentait moins les herbes utilisées par les artisans, ou alors, c'est qu'il s'habituait à leur piquant.

Il porta le pichet de bière à ses lèvres.

— Tu n'es même pas sûr qu'on ait volé quoi que ce soit.

— Le bijou…

— Il pouvait aussi bien avoir été là depuis des siècles.

Qar ne dit mot, comme s'il envisageait cette explication pour la première fois. Semerkhet mâcha quelques dattes.

— Et même, pourquoi serait-ce ta faute ?

Mort de honte, Qar toussa et tenta une réponse.

— Le jour où tu es venu ici… ?

— Oui ?

— Je dormais.

Semerkhet le savait bien.

— Je deviens trop vieux pour ce poste, reprit Qar. Je suis si fatigué que je parviens à peine à enfiler encore mon armure. Je te le dis, j'ai laissé ces voleurs s'introduire dans la vallée.

Semerkhet savait qu'il s'agissait d'un aveu difficile. Personne, homme ou femme, n'aimait s'avouer avoir passé le bel âge. Dans son cas, l'admettre, c'était en outre prendre conscience que sa faiblesse avait permis un grand crime.

Le garde n'en avait pas encore terminé de ses confessions.

— Et ce matin-là où Hétèphérès est partie dans la montagne, le dernier matin où elle a été vue vivante…

— Eh bien quoi ?

— Là aussi je dormais. D'habitude je veille sur elle durant mes rondes. Ce matin-là, je n'ai même pas su qu'elle était venue et repartie.

Il avait la voix triste. Semerkhet lâcha un long soupir.

— Que vas-tu faire ?

Qar réfléchit.

— Je vais aller trouver les autres Medjaïs pour leur montrer le site que tu as découvert et le bijou. Et puis je donnerai ma démission. Avec un peu de chance, on me réassignera dans une petite ville calme sur le Nil. Qui sait ?

— Pourquoi confesser quoi que ce soit dont tu ignores s'il s'est réellement produit ? demanda Semerkhet, sceptique.

Qu'y a-t-il là-bas, en fait, pour prouver qu'une tombe a été pillée ? Quelques bouts de charbon. Une boucle d'oreille. Des débris de calcaire…

— Il va falloir examiner toutes les tombes et établir la liste de leur contenu.

— Ça va prendre des années.

— On enverra ensuite les Medjaïs dans les bazars de Thèbes Est. S'ils trouvent des éléments du trésor royal à la vente, alors on saura qu'il y a bien eu vol.

Semerkhet secoua la tête.

— À la minute où les Medjaïs feront leur apparition sur la place du marché, la moindre marchandise douteuse disparaîtra soigneusement dans des sacs de grain ou des cuves à olives. Tu ne les retrouveras jamais.

— Qu'est-ce qu'on peut faire d'autre ?

Semerkhet réfléchit.

— Envoyer un acheteur intéressé au bazar, quelqu'un que les marchands ne soupçonneraient jamais. On lui fait acheter une pièce, cela devrait suffire comme preuve.

— Mais qui pourrait faire ça ?

Semerkhet réfléchit un instant. Puis il répondit lentement.

— Je connais peut-être quelqu'un.

Un sourire sardonique se dessina sur ses lèvres. Il devait à son frère de se retrouver dans cette situation. Cela lui apprendrait.

Semerkhet se rappela alors qu'il avait ramassé des fragments de poterie sur le site du campement fantôme. Sans pouvoir vraiment se l'expliquer, il décida de ne pas en parler à Qar. Si une plus grande amabilité régnait désormais entre les deux hommes, ils n'étaient pas encore amis. La confiance viendra plus tard, pensa Semerkhet.

— Quelque chose me gêne dans tout ça, Qar. T'est-il jamais arrivé de penser que tu n'étais pas le seul à dormir à ton poste ?

— Quoi ?

— Si les pilleurs de tombes sont à pied, pourquoi les autres Medjaïs ne les ont-ils pas entendus creuser la nuit ? Pourquoi ignoraient-ils que je m'étais introduit dans la Grande Place l'autre jour ? Et comment se fait-il que toi seul te sois réveillé pour me trouver ?

— J'ai été réveillé par un cauchemar, expliqua Qar à contrecœur, mal à l'aise. C'était terrible, j'étais traqué par une lionne. Mon rêve avait l'air si réel que je pouvais même sentir l'animal, son haleine de fauve, l'odeur du sang. J'ai vraiment cru que j'allais mourir entre ses griffes…

Ce ne fut pas l'air frais du désert qui fit alors frissonner Semerkhet.

— Et quand elle a bondi, demanda-t-il doucement, tu t'es réveillé en disant la prière à Isis contre les cauchemars ?

Cette fois, ce fut Qar qui en resta bouche bée.

Vie ! Santé et prospérité à To, vizir des Deux Terres ! Vie ! Santé et prospérité au pharaon Ramsès III ! Avec les plus humbles salutations de Semerkhet, agent du Service des investigations et des secrets.

Monseigneur, voici mon rapport sur l'affaire Hétèphérès, grande prêtresse de la place de Vérité.

À grands traits Semerkhet expliqua avoir découvert à la maison de Purification qu'Hétèphérès avait bien été assassinée, sur la terre ferme. Ne sachant pas qui d'autre lirait ses rapports, il s'abstint de mentionner le fait qu'il tenait en sa possession un fragment de l'arme du crime. Alors il reposa son roseau pour réfléchir à la suite de sa missive.

Assis par terre en tailleur dans le salon d'Hétèphérès, Soukis endormi à ses côtés, Semerkhet travaillait à la lueur d'une simple bougie de suif. Un peu plus tôt, il avait acheté un rouleau de papyrus à Neferhotep, quelques roseaux taillés et un pot d'encre noire faite d'un mélange de gomme et de noir de fumée. Le papier était maintenant déroulé devant lui, l'encre allongée d'eau et il avait mâché la pointe d'un roseau pour lui donner la texture exacte qu'il aimait.

Semerkhet coupa la mèche de sa chandelle et reprit la plume.

Auprès du Conseil des anciens, ici au village des artisans, j'ai appris que la prêtresse était à moitié aveugle et que, malgré ce handicap, elle se rendait souvent seule dans les sanctuaires dont elle s'occupait aux alentours, s'absentant souvent plusieurs jours d'affilée.

Selon les anciens, la chose était si fréquente que personne n'avait songé à signaler sa disparition.

Ses pensées se tournèrent alors sur l'accueil qu'il avait lui-même reçu et le fait que les villageois paraissaient plus soucieux de déterminer s'il avait le droit de les interroger que d'établir l'identité du meurtrier de la prêtresse. Semerkhet envisageait les différentes possibilités. Peut-être Hétèphérès avait-elle été prise en grippe par ses concitoyens, peut-être avait-elle sans le vouloir précipité sa propre perte par sa méchante langue de vieille vipère. Mais cela ne collait pas avec l'image pieuse et maternelle qu'en avait donné la reine Tiyi. Cependant, il ne pouvait rien écrire de tel non plus puisqu'il ne s'agissait que d'une impression et non d'un fait avéré.

L'imposante silhouette du contremaître hantait son esprit. Bien qu'il eût attaqué Semerkhet, Paneb était le seul de ces curieux artisans à avoir eu un comportement compréhensible. Il fallait d'ailleurs que Paneb et sa tante eussent été proches pour que la vérité au sujet de sa mort l'anéantît à ce point. Néanmoins, Semerkhet ne pouvait pas faire part de cette supposition à To.

Sans y penser, il porta la main à son cou meurtri et se souvint alors des doigts épais de Paneb autour de sa gorge. La même pensée obsédante lui traversa de nouveau l'esprit : pourquoi le contremaître s'opposait-il, comme les anciens, à ce qu'on découvrît le meurtrier de sa tante ? Cela n'avait aucun sens, à moins que…

Semerkhet se redressa et scruta l'obscurité.

À moins que Paneb – si ce n'est tout le village – ne protégeât l'auteur du meurtre.

Un peu plus tard, la lettre abandonnée, Semerkhet arpentait fiévreusement la maison d'Hétèphérès, l'esprit en ébullition. Il existait des complots partout. À son grand désespoir, il ne parvenait pas à sortir de ce labyrinthe d'hypothèses. Et voilà qu'une autre énigme se présentait, plus troublante que tout le reste : pourquoi le Medjaï Qar rêvait-il de la lionne ?

Peut-être cela ne voulait-il rien dire, la lionne n'étant qu'un habile symbole du stress qu'ils subissaient, lui comme Qar, chaque jour dans leur vie quotidienne. Semerkhet cessa ses allées et venues et soupira. Puis il s'enveloppa dans de légères peaux de bête appartenant à Hétèphérès car l'air du désert fraîchissait.

Un grattement à la porte le prit au dépourvu. Il gagna la pièce de devant en s'éclairant à la bougie.

Hénouti l'attendait dans la rue. Jamais il n'avait vu une femme oser une tenue pareille. Sa robe soyeuse était teinte de l'éclatante couleur grenade réservée aux dieux et aux déesses. Dans sa chevelure brillaient des pointes de cire dorée. Elle avait le visage maquillé comme celui des déesses dans les temples, les yeux agrandis par l'antimoine et la malachite, et les pommettes soulignées d'ocre. Son lourd parfum de santal l'enveloppa.

La langue paralysée, Semerkhet ne put articuler un mot.

— Laisse-moi entrer, dit-elle impatiemment, sinon les voisins vont jaser.

Au lieu de cela, Semerkhet ouvrit la porte encore plus grand afin que chacun pût voir à l'intérieur. Hénouti afficha un sourire provocant et lui passa devant.

— Aurais-tu peur de moi ?

Semerkhet opina du chef. Hénouti affecta une petite moue de dépit.

— Il n'est pas très agréable pour une femme d'entendre de la part d'un homme qu'elle l'effraie car alors ce qu'il cache sous son pagne se recroqueville et ne sert plus à rien.

Elle se rapprocha de lui mais il recula de nouveau.

— J'ai peur de ton mari, aussi.

— Neferhotep ? gloussa-t-elle. Ce n'est pas la souris qu'il faut craindre mais plutôt le lion, Paneb. L'expression de Semerkhet lui fit de nouveau rouler les yeux d'exaspération. Comment crois-tu que l'on se divertisse dans ce trou ? Sans le péché d'adultère, on deviendrait tous fous.

— Toi sans doute encore plus que la moyenne.

— Au moins je suis honnête à ce sujet, dit-elle avec une pointe de provocation dans la voix, plus que la moyenne, je crois.

— Qu'est-ce qui t'amène ici ?

— Je suis venue te dire, soupira-t-elle, que les anciens ont accepté de te laisser interroger les gens du village. Tu peux commencer quand tu veux.

— Et tu es venue jusqu'ici, dans cette tenue, pour me le dire ? commenta-t-il d'un air sceptique.

Blessée, elle fronça les sourcils et, dans un filet de voix, elle souffla :

— Qu'est-ce qui ne va pas avec ma tenue ? En général, les hommes me trouvent belle quand je m'habille en déesse. Pas toi ?

La langue de nouveau paralysée, il se contenta d'un hochement de tête.

Avec une petite roucoulade, elle se pressa contre lui. Malgré la fraîcheur du soir, il se mit à transpirer.

— Si tu me trouves si belle, pourquoi tu ne me fais pas l'amour, alors ? demanda-t-elle en cherchant ses lèvres avec les siennes.

Semerkhet ne sut combien de temps dura leur baiser. Il

était surpris de se voir à ce point excité. S'armant de toute sa résolution, il parvint cependant à la repousser.

L'or scintilla dans ses cheveux tandis qu'elle secouait la tête d'un air incrédule. Au bout d'un moment, elle revint à la charge.

— Si tu ne veux pas de mon corps – puisque manifestement je ne suis qu'une vieille taupe à tes yeux –, peut-être t'intéresseras-tu à ma tête ?

— Comment ça ?

— Si je te disais, par exemple, que je sais des choses ?

— À propos de… ?

Il cligna des yeux.

— D'ici, de ses secrets.

— Si tu sais effectivement quelque chose, il est de ton devoir de le signaler de manière officielle.

— D'autres par ici risquent d'avoir une autre idée de ce qu'est mon devoir, dit-elle en riant de nouveau devant sa naïveté.

— Dis-le pour Hétèphérès, alors, pour cette vieille dame que tout le monde semble avoir oubliée.

Au nom de la vieille prêtresse, la bouche peinte d'Hénouti se transforma en balafre au milieu de son visage.

— C'est vrai qu'elle était gentille avec moi, c'était sans doute la seule d'ailleurs. Et je ne suis pas du genre à oublier mes amis, malgré ce qu'on peut dire.

Semerkhet fut stupéfait de la vitesse à laquelle Hénouti changea dès qu'elle ne fut plus habitée par le désir. Brusquement, elle parut vieille et déconfite, son maquillage sembla se craqueler. Elle reprit :

— Mais comme je n'accorde jamais mes faveurs pour rien, je vais te dire ceci, fais-en bon usage. Elle se pencha en avant pour lui murmurer à l'oreille. Sais-tu pourquoi il a fallu deux jours de « délibération » aux anciens pour t'autoriser à questionner les autres ?

— À cause de la tradition qui veut que l'on débatte de la question…

— Il n'existe aucune tradition de ce genre, s'esclaffa-t-elle. Mais c'est tout ce que je dirai, Semerkhet. À moins que…

— À moins que quoi ? demanda-t-il en s'avançant d'un pas.

— Je suis riche, s'empressa-t-elle de préciser. Parce que j'exige des cadeaux des hommes qui veulent coucher avec moi, chacun apportant sa pierre au pont que je construis pour franchir le fleuve. Emmène-moi là-bas. Je ne connais pas la ville, toi si. Tu n'auras plus besoin de rien. On pourra vivre dans le luxe là-bas. Et je te donnerai plus d'amour que tu n'en as jamais connu…

Elle allait de nouveau poser les lèvres sur les siennes, mais il fit un pas de côté, l'œil rivé sur l'obscurité.

— Demande à quelqu'un d'autre, Hénouti. Le luxe ne m'intéresse pas. Et jamais je ne prendrais une femme à son mari, car je sais ce qu'il en coûte.

Hénouti le dévisageait.

— Quel idiot ! Je pourrais chasser cette femme de ton esprit. Je pourrais te réduire en cendres si je voulais. Tout en faisant de toi un homme riche.

Elle ouvrit la porte, se retourna vers lui puis disparut rapidement dans la ruelle.

Cette nuit-là sur sa couche, il ne cessa de repenser à ses propos. Toutefois, ni les allusions ni les indices qu'elle lui avait fournis sur les artisans ne l'empêchaient de dormir. Il se souvenait seulement du poids de son corps contre le sien, de la courbe de son ventre et de la sensation de sa poitrine. Il s'agita pendant de longues minutes dans le noir avant de mettre fin à son supplice avec ce geste solitaire par lequel Atoum donna naissance à l'univers.

L'aube n'avait pas encore pointé lorsqu'il entendit murmurer à la porte d'entrée. *Semerkhet !*

Qar, qui l'attendait devant chez Hétèphérès, posa un doigt sur ses lèvres. Une fois qu'ils furent tous les deux rentrés à l'intérieur, à l'abri de la rue et d'éventuelles oreilles, le garde s'expliqua tout doucement.

— Je sors tout juste d'une réunion secrète avec les Medjaïs.

Semerkhet hocha la tête, dans l'expectative.

— Je leur ai parlé de mon sommeil maladif. Au lieu d'avoir l'air désolé, il souriait. Soukis lui sauta sur les genoux et il se mit à caresser le chat sans y penser. Que dis-tu de ça ? Il aura suffi que je me confesse pour que les autres admettent qu'ils avaient le même problème. Toujours au même moment : les nuits sans lune.

— Comment est-ce possible ? demanda Semerkhet.

— À ton avis ? On drogue notre nourriture, annonça Qar d'un air sinistre. Ce n'est pas difficile. Nos repas sont préparés par les serviteurs dans les cuisines du village puis livrés à chacun de nous. Ça peut être n'importe qui.

Les yeux écarquillés, Semerkhet se pencha en murmurant.

— Mais pour gagner quoi ?

Qar lâcha un gros soupir triste. Irrité, Soukis sauta par terre et se dirigea vers la cuisine dans l'espoir d'y trouver quelque souris.

— Quel meilleur moment pour s'introduire dans la Grande Place pour piller une tombe que durant le sommeil des Medjaïs ? Par une nuit sans lune ?

Semerkhet réfléchit, puis s'exprima à voix haute.

— Où on fabrique la peau divine... quand Khonsou cache son visage.

— Qu'est-ce que tu dis ?

— C'est ce que le garçon m'a dit l'autre jour dans la Grande Place, tu te souviens ? Le prince qui n'existe pas selon toi. Il a parlé de l'or qu'on fabrique les nuits sans lune.

— Cela n'a toujours aucun sens, répondit Qar en secouant la tête. On peut extraire l'or dans une mine, le marteler, le réduire en poudre si on veut, mais on ne peut pas le fabriquer. Puis, dans l'obscurité, il prit une vive inspiration. Mais on peut le re-fondre…

Semerkhet secoua la tête sans comprendre.

— Il y a longtemps, s'empressa d'expliquer Qar, une série de tombeaux de la place de Beauté furent pillés. Les voleurs n'avaient pas eu besoin de desceller les portes car ils avaient directement creusé sous les tombes des reines, puis avaient tout incendié. Une fois le feu éteint, ils n'avaient plus eu qu'à se baisser pour ramasser les plaques d'or fondu sous les cendres. C'est comme ça qu'ils s'étaient fait prendre : en fondant les plus grosses pièces dans une jarre.

Sur ce, Semerkhet se rappela les morceaux de la poterie cassée enveloppés dans sa cape, les parties noircies par le feu et les traces d'or dans les craquelures. Il avait cru que la dorure provenait d'une sorte de motif ou d'une inscription mais, si Qar avait raison, sa présence pouvait avoir une bien plus sinistre signification.

— Nous avons convenu entre Medjaïs que, la prochaine fois, l'un de nous ne mangerait pas, poursuivait Qar. Au moindre suspect qu'il surprendra dans la Grande Place, il donnera l'alarme. Manifestement, c'est quelqu'un du village qui est derrière tout ça.

— Qui ?

Qar secoua la tête. Ils ruminèrent quelques instants en silence puis le garde reprit la parole.

— En fait, je suis surtout venu te demander si on ne pourrait pas envoyer cette personne dont tu m'as parlé commencer les recherches au bazar ?

— Si, bien sûr.

— C'est gentil. Qar fit demi-tour pour regagner la ruelle enténébrée. Et Semerkhet, méfie-toi de ce que tu manges. Tes repas aussi sont préparés dans ces cuisines. Les Medjaïs sont tous d'accord : il n'y a qu'un tout petit pas à franchir pour nous faire passer d'une bonne nuit de sommeil au repos éternel.

Semerkhet en eut des fourmillements sur la peau.

— Encore une chose... Qar hésita subitement, et il soupira de nouveau avant de parler. Nous rêvons tous de lions. Sans exception.

Sans un bruit, le Nubien referma la porte derrière lui.

Le potier leva les yeux de son tour. Sur le seuil se dessinait la silhouette de Semerkhet, chargé d'un lourd fardeau qu'il déposa par terre. Comme nombre d'artistes, Snéfrou avait installé son atelier dans un appentis de fortune à la porte Nord du village. Il jouxtait la citerne où le train de mules déchargeait la provision d'eau quotidienne du village, ce qui évitait à l'artisan de pénibles allées et venues.

Snéfrou ralentit son tour et pressa une éponge sur le bol à moitié formé. Par expérience, il savait que les entrevues de Semerkhet étaient longues et pénibles, or la poterie devait rester humide.

— Semerkhet, mon cher ami, l'entreprit-il sur un ton enjoué, que me vaut ta visite ? As-tu décidé que j'étais le meurtrier d'Hétèphérès ?

Avec un grognement, Semerkhet dénoua les liens de son sac en laine et le renversa. Il s'en déversa un monceau de fragments de poterie noircis par le feu, ceux-là mêmes qu'il avait découverts près du campement abandonné de la Grande Place.

— J'ai cassé ce pot qui appartenait à Hétèphérès.

— Hétèphérès ? Je ne me souviens pas qu'elle possédait ce genre de...

— Peux-tu le réparer ? Je ne voudrais pas offenser son esprit.

— Si tous les morceaux sont là, acquiesça Snéfrou, je peux te le recoller.

— J'ai pensé que le mieux était de te l'apporter à toi car il sort sans doute de ton atelier...

Si Snéfrou répondait par l'affirmative, Semerkhet aurait

la confirmation que quelqu'un du village s'était rendu au campement et que les fragments ne provenaient pas d'un feu datant de plusieurs siècles. Mais Snéfrou secoua la tête.

— Peut-être pourrai-je le dire quand il sera réparé.

— Quand sera-t-il prêt ?

— Il y a tellement de morceaux, j'ai déjà beaucoup à faire. Je n'ai pas d'assistant, tu sais…

— Combien de temps ?

— Plusieurs semaines.

Semerkhet sortit un morceau d'or de sa ceinture et le posa sur le comptoir.

— Son petit frère sera à toi si la réparation est plus rapide.

Mais le potier laissa l'anneau d'or où il était, sans même y jeter un œil.

— Je m'y attellerai quand je pourrai, cher ami, comme je te l'ai dit. Et il reporta son attention sur son tour.

Dès que Semerkhet eût quitté l'atelier, le potier prit le morceau d'or dans la paume de la main et le renifla.

De l'autre côté du fleuve, à Thèbes Est, les soyeux tourbillons d'une épaisse fumée s'élevaient du temple de Sekhmet où se déroulait un sacrifice. En cette heure matinale, tous les feux du temple crépitaient dans l'attente de l'offrande des premières victimes.

Mérit, l'épouse de Nenry, attendait dans la première ligne des acolytes, la main agrippée à un morceau de papyrus froissé. Elle se balançait d'un pied sur l'autre nerveusement, en faisant à chaque fois tinter la myriade de bracelets à ses poignets. Son regard croisa celui de son grand-oncle, le grand prêtre Iroy, qui adressait une prière silencieuse à Sekhmet.

Les acolytes s'écartèrent lorsque le premier taureau fut conduit à l'autel. La bête monta placidement les marches en haut desquelles l'attendaient Iroy et ses prêtres. Puis elle hocha la tête, signifiant qu'elle se rendait de son plein gré à la mort. Mérit savait qu'il s'agissait d'un vieux truc : les prêtres aspergeaient de l'eau bénite dans les oreilles de l'animal.

Tandis qu'un prêtre l'assommait d'un coup de marteau sur le crâne, son grand-oncle lui trancha la gorge d'une main exercée, à l'aide d'un large couteau en bronze. Le taureau tomba à genoux, ses entrailles se vidèrent convulsivement sur l'autel, son sang fumant sur les mains d'Iroy. L'odeur salée et métallique du sang et un âcre relent d'excréments parvinrent aux narines de sa nièce. Près de l'autel, Iroy recueillit le sang dans le creux de ses mains puis le porta jusqu'à la déesse dont il aspergea les vêtements. Le tissu rougi collait au buste de pierre de Sekhmet, dont il révélait la nudité.

Le soleil miroitait sur le marbre blanc de l'autel et inondait le temple d'une lumière aveuglante. Mérit en fut momentanément stupéfiée, sur le point de s'évanouir. De pâles halos frémirent à la périphérie de son champ visuel tandis que l'air de flûte joué par les prêtresses provoqua d'étranges stridulations dans la tête.

En silence, elle observa Iroy verser en pluie des grains d'orge grillés sur le corps sans vie de l'animal, conformément à la tradition. D'une main experte, ses assistants entreprirent d'écorcher la carcasse puis en détachèrent les cuissots à l'aide d'étincelantes haches en argent.

Les fémurs pleins de graisse furent remis au grand prêtre, qui les posa sur le feu sacré où ils grésillèrent et crachotèrent sous l'assaut des flammes. Le sang écoulé déborda de l'autel et forma une flaque dans un réceptacle spécialement creusé à cet effet dans le sol.

Mérit se sentit défaillir.

Nauséeuse, le goût de la bile dans la bouche, elle reprit connaissance dans le cabinet privé de son oncle.

— Qu'est-ce que… demanda-t-elle.

En guise de réponse, elle perçut un long grognement grave. Une lionne se tenait au-dessus d'elle et la reniflait suspicieusement. Elle hurla. Le félin recula, se demandant ce qu'était cette chose criarde, pour se réfugier entre les jambes de l'homme qui le tenait en laisse.

— Là, là, Tassa, réconforta-t-il l'animal d'une voix grave en lui grattant la tête. Ce n'est que mon imbécile de petite-nièce.

— Fais-la sortir ! supplia Mérit.

— Je te conseille de cesser de crier, ma nièce. Tassa va finir par croire que tu n'es qu'un jouet et il n'est pas toujours facile de l'arrêter quand elle a une bêtise en tête.

Le grand prêtre ressemblait à sa nièce, jusqu'à son nez épaté et son regard oblique. Alors que ces traits la rendaient disgracieuse et hommasse, son grand-oncle était bel homme, encore viril et fort, malgré l'âge et le léger embonpoint qui le gagnait.

Le cabinet privé d'Iroy était une petite pièce située derrière le Saint des Saints de Sekhmet. Aux murs étaient tendues des peaux de lion. Une profusion de statuettes votives à l'effigie de la divinité féline peuplait la pièce, certaines en or ou autres métaux précieux, d'autres sculptées dans la pierre, dons de guerriers soucieux de s'attirer les bonnes grâces de la déesse.

— Alors, qu'est-ce qui t'amène aujourd'hui chez moi ? lui demanda son oncle avec bienveillance.

Il confia la laisse de Tassa à un subalterne en lui remettant de tendres instructions pour la nourrir et la lionne quitta enfin le cabinet.

— C'est Nenry ! gémit-elle sur un ton de vif énervement. Il m'a battue !

Iroy s'installa sur son trône, et entreprit de nettoyer la lame de son couteau sacrificiel avec un chiffon doux.

— Il a bien fait, pouffa-t-il. Tu aurais besoin d'être battue plus souvent. C'est d'ailleurs ce que je lui avais dit quand il t'a épousée.

La tête secouée par les sanglots, elle replia le bras sur son visage pour cacher les chaudes larmes qui lui coulaient le long des joues.

Iroy soupira. Toujours un peu désorienté par le tendron de feu son neveu, il préférait en général tenir Mérit à l'écart. Ses banales préoccupations conjugales l'ennuyaient, il se renfonça dans son siège. Jusqu'à ce que les propos de sa nièce le fissent se redresser et écouter plus attentivement.

— Je suis sûre que c'est son frère, Semerkhet, qui est derrière tout ça.

— Comment cela ? Sa voix habituellement traînante se fit coupante.

— Il enquête sur le meurtre d'une prêtresse, de l'autre côté, à Thèbes Ouest…

— J'en ai entendu parler. Continue.

— Il nous a fait parvenir un message hier soir. Le voici, expliqua-t-elle en tendant à son oncle la feuille de papyrus froissée. Il essaie d'embringuer Nenry dans quelque chose qui ne le regarde pas. Quand j'ai essayé d'intervenir, Nenry m'a frappée. Pour la première fois de notre mariage. Et les pleurs redoublèrent. Ce matin, après son départ, j'ai volé le papier pour te le montrer. Je voudrais que tu l'empêches de faire ce que ce fou lui demande. J'ignore de quoi il s'agit, mais je sais que c'est forcément dangereux pour nous.

Iroy parcourut rapidement le courrier en suivant les hiéroglyphes avec l'ongle teint au henné de son pouce.

Santé et longue vie à toi Nenry, mon frère ! Meilleures salutations de la part de Semerkhet, agent du Service des investigations et des secrets.

Mon frère, j'ai besoin de l'aide que tu m'as promise. Va au marché. Sous le déguisement d'un noble. Fais savoir que tu cherches des bijoux royaux. Précise que tu te moques de savoir d'où ils proviennent. Achète une ou deux pièces si on t'en propose. Ensuite, porte-les moi sur l'autre rive. Je t'expliquerai le reste en personne.

Semerkhet, ton frère.

Iroy reposa le papyrus.

— Sais-tu de quoi il retourne ? s'enquit-il sèchement.

— N-non. Elle ne savait pas lire.

— Est-ce que Nenry a changé quoi que ce soit dans ses habitudes ?

— Oui ! Absolument ! Il a fait dire au maire qu'il était malade. Et puis il a loué de riches atours pour se rendre au bazar, mais j'ignore pourquoi.

Iroy laissa échapper une grossièreté. Assez curieusement, lorsqu'il releva les yeux sur sa petite-nièce, son expression laissait percevoir une vague estime.

— Cela ne signifie peut-être rien. Quoi qu'il en soit, mieux vaut ne pas mentionner à Nenry le fait que j'ai vu ceci. Il lui tendit la missive. Remets-la où tu l'as trouvée. Ne lui en parle pas.

— Très bien, mon oncle.

— Tu as bien fait, dit-il sur un ton plus relâché.

Elle sourit avec reconnaissance. Si elle avait si bien fait que cela, peut-être pouvait-elle risquer de demander …

— Mon oncle ?

— Oui ?

— Aurais-tu des nouvelles de mon fils ? Elle ravala sa salive. Est-ce qu'il prospère ?

— *Ton* fils ?

Elle opina du chef.

Son irritation éclata avec force.

— Je l'ai adopté pour en faire mon héritier. Nenry a reçu un bon poste en échange. Inutile de t'enquérir de cet enfant. Lui en tout cas ne s'inquiète pas de toi. Laisse-le tranquille. Il mène une vie différente désormais.

Douche froide. Son cœur se mit à battre à tout rompre. Son estomac fit un nœud. L'espace d'un instant, elle crut qu'elle allait s'évanouir de nouveau. Puis une soudaine sensation de chaud entre les jambes leur fournit à tous les deux l'explication du malaise qu'elle avait eu le matin. À son grand désarroi, elle vit en baissant les yeux une petite tache rouge s'agrandir sur sa tunique.

La honte se lisait clairement sur son visage et elle rougit en voyant son oncle la regarder fixement. Pourtant, il éclata de rire :

— Me crois-tu naïf au point de ne rien connaître du cycle des femmes ? Il rit de nouveau. Tu as de la chance que cela ne te soit pas arrivé quand Tassa était là. L'odeur du sang ranime ses instincts sauvages. Allez, couvre-toi et viens avec moi.

Ils se dirigèrent ensemble vers un pavillon situé à l'autre bout de l'enceinte. Iroy sollicita en urgence une audience privée auprès de la voyante du temple, et tous deux la saluèrent en baissant les bras jusqu'aux genoux lorsqu'elle parut.

Dans un murmure, Iroy mit la dame au courant de la lettre de Semerkhet. Durant un long moment, l'augure ne dit mot.

Puis, d'une voix magique dont les modulations évoquaient celles d'un instrument composé d'une multitude de cordes, elle déclara :

— Les cauchemars ne semblent plus suffire. Il nous faut quelque chose de plus fort. Une mèche de cheveux devrait faire l'affaire. » Puis elle s'adressa à Mérit : « Viens près de moi, ma chère. Voyons ce qui se passe entre ton mari et son frère. Entre femmes, nous savons nous occuper de ce genre d'histoires, n'est-ce pas ?

À la fois impressionnée par sa majesté et étrangement attirée par elle, Mérit s'avança lentement.

OUVRE LES YEUX

— Personne ici ne lui voudrait du mal, expliquait Aaphat, le peintre, à Semerkhet qui prenait des notes assis en tailleur devant lui. Son corps a été découvert de l'autre côté du fleuve. Pourquoi nous interroger, nous ?

— Elle était aimée de tous, lui fit écho sa douce épouse Tani.

— Elle était gentille, murmura leur fille.

Ils étaient assis dans leur petit salon, qu'Aaphat avait décoré de portraits aux couleurs vives représentant ses voisins au travail. Les personnages qui peuplaient les murs étaient si ressemblants que Semerkhet s'attendait à les entendre donner leur avis sur le meurtre.

Aaphat se leva et montra le portrait d'Hétèphérès, qu'il avait peinte en train de présenter ses offrandes au dieu de la Lune, Khonsou.

— Franchement, a-t-elle l'air d'une femme qui a des ennemis ? demanda-t-il.

Semerkhet examina le portrait de près. Hétèphérès était dans la fleur de l'âge à l'époque où il avait été réalisé. Malgré sa perruque bleu vif, Semerkhet la reconnut à son pectoral et à la tunique en lin, de même style que celle qu'il avait vue en lambeaux et maculée de sang à la maison de Purification.

— Quoi qu'il en soit, fit-il remarquer, elle est morte et quelqu'un l'a tuée.

— Un étranger ou un vagabond, peut-être. Mais personne d'ici. Nous l'aimions.

Aaphat et son épouse baissèrent les yeux, signifiant qu'ils n'avaient plus rien à lui dire.

Après un rapide coup d'œil à l'atelier du peintre, l'enquêteur conclut qu'Aaphat ne possédait aucun outil fait dans le solide métal bleu correspondant au fragment qu'il conservait toujours dans sa ceinture. Jamais il ne mentionnait son existence aux artisans, pour éviter que la hache ne disparaisse, si elle existait encore. Mais il ne relâchait pas sa vigilance et cherchait constamment d'autres objets faits du même métal sombre.

Le lendemain matin, après qu'Hénouti l'eût informé du consentement des anciens, il ouvrit son enquête. De porte en porte, il se rendit chez chacun des villageois, sans jamais être invité, interrogeant jusqu'aux enfants. Mais quelle que fût la manière dont il formulait ses questions, d'aussi près qu'il examinât l'affaire, les artisans lui fournissaient toujours les mêmes réponses en arborant le même air ahuri. Cependant, il insistait car il était persuadé que si l'un d'eux savait quelque chose à propos du meurtre, il finirait par le découvrir à force d'obstination et de répétition.

Le sculpteur Ramose travaillait à une statuette en diorite quand Semerkhet vint le trouver dans son atelier au fin fond du village. À la forme caractéristique de sa perruque, l'enquêteur reconnut immédiatement le personnage. Il s'agissait d'Hétèphérès, dont il prononça le nom tout haut.

— Tu la reconnais ? demanda Ramose, enchanté, en levant l'objet afin que Semerkhet pût en admirer la finesse de détail.

Semerkhet hocha la tête, en notant que Ramose sculptait uniquement avec des ciseaux en cuivre.

— Elle sera placée sur sa tombe, un don de ses voisins. C'était une grande dame.

Derrière l'artisan, ses fils, Mose et Horakh, polissaient un immense cercle de calcaire tout en supervisant une petite armée de serviteurs. La pierre, qui gisait par terre, occupait presque tout l'atelier. De temps à autre, les fils jetaient un coup d'œil à Semerkhet sous leurs paupières couvertes de poussière.

— Lui connaissait-on des ennemis ? demandait Semerkhet. Était-elle querelleuse ? Avait-elle eu des mots avec quiconque ?

— Non. Ramose secoua vivement la tête. Elle était gentille.

— On l'adorait, lança Mose du fond de la cour.

— À mon avis, déclara Ramose à voix basse, sur un tel ton de conspirateur que Semerkhet dut se pencher vers lui pour l'entendre, c'est forcément quelqu'un d'origine étrangère. Ou un vagabond. Tu perds ton temps ici à poser toutes ces questions. Pourquoi ne vas-tu pas de l'autre côté du fleuve ? Après tout, c'est là-bas qu'on l'a retrouvée.

— C'est aussi votre avis ? aboya brusquement Semerkhet à l'adresse de Mose et d'Horakh.

— Hétèphérès était aimée, répéta Mose.

— Un vagabond ou un étranger, renchérit Horakh.

Les deux hommes se remirent au travail, la pierre ponce crissant contre le calcaire comme une poule qu'on égorge.

Younet, la femme qui brodait les tenues de la cour, continua de faire courir son aiguille tout en lui répondant, les yeux humblement baissés. Assises à ses côtés dans le salon, ses trois nièces arboraient les mêmes robes blanches savamment plissées que leur tante, si amidonnées qu'elles semblaient porter des ailes d'aigrettes. Les nièces travaillaient aussi et Semerkhet se retrouva à fixer d'un regard fasciné leurs aiguilles de bronze, aussi fines que des cheveux, broder l'étoffe à vive allure d'une multitude d'étoiles à cinq branches.

— Hétèphérès, des ennemis ? murmura Younet. Malgré son air jeune, elle était veuve. Ses nombreuses tresses étaient discrètement tirées en arrière et maintenues sur la nuque par une lourde boucle en ivoire. Elle ne portait aucun bijou mais elle avait les traits réguliers et les lèvres rouges. Je connaissais Hétèphérès depuis l'enfance… il n'y a pas si longtemps, quoi que tu en penses. Il n'existait pas de femme plus gentille ou plus aimée. Sa voix s'élevait comme une brise légère.

— Quand l'as-tu vue pour la dernière fois ?

Younet se piqua le doigt et lécha le sang. Elle regarda Semerkhet en réfléchissant.

— La dernière fois… ? Elle regardait autour d'elle, l'air manifestement désemparé. Ce devait être pour la fête de la Nouvelle lune, non ? Ses trois nièces acquiescèrent de la tête. Un jour ou deux avant sa… disparition. Elle vénérait le dieu de la Lune, Khonsou, plus que tous les autres.

— Te souviens-tu de ce que vous vous êtes dit ?

— Je suis désolée, regretta-t-elle en secouant la tête.

— Je me rappelle, ma tante, déclara sa nièce Touya d'une voix claire. Tu lui demandais conseil au sujet d'oncle Memnet.

— Je croyais que tu étais veuve. Semerkhet vérifia ses notes.

— C'est le cas. Yunet rougit jusqu'à la racine des cheveux.

— Le fantôme d'oncle Memnet rend visite à tante Younet la nuit, expliqua Touya sur le même ton vigoureux. Il prend la forme d'un… d'un… Même elle ne pouvait achever sa phrase.

Elle se leva solennellement pour murmurer le mot à l'oreille de Semerkhet. En l'entendant, celui-ci partit d'une quinte de toux. L'une des deux autres nièces étouffa un gloussement maladroit.

Younet jeta un regard embarrassé à Semerkhet.

— Je croyais qu'une fois dans la tombe, il ne demanderait plus rien. Hélas, les femmes de ma famille continuent d'être désirées même par les morts.

Elle se pencha en avant et posa une main douce sur le genou de Semerkhet pour souligner la gravité de la situation.

Semerkhet leva précipitamment les yeux de ses notes et vit Younet et ses nièces le dévisager de leurs yeux clairs. Aucune d'elles ne brodait plus. Il enroula vivement sa feuille de papyrus et se leva du banc.

— On voit rarement d'autres hommes que ceux du village, souffla Younet. C'est très… stimulant… pour nous, pauvres provinciales. Ses nièces hochaient la tête avec enthousiasme.

— Pensez-vous, Semerkhet demanda d'une voix rauque, euh… Croyez-vous qu'Hétèphérès ait pu être victime de la vengeance d'un fantôme ? D'un ancêtre mécontent ?

— J'ai entendu dire, hésita l'une des nièces, enfin, on dit dans le village…

Semerkhet leva la main pour l'arrêter.

— Oui, je sais, qu'elle a été tuée par un étranger ou un vagabond.

Il les remercia d'un signe de tête et se hâta vers la sortie avant qu'elles l'invitent à goûter leur bière.

Dans la ruelle, Hénouti l'attendait. Elle avait écouté et riait de son air perdu.

— Alors es-tu prêt maintenant à payer mon prix ? murmura-t-elle. Tu vois bien que tu n'apprendras rien de ces villageois, que je suis la seule à pouvoir t'aider.

— Je pourrais te faire battre la plantes des pieds, dit-il plus durement qu'il ne l'avait escompté, si j'avais l'impression que tu me cachais réellement quelque chose. Il me suffit d'un ordre.

En réponse, il entendit résonner le grincement de son rire moqueur.

La semaine suivante, Semerkhet décida de franchir la porte Nord. Il s'avança dans le soleil, puis suivit le sentier le long des remparts jusqu'à l'endroit où se dressait le minuscule temple des artisans. Aucune raison particulière ne le poussait à venir là, si ce n'est l'envie de fuir l'atmosphère oppressante du village, dont la petite taille commençait à lui peser. En outre, chacun de ses interrogatoires n'avait fait ressortir que la conviction inébranlable qu'Hétèphérès avait été assassinée par un étranger ou un vagabond. Alors qu'il se rapprochait du temple, il se rendit compte que Soukis l'avait rejoint. La queue redressée, le chat le conduisit dans la direction de ce qu'il comprit être une salle de classe en pleine leçon.

Par curiosité, il suivit les voix enfantines qui le menèrent jusqu'à l'arrière du temple. Installés en plein air, les enfants du village étaient assis en tailleur devant un jeune prêtre, chacun tenant une tablette de cire et un stylet à la main. Ils récitaient un texte que Semerkhet reconnut : l'histoire du roi Serpent et du paysan chanceux.

En observant la scène, il fut ravi de constater que le jeune prêtre n'aimait pas trop se servir de son bâton. Néanmoins, comme tout bon enseignant, il appliquait la vieille maxime selon laquelle un élève « apprend avec son dos » et, à l'occasion, il donnait des coups à celui qui commettait une erreur.

Le fouettement de la canne dans les airs replongea Semerkhet dans son enfance, car il avait souvent entendu ce fameux bruit à l'école. Un jour, le professeur avait toutefois levé son bâton une fois de trop sur lui et lui avait ouvert la joue. Quelques minutes plus tard, les voisins étaient accourus, attirés par les gémissements plaintifs de l'homme que le jeune Semerkhet, alors âgé de treize ans, était en train de battre à mort ou presque. C'était la première fois qu'on l'avait traité d'adepte de Seth. C'en avait été fini de son éducation scolaire. Peu après, Semerkhet était devenu l'assistant de Metoufer à la maison de Purification.

— Tu désires ? demanda le jeune prêtre.

Semerkhet secoua la tête et pressa le pas. Mais à la porte du temple, il s'arrêta de nouveau en reconnaissant la voix familière de Neferhotep.

Au ton du scribe, Semerkhet comprit que la conversation était houleuse, même si les interlocuteurs de Neferhotep étaient masqués par le mur du temple. Avançant à pas lents et dans l'ombre, derrière les plus hautes touffes d'herbes sèches, Semerkhet s'approcha d'un gros rocher et se cacha derrière. Rien ne lui bouchait plus la vue.

À sa grande surprise, Neferhotep parlait à un trio de mendiants. Leur chef avait la peau brune et velue et, à y regarder de plus près, Semerkhet distingua qu'il lui manquait le nez et les oreilles – il avait donc été puni pour un terrible délit. Même à distance, on sentait que les trois hommes ne s'étaient pas lavés depuis belle lurette.

Semerkhet se tapit dans l'ombre. Tendant l'oreille, il ne parvint à entendre que le sifflement de la moitié d'un mot : « …mose », dit Neferhotep. Il se rapprocha en rampant, dans l'espoir d'en apprendre plus mais, à sa grande déception, le scribe et ses improbables compagnons avaient mis un terme satisfaisant à leur discussion. Les sourires flottaient aux lèvres de chacun des membres de ce groupe disparate. À cet instant, Neferhotep sortit un grand sac d'une niche du mur. Quel qu'il fût, son contenu était lourd car le scribe chancela en le passant aux mendiants.

« Nez Coupé » jeta un œil à l'intérieur, le contenu sembla le ravir car un lent sourire s'étira sur sa gueule édentée. Après un signe de tête à Neferhotep, il ferma le sac en le serrant à l'aide d'une corde. Un dernier adieu et Neferhotep partit en direction des falaises en surplomb du village. Il n'était plus qu'à quelques mètres de Semerkhet, mais, marchant les yeux rivés au sol, il passa devant lui sans remarquer sa présence.

Les vagabonds restèrent en petit comité près du mur du temple à converser à voix basse. Un jour, des années plus tôt,

Semerkhet avait été un familier du monde ténébreux du roi des mendiants de Thèbes. Lui ayant rendu service au cours d'une enquête, il avait appris en retour le signal secret qui lui apporterait protection dans ce royaume.

À son approche, les trois hommes se redressèrent et firent barrière devant le sac. Bien que Semerkhet leur fît le signe des doigts, ils conservèrent un regard dur et défiant et ne lui adressèrent aucun signe en retour.

— Un peu de cuivre, monseigneur ? implora Nez Coupé, tendant une main simiesque pour se saisir du manteau de Semerkhet. Qu'Amon te bénisse si tu as un peu d'argent…

— L'aumône ! L'aumône ! reprirent les deux autres en cœur.

Semerkhet sortit un morceau de cuivre de sa ceinture et le lança à Nez Coupé.

— Je ne vous ai jamais vus ici avant, dit-il. Comment avez-vous fait pour passer les Medjaïs ?

— Ne me frappe pas, monseigneur ! pleurnicha Nez Coupé d'une voix stridente. Nous autres pauvres mendiants, on ne cherche qu'un peu de cuivre, un petit quelque chose à manger.

— Que trafiquez-vous avec le grand scribe ?

À ces mots, une expression sournoise se dessina sur le visage du vagabond.

— Puis-je te demander, monseigneur, en quoi cela te regarde ?

— Je suis le nouveau contremaître ici. Réponds-moi illico.

— Pardonne-moi, monseigneur, mais tu n'es pas du tout le contremaître, tu es l'homme du vizir. On a entendu parler de toi…

Sentant les deux autres se rapprocher derrière lui, Semerkhet se colla contre le mur du temple. Soudain, il vit des lames de couteau briller dans les mains sales des vagabonds. C'est alors qu'ils portèrent leur attaque, mais il s'écarta d'un bond et entendit les lames crisser contre le mur où il se tenait l'instant d'avant. Ils jurèrent en marmonnant de l'avoir manqué.

À un signal, ils se séparèrent pour l'encercler. Semerkhet remarqua cependant que Nez Coupé ne relâchait pas la protection du sac.

Les deux autres avançaient sur lui par la gauche et la droite pour le forcer à s'éloigner du mur et affaiblir ses arrières. Semerkhet était sur le point de crier à l'aide lorsqu'il vit un panache de fourrure passer comme un éclair devant lui. C'était Soukis. Ses adversaires écarquillèrent les yeux et restèrent un instant figés à la vue du chat. Seuls les nobles ou les acolytes du temple possédaient des chats. Semerkhet saisit donc l'occasion pour s'enfuir.

À l'angle du temple, il eut la chance de tomber sur une horde d'enfants. Le prêtre avait terminé sa classe et les élèves s'interpellaient à tue-tête. En voyant Semerkhet, ils s'arrêtèrent brusquement, bouche bée. Lorsqu'il traversa leur groupe en courant, les enfants s'écartèrent, mais ses poursuivants n'osèrent pas l'imiter.

Au signal de Nez Coupé, le trio se fondit dans l'ombre des falaises. Au moment où ils disparurent de la vue de Semerkhet, ils descendaient le sentier nord qui les conduirait à la porte des Cieux et, de là, vers le Nil.

La majorité de la classe s'était enfuie, mais il restait quelques enfants, qui le regardaient fixement.

— Dis-moi, s'adressa Semerkhet à l'un d'eux, vous avez vu Neferhotep juste à l'instant ?

La sœur aînée du garçon s'avança pour lui donner une tape sur l'épaule.

— Ne lui dis rien !

Grosse comme un haricot, elle avait les dents en avant et l'air précoce comme son frère. Il lui rendit le coup, mais sans intention de lui faire mal.

Il continuait de fixer Semerkhet, plus par curiosité que

par peur, d'un regard d'obsidienne aussi noir que les yeux de son interlocuteur.

— Si je te donne un morceau de cuivre, je sais que tu me parleras, annonça Semerkhet en faisant briller le métal à sa ceinture.

— Dis-lui ! s'exclama aussitôt la sœur du garçon.

— Il est au cimetière.

D'une main avide, le garçon se saisit du cuivre.

Tandis qu'il se hâtait de partir, Semerkhet entendit les deux enfants se disputer car la sœur réclamait la moitié du butin de son frère.

Semerkhet descendit la courte distance séparant le cimetière du village et pénétra dans l'enceinte par ses portes de bronze. Il avait bien l'intention de confronter Neferhotep au sujet des mendiants – qui n'en étaient pas, sinon ils auraient reconnu le signe secret –, toutefois, en traversant les rues désertes de la nécropole, il ne trouva personne à confronter.

Toutes les tombes étaient orientées à l'est et, dans leur cour, poussaient des sycomores et des buissons fleuris, des jardins exclusivement réservés au plaisir des morts. Des statues des défunts regardaient vers le soleil de leur niche installée au fond de leur cour respective, tandis que de petites pyramides de briques coiffaient les caveaux situés derrière.

Aucune trace de Neferhotep, Semerkhet commençait à douter des indications de l'écolier. Mais c'est alors que lui parvint l'écho de voix portées par le vent du nord. Réprimant un pressentiment, Semerkhet remonta jusqu'à leur provenance et arriva à une tombe proche du centre du cimetière.

Après avoir franchi des pylônes miniatures, il pénétra dans la cour. Au centre du jardin poussait un vieil acacia, rabougri par le manque d'eau, et étouffé par un lierre qui tendait sa toile depuis le sol. Semerkhet sursauta en voyant la statue de la niche familiale. Hétèphérès le regardait en personne. La représentation grandeur nature de la prêtresse, vêtue de sa tunique de lin et de sa perruque bleue en ailes de vautour, était peinte de frais et souriait avec bienveillance. Sur le côté du caveau se dressait une autre statue, celle de Djehoutymes, son époux depuis longtemps décédé.

Soudain, l'écho de la voix réprobatrice de Neferhotep émergea du puits situé au centre de la galerie. Semerkhet se glissa vers la cavité pour regarder dedans. Un escalier presque aussi raide qu'une échelle descendait à l'intérieur d'une profonde crypte éclairée par de lointains flambeaux à la lueur vacillante. Il reconnut la deuxième voix comme celle du contremaître Paneb. Tendant l'oreille, Semerkhet se pencha pour écouter.

— Quand en auras-tu enfin terminé ? demandait Neferhotep. Cela fait des semaines que tu n'as pas touché à la tombe de Pharaon. Et voilà que j'apprends que tu as mis le reste de l'équipe sur la sépulture d'Hétèphérès.

— On lui doit bien ça, Nefer. Elle n'aurait pas dû mourir.

— Ne me dis pas ce que je n'ai cessé de te répéter.

— Elle aura la plus belle tombe du cimetière. Si les dieux le permettent, peut-être qu'elle nous pardonnera.

— Les dieux ! J'en ai ras le bol des dieux. L'homme devrait se débrouiller tout seul… Neferhotep s'interrompit de surprise. Lorsqu'il reprit la parole, sa voix contenait à peine sa colère. Par les démons de Seth ! Qu'est-ce que c'est que ça ?

— Quoi… ?

— Là-bas, ces piliers ! Il semblait estomaqué. Par Osiris, ce sont ceux du tombeau de Pharaon ! Tu les as volés ! Enlève-les et ramène-les ici ! Je n'y crois pas ! Tu es devenu complètement fou ?

— Personne ne s'en apercevra, Nefer.

— Une enquête ne te suffit pas, tu en veux une autre ?

Semerkhet perçut le bruit d'allées et venues et la lumière vacilla.

— Nefer…

—

La voix hargneuse du scribe était parfaitement irritante.

— Cette fois, ne compte pas sur moi pour te sortir du pétrin. Tu as vraiment perdu la tête. Et pour qui ? Pour une pauvre vieille à l'esprit simple…

Paneb céda à la torture. On entendit un cri avorté de la part de Neferhotep, puis un bruit de suffocation. Par expérience, Semerkhet n'eut aucun mal à se représenter les mains de Paneb enserrant le cou de Neferhotep, tentant de lui arracher la vie.

Sur le point de descendre dans le puits pour intervenir, bien à contrecœur, Semerkhet entendit soudain le scribe reprendre sa respiration, émettre un râle et tousser.

— Va-t'en, Nefer, haleta Paneb, la voix basse et furieuse. Ne redescends plus ici.

— Ça, tu le regretteras ! bredouillait Neferhotep. Je ne l'oublierai pas ! Je suis tellement désolé de tout ce qui est arrivé. Jamais je n'aurais dû te croire.

Neferhotep n'allait pas tarder à surgir du puits. Semerkhet courut en silence se cacher derrière la statue d'Hétèphérès avant que le scribe apparût dans la lumière tombante de la cour, en chancelant. Neferhotep se retourna et cria vers le puits : « Et tiens-toi à l'écart de ma femme ! Je vous ferai accuser d'adultère, tous les deux, tu verras ! Je ne lèverai pas le petit doigt quand ils vous lapideront ! »

Le scribe franchit les pylônes et quitta la nécropole en titubant. Après quelques instants, Semerkhet se faufila de sa cachette jusqu'au puits. La construction avait repris. Puis, à la grande surprise de Semerkhet, aux bruits de scies et de marteaux se mêlèrent les sanglots de Paneb.

Les semaines passèrent et des rafales de vent apportèrent des nuages gris sur le désert, chargés d'une odeur de pluie inhabituelle pour l'Égypte. Au sein de la nécropole, la nouvelle chambre funéraire créée par Paneb dans la sépulture d'Hétèphérès était achevée. Son plafond était soutenu par quatre colonnes ornées, détournées du mausolée de Pharaon. Satisfait de savoir qu'un solide tombeau attendait le corps de sa tante, Paneb parcourait lentement les lieux, en maintenant sa torche près des parois pour en inspecter le moindre détail.

Maintenant qu'il avait accompli son devoir envers sa tante, la vie allait pouvoir reprendre son cours normal, du moins l'espérait-il. Avec son équipe, il allait retourner travailler dans le tombeau de Pharaon, et tout irait bien. Mais un pincement au cœur lui rappela subitement la mort terrible d'Hétèphérès qui avait fait perdre au village la paix dont il jouissait – et qu'il ne retrouverait vraisemblablement jamais.

À la lueur frémissante de son flambeau, il tendit instinctivement la main pour prendre le pichet de vin à côté de lui et le porta à ses lèvres. Une épaisse lie amère lui emplit la bouche. Il recracha la gorgée dans le pichet. « Rami ! cria-t-il machinalement. Va me chercher du vin au village ! »

Aucune réponse. Paneb se rappela alors vaguement avoir renvoyé le jeune garçon chez lui plusieurs heures plus tôt. Le contremaître avait encore une longue nuit devant lui car il comptait rafraîchir la peinture du cercueil de son oncle Djehoutymes, ainsi que celle du petit cercueil à côté. Ne dormant plus très bien chez lui, il préférait finalement le confort du caveau de ses oncle et tante pour ses longues nuits.

Bien, pensa-t-il, le vin le réconforterait un peu plus. Résolu, il gravit l'escalier raide du puits, traversa la cour du tombeau, passa devant le vieil acacia et sortit par les portes du cimetière. Dans sa hâte, il ne remarqua pas qu'on l'observait.

Semerkhet suivit le départ du contremaître de derrière le mur d'une tombe voisine. Il avait l'intention de fouiller le caveau d'Hétèphérès car le refus de Paneb de se laisser interroger – voire d'émerger du tombeau de sa tante pendant plusieurs jours d'affilée – attisait les soupçons de l'enquêteur.

Une fois le contremaître hors de vue, il franchit vivement les pylônes et pénétra dans la sépulture. Muni d'un flambeau éteint, il fut surpris de découvrir que Paneb en avait laissé un allumé dans la crypte en bas.

— Hé ho… ? cria-t-il dans le puits. Peut-être y avait-il quelqu'un.

Ne recevant aucune réponse, il se glissa vivement dans le puits et descendit l'escalier. Après quelques pas, il se retrouva dans la nouvelle pièce creusée par Paneb et son équipe. Ses parois étaient peintes d'un ocre vif qui donnait à la lumière une teinte dorée. Au fur et à mesure que ses yeux s'accoutumèrent à la lumière, les décorations sur les murs lui apparurent. Il posa son flambeau et son silex pour regarder.

Alors qu'Hétèphérès avait vécu toute sa vie dans le désert, les peintres avaient veillé à ce qu'elle connût dans l'au-delà l'atmosphère verdoyante des sycomores, des acacias, des palmiers, chargés de dattes, et des treilles qui s'enroulaient autour des linteaux. Semerkhet se sentit transporté dans un autre monde, ce qui était justement, il le savait, le but recherché.

C'est ainsi que Paneb surprit Semerkhet qui admirait les peintures, l'air ravi. La voix grave du contremaître le fit sursauter.

— Eh bien, dit-il en bloquant l'encadrement de la porte, les lèvres serrées et l'air méfiant. En général, ça finit mal pour ceux qui vont là où on ne veut pas d'eux.

Il avança d'un pas. Semerkhet se força à sourire.

— Oui, il semble que toute ma vie je me sois rendu là où il ne fallait pas. Le risque du métier, j'imagine.

— Ton « métier » m'est bien égal.

Paneb posa lentement le pichet de vin sur le dallage, puis referma les poings.

— Je te présente mes excuses, dit hâtivement Semerkhet. J'aurais dû partir en voyant que tu n'étais pas là. C'est juste que…

Paneb releva la tête.

Semerkhet indiqua la tombe d'un geste :

— C'est simplement magnifique.

Sa langue se figea de nouveau. En vain, il tenta de montrer par gestes à quel point il était impressionné. Lorsque Paneb reprit la parole, il bredouillait légèrement.

— Tu crois qu'elle serait contente ?

Semerkhet acquiesça de la tête. Le contremaître, comprit-il, était ivre.

Le visage de Paneb s'adoucit un peu. Il remplit une coupe de vin et la tendit à Semerkhet.

— Sans vouloir te vexer, je ne peux pas accepter, dit-il en secouant tristement la tête.

— Tu as un problème d'alcool ? C'était mon cas aussi autrefois.

— Comment t'en es-tu sorti ?

— J'ai décidé que c'était les autres qui avaient un problème, pas moi.

Pris par surprise, Semerkhet s'esclaffa. Il fut rejoint par le gloussement caverneux de Paneb. Puis tous deux s'arrêtèrent, étonnés, et se regardèrent avec une méfiance renouvelée.

— C'est à cause d'une femme ? demanda Paneb, en buvant. C'est généralement le cas.

— Oui, répondit Semerkhet à regret. Ma femme.

— Qu'est-ce qui s'est passé ? Elle est morte ?

— Non. Elle m'a quitté parce que je ne pouvais pas lui donner les enfants qu'elle voulait.

Paneb lui jeta un regard compatissant.

— Moi aussi je me suis mis à boire quand ma femme m'a quitté. Elle trouvait que je couchais trop à droite et à gauche. Je l'avais pourtant prévenue que, quand on se marie avec un serpent, on ne peut guère s'attendre à le voir voler.

— Du moins pas très longtemps, nuança Semerkhet.

Ce fut au tour de Paneb de s'esclaffer. Il but une nouvelle gorgée et passa son bras autour des épaules de Semerkhet.

— Puisque tu apprécies tellement notre travail ici, je vais te montrer quelque chose que tu aimeras peut-être aussi.

Le contremaître entraîna Semerkhet vers le mur du fond. Une multitude de petits personnages d'à peine quelques centimètres de haut étaient peints sur plusieurs rangées horizontales.

— Regarde bien, lui intima Paneb.

En examinant le motif, Semerkhet sursauta lorsqu'il se rendit compte qu'il s'agissait en fait d'habiles portraits des villageois eux-mêmes. Dans l'angle du mur, le plus beau de tous représentait une femme jouant de la harpe.

— Mais c'est Hénouti ! s'exclama Semerkhet, impressionné. C'est tout à fait elle.

— Euh, glissa Paneb avec un clin d'œil obscène, ce n'est pas tout à fait celle qu'on connaît, nous les hommes, hein ? Par ici, on dit qu'Hénouti s'est fait piquer par un moustique là où je pense et que, depuis, ça la démange. Son rire libidineux d'ivrogne explosa dans la chambre funéraire puis retomba devant le sérieux de Semerkhet. Quoi ? Tu boudes ?

— C'est une femme mariée, Paneb.

— Ne me dis pas que tu n'as pas encore couché avec elle ? s'étonna le contremaître en se resservant une coupe.

— Non.

— Alors tu es bien le seul ici ! Il scruta Semerkhet en tanguant légèrement. Dis donc, ce n'est pas ça qui t'intéresse, pas vrai ?

— Je me disais qu'on pourrait peut-être parler de qui aurait pu tuer ta tante selon toi. J'ai demandé l'avis de tout le monde dans le village sauf à toi.

Paneb le regardait fixement.

— C'était un étranger, se prononça-t-il d'une voix pâteuse en essayant de focaliser son regard. Ou un vagabond.

— Paneb…

— Un étranger ou un vagabond ! Le contremaître dominait Semerkhet, sa large mâchoire contractée par la rage.

Semerkhet savait que Paneb était à deux doigts soit de l'attaquer soit de tomber ivre mort. Pourtant, le contremaître changea brusquement d'expression car une nouvelle idée venait de lui traverser l'esprit. Il s'empressa de la partager.

— Tu sais, si tu aimes vraiment le travail qu'on a fait ici, je peux te montrer du vrai grand art !

Paneb poussa Semerkhet à remonter le puits, puis le fit quitter le cimetière, traverser le village pour le traîner chez lui. D'abord, il se servit encore une coupe de vin au pichet qu'il gardait dans son garde-manger. Puis, un doigt sur les lèvres, il fit signe à Semerkhet de le rejoindre dans son coin à dormir. Après avoir farfouillé au fond d'un coffre, il sortit un vase canope en albâtre caché sous des peaux.

— Regarde-moi ça !

Le contremaître tendit l'objet avec respect à Semerkhet qui le saisit à deux mains. Son hôte chercha en titubant une bougie car le soleil était passé derrière les montagnes et la maison s'était assombrie. D'un geste maladroit, il saisit la pierre à feu entre ses doigts épais pour allumer la mèche. La flamme prit.

Le vase était surmonté d'un buste d'Amset, le fils à tête d'homme du dieu Horus, qui protégeait le foie préservé des défunts. Une fois de plus, Semerkhet fut étonné de la grâce et de la délicatesse de l'exécution. Les glyphes étaient incrustés d'or et la perruque du dieu Amset formait une cascade de lapis sculptés.

— C'est mon grand-père qui l'a fait, éructa Paneb. Il était célèbre pour ces canopes à l'époque. Tous les pharaons, tous les nobles et toutes les reines en voulaient un jeu pour leur tombeau.

— Il est splendide. Est-ce qu'il t'a été légué par ton grand-père ?

La question était innocente, pourtant Semerkhet sentit immédiatement une tension.

— C'est Amenmose, répondit Paneb, après une hésitation.

— Qui ça ?

— Un marchand de Kouch. C'est Amenmose qui me l'a apporté. Il vendait les œuvres de mon grand-père dans le sud. Il a pensé que ça me ferait plaisir de l'avoir.

— Il doit être très vieux maintenant, s'il a connu ton grand-père.

Semerkhet tenait le vase à la lumière de la bougie, mais il scrutait en réalité le visage de Paneb.

— Oui… dit Paneb, les jambes flageolantes et le regard éteint. Soudain son visage afficha une expression de détresse. Excuse-moi… Je… bredouilla-t-il en titubant vers la cuisine.

Après avoir vomi tout le vin qu'il avait bu, le contremaître s'effondra par terre et tenta de se recroqueviller sur le carrelage. Par expérience, Semerkhet savait à quel point il se sentirait mal le lendemain matin. Le tirant jusqu'à la chambre à coucher, il l'allongea sur sa paillasse, remonta la couverture en peau sur lui et déposa un pichet d'eau à côté de lui.

Ce n'est qu'alors qu'il examina vraiment la maison de son hôte. Des assiettes sales près de l'âtre au mobilier retourné et à la vaisselle cassée, cela ressemblait exactement à chez lui après le départ de Naya. Semerkhet baissa les yeux vers le contremaître qui ronflait et eut un sentiment de pitié pour lui. Il souffrait terriblement, ça, au moins, c'était manifeste. Il n'était pas agréable de voir quelqu'un aussi tourmenté.

Cela n'empêcha pas pour autant Semerkhet de profiter de l'occasion. Emportant la bougie dans la cuisine, il retira le vase canope de la niche où Paneb l'avait rangé. Il l'examina à la lumière vacillante de la chandelle, en admirant de nouveau la perfection des lignes et l'art du détail.

En le tournant lentement dans sa main, il remarqua un petit cartouche gravé dans l'albâtre près du fond. Or, il savait que la forme ovale sacrée était réservée aux noms des pharaons, des reines et des dieux. Il ne put donc s'empêcher d'imaginer que le cartouche, peut-être fait d'or et d'argent comme le reste des glyphes incrustés, avait été délibérément gratté pour qu'on ne puisse plus lire le nom du propriétaire de l'objet.

Semerkhet chercha une assiette propre autour de lui dans la cuisine puis la tint près de la mèche de la bougie. Lorsqu'une couche de suie se fut formée, il l'essuya de son doigt. Puis il approcha le vase de la flamme pour mieux voir et appliqua son doigt sur le cartouche. Les glyphes autrefois incrustés là apparurent faiblement.

Semerkhet prononça silencieusement les syllabes. « Taousert. » Il n'avait jamais entendu ce nom mais, en repassant son doigt noirci sur le cartouche, il fit apparaître un autre glyphe : « femme divine », le symbole d'une femme pharaon.

Ce n'était pas la relique d'un aïeul de Paneb et le canope n'avait pas été fait pour être vendu aux Kouchites. Ce vase avait appartenu à une reine, une reine qui avait régné qui plus est. Quoi qu'il en soit, il lui fallait vérifier ses soupçons.

Semerkhet s'efforça de tirer sur la tête en lapis-lazuli. Les deux parties étaient si bien emboîtées qu'elle refusait de bouger. En silence, il prit une inspiration, retint son souffle et tira de nouveau en faisant tourner la tête en même temps. La perruque en pierres bleues se fissura en deux.

Semerkhet se maudit rageusement. La tête se libéra, laissant un morceau de perruque attaché sur le bord du goulot. Aussitôt la pièce s'emplit d'un parfum de feuilles de laurier et de résine de pin, si fort qu'il s'inquiéta que l'odeur puisse réveiller Paneb. Mais la respiration profonde et régulière du contremaître lui parvenait toujours de la chambre.

Il posa la tête abîmée d'Amset par terre, puis en basculant le vase en direction de la chandelle, il scruta l'intérieur. Comme il l'avait suspecté, il renfermait un objet enveloppé dans une étoffe imbibée de résine qui ressemblait à un morceau de bois pourri : le foie préservé de la reine Taousert.

De son expérience à la maison de Purification, il savait que le foie avait été placé dans le canope après avoir été séché dans le natron puis enveloppé de bandelettes. Par-dessus, on avait ensuite versé une résine visqueuse faite d'un mélange bouillant d'essence de genévrier et de laurier. Semerkhet glissa un doigt à l'intérieur et sentit la surface vitreuse de la résine durcie. À en juger par la puissance de l'odeur, il supposa que, qui que fût Taousert, cela ne faisait pas bien longtemps qu'elle était morte. Il était cependant étrange qu'il n'eût jamais entendu prononcer son nom ni vu aucune inscription ou stèle à son effigie ou marquée de son cartouche.

Le vase avait été volé dans une tombe, c'était clair. Mais qui était le voleur : Paneb ou le marchand Amenmose ? Dans les deux cas, Paneb devait savoir qu'il s'agissait d'un vol. C'était en soi un crime, même si de nombreux nobles – même des pharaons – faisaient collection d'objets funéraires issus d'anciennes dynasties.

Semerkhet se baissa pour ramasser la tête d'Amset fêlée. À l'aide de la bougie, il recolla les deux morceaux en versant de la cire fondue sur les deux bords. Cela tiendrait, mais pas pour toujours. Il était si absorbé par sa tâche que, lorsqu'il sentit la boule de poil lui passer entre les jambes, il eut un hoquet de surprise et le canope faillit lui échapper des mains. Soukis leva les yeux vers lui, manifestement déçu par son manque de réaction. Il eut un miaulement de mécontentement.

De crainte que Paneb l'entendît, il tenta vainement de faire taire le chat. En retraversant tout doucement la pièce où dormait son hôte, il reposa le vase sur le coffre où Paneb l'avait pris. Semerkhet espérait qu'au matin, le contremaître penserait l'avoir lui-même posé là et ne regarderait pas de trop près les craquelures ou les traces de suie.

Semerkhet quitta la pièce sur la pointe des pieds et retourna près du foyer éclairé par la chandelle. Les ronflements réguliers résonnaient toujours bruyamment au loin. Accompagné du chat, l'enquêteur continua la visite de la maison. Dans le salon, il trouva le sac d'outils de Paneb. Il contenait des ciseaux en cuivre de toutes tailles, des pics, des brosses en soies de sanglier et des maillets en bois. En revanche, aucune trace de métal bleu.

Alors qu'il retournait dans la cuisine, Semerkhet entendit Soukis miauler de nouveau. Tenant la bougie assez haut pour éclairer toute la pièce, il vit le chat en arrêt devant les escaliers de la cave. Aussitôt, il disparut dans l'obscurité.

Semerkhet le suivit. Il fallait vite le rattraper et partir de là. En regardant autour de lui dans la cave, il constata la présence habituelle de pichets de bière et de vin, de meubles cassés, de linge au rebut, et de sacs de blé et de houblon. Pourtant quelque chose l'intriguait : toutes ces affaires étaient volontairement remisées dans un coin du mur. Paneb avait entassé tout ce qu'il avait pu trouver contre ce mur.

Semerkhet vit Soukis bondir sur un tas et sembler fouiller les briques crues. Peut-être avait-il déniché un rat, pensa-t-il. Mais l'animal le regardait en miaulant avec insistance.

Aussi silencieusement qu'il le put, obéissant à quelque instinct (tout comme le chat), Semerkhet déplaça les sacs de grain de l'autre côté de la cave. Au moment où il allait bouger une chaise à laquelle il manquait un pied, il entendit des pas au-dessus. Soukis battit en retraite derrière des sacs de blé, les oreilles rabattues.

Semerkhet souffla sur la bougie pour l'éteindre. Paneb s'était levé et marchait lourdement dans la cuisine. Dans l'obscurité, le contremaître heurta de la vaisselle et jura quand les plats s'écrasèrent en mille morceaux par terre. Finalement, il parvint jusqu'aux toilettes situées à l'arrière. Semerkhet entendit le puissant jet d'urine contre le bac. Tout en grognant, le contremaître finit par retourner se coucher.

Semerkhet attendit qu'il retrouvât sa respiration régulière. Même s'il aurait préféré rester un peu pour découvrir ce qui était caché sous les décombres dans la cave, il ne parvint pas à remettre la main sur le silex pour rallumer la bougie.

Se rappelant l'avoir oublié dans la tombe d'Hétèphérès, il se reprocha son étourderie. Sans lumière dans la cave, il parvint tout juste à se frayer un chemin jusqu'à l'escalier dont il dut gravir les marches une à une. Il se glissa ensuite silencieusement dans la rue sombre, suivi de Soukis.

L'enterrement d'Hétèphérès se déroula au milieu de l'hiver. Dès que le sarcophage fut en vue du village, porté par un traîneau tiré par un bœuf blanc du temple de Djémé, les femmes du village se mirent à ululer, les étranges cris aigus se réverbérant à travers les parois de la gorge. Lorsque le char funèbre se rapprocha, Semerkhet remarqua qu'on avait jeté du poivre aux yeux du bœuf afin qu'il pleurât.

Derrière les pleureuses, qui se lamentaient en s'arrachant les cheveux, venaient les anciens et leur famille, l'air stoïque et l'œil sec. Paneb, en revanche, pleurait ouvertement et des membres du cortège venaient lui passer un bras autour des épaules et lui murmurer des paroles réconfortantes à l'oreille. Il semblait sourd à toute consolation, les larmes lui roulaient sur les joues et il ne pouvait que fixer d'un regard désespéré le sarcophage peint de couleurs vives de sa tante. Au côté de Neferhotep, Hénouti essuyait ses yeux rougis. Pour une fois, le scribe habituellement voûté se tenait droit. Néanmoins, il conservait un visage de marbre et ne versait pas une larme. Khépoura se tenait de l'autre côté.

Semerkhet observait le visage de la représentante des femmes. Quel que fût son sentiment, il n'avait rien à voir avec le deuil. Les yeux agités en tous sens, elle tortillait et tirait sur sa perruque en essayant nerveusement de la remettre en place. À un moment, elle regarda vers Semerkhet et il constata aussitôt qu'elle avait peur.

À un signal du prêtre, le traîneau s'arrêta devant les portes du cimetière. Plusieurs villageois se précipitèrent à l'avant pour hisser le cercueil sur leurs épaules. Peu à peu, ils s'avancèrent jusqu'à la cour du tombeau d'Hétèphérès et déposèrent son sarcophage à la verticale devant la porte, au pied de la petite pyramide de briques, de sorte que la prêtresse parut faire partie de son propre cortège funèbre.

Les villageois apportèrent alors leurs offrandes : des paniers d'oignons, dont la forte odeur devait inciter Hétèphérès à respirer de nouveau dans l'au-delà, des galettes de pain, des pichets de vin et de miel, des guirlandes de fleurs parfumées. La reine Tiyi en personne avait fait envoyer une somptueuse chaise en bois doré. S'étant saisi d'un levier spécial fait du métal d'un ancien météore, un prêtre s'approcha du sarcophage et accomplit le geste de l'ouverture de la bouche. Désormais, Hétèphérès pouvait de nouveau respirer et parler. Paneb s'avança pour prononcer la formule rituelle car il était son parent vivant le plus proche.

« Repose à tout jamais auprès d'Osiris, Hétèphérès, dit-il d'une voix rauque, dans les champs fertiles d'Ialou, dans la maison éternelle que nous t'avons bâtie. » Puis il s'adressa au dieu du royaume céleste. « Osiris, toi qui nous a créés, fais de nouveau briller son visage, relève-lui les bras et remplis-lui les poumons de ton souffle. » Et, de nouveau, il s'adressa à la défunte : « Ouvre les yeux, Hétèphérès. Ouvre les yeux. »

Alors sa voix se brisa et il ne put continuer. Ce fut Hénouti qui prit sa place pour dire la prière de conclusion. « Hétèphérès, repose en paix pour l'éternité parmi les justes. »

Plus tôt dans la journée, une grande fosse avait été creusée dans l'artère principale de la nécropole. Le bœuf y fut sacrifié. On l'écorcha, le nettoya, l'apprêta et le mit en broche.

La fête se prolongea jusque tard dans la nuit. Le cercueil d'Hétèphérès fut enfin descendu dans la crypte, de même que les objets funéraires. On installa la défunte sur le lit en bois à côté des cercueils de son mari et de son petit garçon.

À ce moment-là, Semerkhet assista à une scène singulière. À grand renfort de ahanements et d'efforts, les hommes du village firent rouler une immense roue de pierre – celle qu'il avait aperçue dans l'atelier de Ramose – dans la cour du tombeau puis ils la positionnèrent péniblement devant la porte. Elle s'adapta si bien que pas même une feuille de papyrus n'aurait pu être glissée dans les interstices. Déconcerté, Semerkhet regarda autour de lui dans le cimetière. Aucune autre tombe n'était bloquée par une telle pierre, la sépulture d'Hétèphérès était la seule.

Semerkhet remarqua que Soukis s'était perché sur le rocher derrière lui. Le pauvre chat savait-il que sa maîtresse était à l'intérieur ? Il tendit la main vers lui pour le prendre dans ses bras, mais l'animal se sauva d'un bond sur un rocher plus haut. Les yeux brillants, il regarda fixement les artisans festoyer tout au long de la nuit.

Semerkhet était revenu dans l'atelier du potier pour demander de nouveau à Snéfrou quand il aurait terminé de recoller les morceaux du pot qu'il avait trouvé près du campement fantôme. Snéfrou s'excusa de ne pas avoir pu s'en occuper à cause de ses commandes officielles.

— Cela te prend bien longtemps pour une tâche aussi simple, fit remarquer Semerkhet, à peine capable de masquer son irritation.

— Si tu veux la confier à quelqu'un d'autre… ? suggéra Snéfrou plein d'espoir.

— Non, non… répondit Semerkhet en secouant la tête. Puis il détourna les yeux.

Des enfants passèrent subitement en courant devant l'atelier en direction de la porte Nord, suivis par des groupes d'adultes courroucés. Semerkhet se retourna pour voir et commença à entendre les faibles accents de cors dont on sonnait en bas dans la vallée, près du fleuve. Snéfrou se leva de son tour et rejoignit Semerkhet devant l'atelier. Un sourire de joie incongru se dessina sur ses lèvres.

« Qu'est-ce que… ? » voulut demander Semerkhet, mais Snéfrou était déjà parti rejoindre la foule en délire aux portes du village. De nouveau, il entendit résonner les cors, plus près cette fois, et les acclamations des artisans se firent encore plus vives.

Semerkhet se posta devant la foule. Cinq chariots remontaient à vive allure le sentier du village, en soulevant de grands nuages de poussière. Les chevaux, parmi les plus beaux qu'il eût jamais vus, volaient au-dessus des pierres et du sable tels de petits oiseaux rouges. On ne distinguait même plus les pattes tellement ils étaient rapides. Malgré la raideur de la pente, les conducteurs menaient leur équipage à un train d'enfer, sans avoir l'air de se préoccuper que, au moindre faux pas, les chevaux risquaient de verser dans le précipice. Mais les destriers ne commirent aucune erreur et les artisans les ovationnèrent car ils savaient que ce spectacle haletant leur était destiné.

Les cavaliers s'approchant, Semerkhet remarqua que leur chef arborait un pectoral fait de disques d'or se chevauchant tandis que sa tête était coiffée d'une couronne de cuir tressé. Certes moins grandiose, l'équipement des hommes à sa suite paraissait tout aussi riche. Khépoura se fraya un chemin à travers la foule et se plaça à côté de lui pour mieux voir les soldats. Semerkhet tenta de la retenir en lui attrapant le bras : « Bon sang, mais lâche-moi ! C'est le prince Pentaour ! » s'exclama la grosse femme en se libérant pour encore mieux jouer des coudes.

Comme tous les Thébains, Semerkhet connaissait bien ce fils de Pharaon. C'était l'aîné des enfants de la reine Tiyi, par conséquent le neveu du maire Paour. Contrairement à ses frères, qui veillaient à rester discrètement en retrait, Pentaour était un personnage très présent dans la capitale du Sud. Le prince dirigeait son propre corps d'élite. À l'occasion des fêtes, on voyait souvent ses conducteurs de char accomplir des numéros de bravoure devant la foule, tirer sur des cibles, faire semblant de s'attaquer les uns les autres à la lance et sauter d'un char à l'autre. Pentaour était le membre de la famille royale préféré des Thébains car il était du Sud – sa mère descendait d'une lignée plus royale encore que celle de Pharaon –, et il était beau comme un dieu.

Or, Pharaon avait choisi de léguer le trône à un autre de ses fils – également nommé Ramsès –, l'aîné de son épouse cananéenne, la reine Isis. Ce prince-là était moins connu dans le Sud, car il menait une vie de devoir au service de son père à la cour de Pi-Ramsès. Les Thébains se plaignaient amèrement de voir un prince aussi raffiné que Pentaour évincé au profit d'un homme du Nord d'âge moyen et souffreteux.

Lorsque Pentaour sauta de son char, les villageois l'assaillirent pour le saluer et il leur tendit la main en riant. C'était un véritable prince de conte de fées, un grand gaillard de forte carrure à la peau dorée, lisse et toujours parfaitement ointe, qui portait la pommette haute.

Pentaour salua Neferhotep et Paneb comme de vieux amis. Le scribe et le contremaître veillaient à se montrer cordiaux l'un envers l'autre devant le prince, aucune trace de leur récent désaccord ne devant venir gâcher cette journée. Entouré de sa splendide cohorte – des hommes tout aussi puissamment musclés que lui –, le prince donna des tapes amicales dans le dos des deux artisans. Dans un dernier geste à l'adresse des villageois, le valet de Pentaour lança des morceaux d'or dans les airs. Les artisans et leurs enfants crièrent de joie en se précipitant pour les ramasser.

L'or fut bientôt empoché et la foule rentra à contrecœur au village. Neferhotep et les anciens guidèrent le prince quelques pas à l'écart des portes pour conférer à voix basse avec lui. Semerkhet ne pouvait guère imaginer ce qu'ils avaient à se dire et il doutait que Pentaour maîtrisât les questions délicates liées à la construction du tombeau.

Parmi la foule, Semerkhet aperçut Hénouti qui rentrait elle aussi au village, en balançant langoureusement les hanches. Pressant le pas, il se fraya un chemin entre les badauds qui restaient et la rejoignit.

— Que nous vaut l'honneur ? lui demanda-t-il en montrant Pentaour du menton.

— Le prince vient souvent s'informer de l'avancement du tombeau de son père.

— Et les autres ?

— Je ne connais pas tous leurs noms mais le Noir s'appelle Assaï. Regarde-moi ces épaules ! Et ce cou ! Ses yeux s'en voilaient de désir. Puis, à sa grande surprise, elle se mit à sauter sur place en se pâmant comme une jeune fille enamourée. Oh ! Oh, regarde ! Ils viennent par ici !

De fait, la suite royale s'avançait vers eux. Le grand coup de coude qu'Hénouti lui envoya dans les côtes lui rappela de s'incliner profondément, les bras tendus.

— Alors ! lança chaleureusement le prince. Voici donc l'homme qui va résoudre l'énigme de la mort de la vieille prêtresse ! C'est toi en particulier que je voulais saluer aujourd'hui.

— Ah bon ? s'exclama Semerkhet en levant les yeux. Pourquoi ?

Le compagnon noir de Pentaour, Assaï, s'offusqua aussitôt que Semerkhet osât interroger le prince de manière si directe. Mais Pentaour ne prêtait aucune attention à l'étiquette, il répondit à Semerkhet en veillant bien à ce que tout le monde l'entendît.

— Ma mère te transmet ses salutations et te presse de te hâter en la matière. « Les dieux s'impatientent », dit-elle.

— Dis à ta mère, et aux dieux, je t'en conjure, que je fais de mon mieux.

Le prince le regarda attentivement et lui passa un bras autour des épaules.

— Comment avance l'enquête ? Tu as des pistes ?

— Pas vraiment.

Sans parvenir à déceler si le prince était mécontent ou simplement indifférent aux nouvelles, Semerkhet avait l'étrange sensation d'avoir, l'espace d'un instant, surpris une lueur de joie derrière le regard vide de Pentaour.

— Je suis sûr que tu trouveras bientôt quelque chose,

affirma le prince avec un air de condescendance royale, avant de se retourner vers les anciens. Je veux que vous sachiez tous que ma mère, la reine Tiyi, attend un rapide dénouement à cette affaire.

Les anciens acquiescèrent en hochant la tête silencieusement. Le valet apporta alors une sacoche en cuir au prince. Avec précaution, ce dernier farfouilla dedans, puis sortit toute une ribambelle de fétiches et d'amulettes. Il en passa en personne plusieurs autour du cou de Semerkhet et lui glissa le reste dans la ceinture.

— Encore des amulettes ? s'interrogea Semerkhet.

— Ma mère pense que celle qu'elle t'avait donnée n'était peut-être pas assez puissante, sinon tu aurais déjà résolu l'affaire. Ma mère et moi aimions beaucoup la vieille prêtresse, poursuivit le prince sur un ton amical.

Semerkhet soupira, anticipant déjà sur la suite.

Pentaour se pencha vers lui et murmura :

— As-tu jamais envisagé qu'elle ait pu être tuée par un étranger ? Il regardait Semerkhet d'un air solennel. Ou un vagabond ?

— Effectivement, je l'ai envisagé.

— Mais tu ne le crois pas.

— Non.

— Dans ce cas, cela ne me surprend guère que tu n'aies aucune piste. Mauvaise stratégie, j'en ai peur, que de concentrer ton enquête ici. Comment peux-tu sérieusement croire qu'elle ait été assassinée par l'un de ses voisins ?

Semerkhet prit conscience des regards hostiles tournés vers lui non seulement du côté des anciens mais aussi de celui des hommes du prince. De nouveau, Assaï le fixait d'un œil indigné.

— D'abord, déclara fermement Semerkhet en s'efforçant à délier sa langue, la plupart des victimes sont tuées par des gens qu'elles connaissaient. Ensuite, la prêtresse était partie s'occuper des sanctuaires de la Grande Place. Il paraît assez peu vraisemblable qu'un étranger puisse se promener et la tuer dans un endroit aussi bien gardé. Enfin, elle était aveugle. Même si on l'a retrouvée sur l'autre rive, je doute qu'elle ait pu aller jusque-là toute seule. Qu'en penses-tu ? Il est plus vraisemblable qu'elle ait été tuée près d'ici et que son corps ait été jeté dans le Nil. Il fit une pause. Dois-je poursuivre ?

— As-tu une quelconque preuve de ces… allégations ? demanda le prince en fronçant les sourcils.

— Non, répondit Semerkhet en secouant la tête.

Le bras autour de ses épaules se transforma soudain en granit et, dans un moment de panique irrationnelle, Semerkhet eut l'impression qu'on lui faisait rendre son dernier souffle.

— Dans ce cas, je te conseille, annonça Pentaour avec un large sourire, soit d'en apporter la preuve soit de poursuivre ta route. Les anciens me disent que ta présence ralentit l'avancement du tombeau de mon père. Le sourire s'estompa. Nous ne saurions tolérer cela.

Brusquement, la situation apparut clairement à Semerkhet. Les artisans s'étaient arrangés pour que quelqu'un de plus haut que le vizir lui retirât l'affaire sous le seul prétexte qui pût peser sur les autorités : que le chantier de Pharaon en pâtissait.

Voyant les anciens demeurer soigneusement impassibles, il comprit aussi que la culpabilité leur collait aussi sûrement à la peau que la suie grasse de l'encens du temple. De quoi étaient-ils coupables, il ne le savait pas encore, ni même si leur crime avait quoi que ce fût à voir avec la mort d'Hétèphérès. Quel culot, s'émerveillait toutefois Semerkhet, de défier un homme aussi rusé que To et quelle sagacité de leur part de s'assurer par ailleurs la protection de la famille royale ! Néanmoins, il demeurait convaincu que les artisans n'auraient jamais osé empêcher une telle enquête de leur propre fait. Quelqu'un les y avait poussés.

Semerkhet s'inclina devant le prince.

— Je conserverai les sages paroles de mon prince près de mon cœur.

Il était bien certain que jamais il n'avait traversé l'esprit de Sa Majesté que le chien n'obéirait pas.

Immédiatement après sa rencontre avec le prince, Semerkhet rejoignit Qar à la tour medjaï. Le garde pressa lui aussi Semerkhet de trouver des preuves, et rapidement, afin de pouvoir poursuivre l'enquête.

— Une fois qu'ils auront monté le prince contre le vizir, la politique de cour y mettra un terme.

Au nord, la suite royale venait de disparaître ostensiblement dans le tombeau inachevé de Pharaon pour inspecter les travaux. Semerkhet se tourna vers Qar.

— Toi qui es allé à l'intérieur, à quoi ça ressemble ?

— Quoi ? Le tombeau de Pharaon ? Qar secoua la tête. Détrompe-toi, seuls les prêtres et les membres de la famille royale ont le droit d'y pénétrer, et l'équipe de chantier, bien sûr. Nous, on garde simplement les lieux et on veille à ce que les gens comme nous n'y entrent pas.

— Je veux le voir, décida Semerkhet.

Qar éclata de rire.

— Mais tu ne peux pas ! Si tu te faisais surprendre, on attendrait de moi que je t'exécute. Et puis tous ces prêtres reviendraient ici pour chasser ton exécrable odeur blasphématoire. Épargne-moi ça, tu veux bien, je déteste ces gros pleins de soupe.

— J'ai besoin de quelque chose… n'importe quoi. C'est la cachette idéale, quand on y réfléchit.

— Une cachette pour quoi ?

Semerkhet haussa les épaules.

— Tous les trésors volés dans les tombes pillées, je suppose.

Qar eut un ricanement moqueur.

— Le tombeau de Pharaon est l'endroit le plus fréquenté

d'Égypte, Semerkhet, surtout maintenant qu'il est presque terminé. Tous les mois, il y a une nouvelle inspection, un nouveau rituel. Rien ne pourrait y être caché. Tu ferais mieux de tabler sur du concret.

— Comme ?

— Ton frère, par exemple, celui qui furète en ce moment au bazar ? Tu as des nouvelles ?

Semerkhet secoua la tête, puis expliqua qu'il comptait traverser le fleuve en secret afin de voir Nenry. Il attendrait la prochaine visite à Thèbes Est de Paneb et de Neferhotep. Il était résolu à découvrir où les deux hommes se rendaient « dans l'exercice de leurs fonctions », ce qu'ils y faisaient et à qui ils parlaient.

À cet instant, un terrible cri perçant attira leur attention au-dessus de leur tête. Un aigle piquait de haut et, telle une comète, fondait droit sur eux. Au dernier moment, l'oiseau redressa sa course, néanmoins Semerkhet sentit un souffle d'air sur ses joues. Le rapace se mit à battre frénétiquement des ailes en effectuant des cercles autour de Semerkhet, pépiant et poussant des cris rauques à son adresse. Puis il se percha avec raideur sur l'une des traverses de la tour, et fixa Semerkhet. C'était un petit être d'une grande beauté, qui penchait la tête sur le côté et dont les grands yeux brillaient d'intelligence. Lorsque Semerkhet tendit un doigt pour le toucher, l'aigle émit un gazouillis sonore et prit son essor dans le désert, en direction de la Grande Place.

Semerkhet et Qar se regardèrent sans un mot. Les doigts tremblants, Qar traça un signe sacré dans les airs. Le message ne pouvait être plus clair. L'un des dieux, qui prenait la forme d'un rapace – Horus ou Khonsou – avait tenté de communiquer avec eux. Semerkhet ramassa sa canne, Qar sa lance et tous deux se mirent en route dans la direction où l'oiseau s'était envolé.

Quelques minutes à peine plus tard, ils entendirent des cris. À deux cents mètres, un groupe de Mejdaïs arrivait vers eux en courant. Qar s'identifia à son tour en faisant des signes avec sa lance.

Les deux groupes se retrouvèrent dans un oued. Le chef, que Qar salua comme son supérieur, se dirigea directement vers Semerkhet. « C'est le capitaine Mentmose », annonça-t-il. Sec comme une trique et grisonnant, il s'adressa à Semerkhet sur un ton solennel : « Là-bas, il y a quelque chose que tu cherches… du moins, c'est ce qu'on croit. »

Semerkhet suivit les Medjaïs dans le lit asséché du cours d'eau. Du regard, il fouillait la Grande Place dans ses moindres recoins. Sur le sentier au-dessus d'eux, une petite chapelle avait été taillée dans la roche. Elle était si bien camouflée qu'il ne l'avait encore jamais remarquée. La désignant du doigt, il demanda à Qar ce que c'était. « Le temple d'Osiris », répondit le Nubien.

Semerkhet se tendit. C'était vers ce sanctuaire qu'Hétèphérès se rendait le jour où elle avait été assassinée. Loin devant, là où le relief bordant l'oued s'adoucissait pour s'enfoncer sous le sable, se tenait un Medjaï. La petite troupe allongea le pas pour voir ce qu'il gardait.

Aux pieds de l'homme, une balle de raphia écrasée et sale disparaissait quasiment entre deux petits rochers. Semerkhet s'agenouilla pour l'examiner. À une époque antérieure, l'objet avait été bleu, mais le sable lui avait donné une crasseuse teinte brun foncé. Une autre salissure attira l'attention de Semerkhet. En se penchant plus près, il identifia une abjecte tache noire de sang séché. Délicatement, il retourna l'objet. Il était bordé de petits morceaux de cire couverts de feuilles de métal. Doucement, il tenta de redonner forme au raphia et remarqua que la fibre avait été tissée de sorte à ressembler à la douce courbe des ailes d'un vautour.

Même s'il n'avait pas vu la peinture sur le mur chez Aaphat ou la figurine en diorite sculptée par Ramose, il aurait su qu'il tenait la perruque rituelle d'Hétèphérès – celle qu'elle portait le jour du meurtre. Enfin, il détenait une preuve reliant le crime à ces lieux, celle-là même que le prince Pentaour l'avait défié de trouver moins d'une heure auparavant.

Semerkhet ferma les yeux et soupira, sa manière à lui de remercier les dieux. Après quelques instants, il demanda doucement au Medjaï :

— Comment l'as-tu trouvée ?

— C'est curieux, expliqua le garde en s'appuyant sur sa lance. On passe près de cet oued tous les jours au cours de notre ronde et on ne l'avait jamais vue. Et aujourd'hui, un étranger…

Semerkhet et Qar détachèrent le regard de la perruque pour se tourner vers le Medjaï.

— Un garçon sur un âne. D'après sa tenue et sa tresse sur le côté, on a pensé que c'était un prince. On savait qu'une suite royale devait venir inspecter le tombeau aujourd'hui, alors on a pensé que c'était quelqu'un qui s'en était écarté. Pourtant, le garçon n'a jamais répondu à nos appels et on n'a pas réussi à le rattraper vraiment. Mais il nous a conduits directement ici, et il a montré du doigt ces rochers. C'est là qu'on l'a trouvée. Mais, le plus étrange…

Sa voix faiblit avec une consternation à peine dissimulée.

— … le garçon a totalement disparu, acheva Semerkhet à sa place.

À contrecœur, le Medjaï acquiesça de la tête.

Alors qu'ils remontaient péniblement du cours d'eau asséché, ils croisèrent les anciens du village et le prince Pentaour qui sortaient du tombeau royal. À son large sourire, il était évident que le prince n'était pas du tout fâché du « retard » pris par les ouvriers et il n'avait pas non plus remarqué le vol des quatre piliers, qui ornaient désormais la tombe d'Hétèphérès.

Le sourire pâlît quelque peu lorsqu'il aperçut les Medjaïs et Semerkhet juste au-dessous de lui dans l'oued.

— Eh bien ? Sa voix puissante résonna dans le silence.

De quoi s'agit-il ? Une expédition de secours ? Inutile, nous connaissons la sortie !

Des rires flagorneurs fusèrent de partout.

— À voir son expression, monseigneur, grimaça Assaï, dont les dents éclatantes contrastaient sur la peau noire de son beau visage, l'enquêteur doit être ici pour nous arrêter !

De nouveau, tout le monde rit de la plaisanterie. Seuls Semerkhet et ses compagnons gardèrent la mine sévère. Devant leur silence, le sourire de Pentaour se dissipa.

— As-tu quelque chose à nous dire, enquêteur ?

— Seulement que j'ai fait ce que le prince m'avait conseillé, annonça Semerkhet en brandissant la perruque tachée de sang.

— Qu'est-ce que cet oripeau ?

— Une preuve.

Pentaour battit des paupières.

— Cette saleté bleuâtre ? Une preuve de quoi ?

— Que la prêtresse Hétèphérès a été tuée ici. Dans cette vallée, monseigneur, ni à Thèbes Est, ni sur les rives du Nil. Ici, dans la Grande Place. C'est la perruque de la prêtresse et nous l'avons trouvée à moins de deux cents mètres d'ici. Si tu en doutes, vois par toi-même ses nombreux portraits au village des artisans. Sur chacun d'eux, elle porte cette perruque.

Pentaour lança des regards paniqués à droite et à gauche. Désarmé, il se tourna vers Assaï. C'est lui qui cria pour faire taire Semerkhet.

— Comment peux-tu dire qu'il s'agit d'une preuve de quoi que ce soit, enquêteur ? Les détritus qu'on trouve dans le désert peuvent avoir appartenu à n'importe qui!

À cet instant, Paneb émergea du tombeau royal. Il referma lourdement la porte derrière lui, puis vint rejoindre le groupe. Il lui fallut un moment pour saisir toute la scène. Son regard passa du prince à Assaï, puis en bas dans l'oued où se tenaient Semerkhet et les Medjaïs. Les anciens retenaient leur souffle.

Il regarda autour de lui sans comprendre, puis il vit ce que Semerkhet tenait dans les mains.

Le contremaître écarquilla les yeux et étouffa un cri. Tombant brusquement à genoux, il se mit à se lamenter. « Tous les démons ont quitté l'Enfer pour venir me chercher ! » Puis, lui qui avait la réputation au village d'un homme sans peur, au cœur bien accroché, il s'évanouit dans le sable.

Le prince et sa suite se précipitèrent vers leurs chars sans jeter le moindre regard au contremaître gisant par terre. Les anciens se rassemblèrent autour de Paneb, qui tressaillait, et jetèrent des regards noirs en direction de Semerkhet pardessus leurs épaules. Leurs visages n'avaient plus rien d'impassible. Au contraire, on aurait dit qu'ils voyaient s'ouvrir devant eux la bouche du grand Dévoreur en personne.

La nouvelle de la découverte de la perruque tachée de sang d'Hétèphérès se répandit comme une traînée de poudre. Du jour au lendemain, une sinistre vague de terreur s'abattit sur le village. L'animation perpétuelle des ruelles céda la place au silence et à l'air vif du désert. Tremblant, les villageois fermèrent leur porte à clef et se retranchèrent dans leur maison.

Semerkhet continuait de parcourir l'artère principale et les ruelles abandonnées à la recherche de villageois à interroger, mais il ne rencontra personne. Il frappait à leurs portes mais il ne recevait aucune réponse, malgré ses tambourinements acharnés. Dressant l'oreille, il percevait parfois des murmures furtifs dans une ruelle voisine. Cependant, lorsqu'il tournait au coin de la rue pour surprendre leurs auteurs, il trouvait la rue déserte et, du coin de l'œil, voyait une porte vivement refermée et verrouillée.

Semerkhet patienta, pensant que la découverte de la perruque avait suscité le choc dont il avait besoin pour faire abandonner aux artisans leur assurance dédaigneuse. Or, au lieu de s'effondrer, ils redoublèrent d'aplomb. Le soir même de la découverte, le village accueillit un nouvel hôte inattendu

– une invitée encore plus effrayante que Semerkhet. Elle arriva lorsque la lune fut à son zénith. Par la suite, certains villageois affirmèrent avoir vu rôder devant les portes de la nécropole une hyène, qui s'était changée en une femme passe-muraille. D'autres prétendirent avoir vu une nuée en forme de femme passer devant la lune puis descendre sur le village en une brume tourbillonnante. D'autres encore n'auraient vu qu'une ombre, projetée par des flambeaux à la flamme vacillante, se mouvoir sur les murs et se rendre en silence de maison en maison.

La première à l'apercevoir fut la fille d'un serviteur. À son réveil sur sa paillasse, elle vit une vieille femme lui faire signe à l'autre bout de la pièce. Une fois mieux réveillée, l'enfant se rendit compte que les soupirs et les quintes de toux de la femme étaient en réalité des rires, qui semblaient venir de la gorge desséchée d'une momie. La fille cria, mais la femme s'enfuit.

Bientôt les soupirs de la vieille se transformèrent en cris aigus mêlés d'horribles sons inarticulés qui emplirent la nuit en d'un déchirant crescendo. Certains déclarèrent avoir vu passer, par l'embrasure de leur porte verrouillée à double tour, de mystérieuses lumières ou entendu le bavardage de toute une cohorte de fantômes.

Chez eux, les époux s'agrippèrent l'un à l'autre et couvrirent leurs enfants d'amulettes et de fétiches protecteurs. Chacun connaissait la terrible vérité : d'une manière ou d'une autre, la lourde pierre qu'on avait roulée devant la porte de la tombe n'avait pas suffi.

Hétèphérès était revenue au village.

LABYRINTHE DE PORTES

Chaque nuit, Semerkhet et Qar rêvaient de lionnes. Semerkhet, qui n'avait jusqu'alors jamais eu peur du sommeil, hésitait désormais à fermer les yeux plus de quelques minutes. Il découvrit qu'en restant assis toute la nuit sur le banc de briques du salon chez Hétèphérès, il parvenait à se réveiller plus vite quand la lionne bondissait et, ainsi, à échapper à ses crocs une nuit de plus. Depuis le jour où le prince Pentaour l'avait couvert d'amulettes et de gris-gris, son corps était la proie de mystérieuses douleurs aiguës tandis que sous son crâne de violentes migraines l'assaillaient. Il lui semblait parfois éprouver une sorte de sentiment de suffocation, comme si ses poumons ne parvenaient plus à inspirer suffisamment d'air. Dans la journée, il poursuivait ses investigations les yeux rougis, les traits tirés et les nerfs à vif.

Qar, qui pourtant avait été entraîné par sa sorcière de mère à affronter ses cauchemars, se trouvait démuni face à la lionne de ses rêves. Ses lances ne rencontraient pas leur cible, elles étaient déviées de leur course au dernier moment ou elles se brisaient comme des pailles contre les flancs de l'animal. La seule défense qu'il trouvât contre ses griffes et ses crocs était de rester éveillé ou de courir. Comme Semerkhet, il n'osait plus dormir trop longtemps.

Une nuit, Semerkhet se réveilla d'un cauchemar où la lionne avait surgi de derrière un arbre voisin. Cette fois, elle était arrivée si près de lui qu'elle avait réussi, avec ses griffes, à lui arracher quelques brins de cheveux. À son réveil, son cuir chevelu lui cuisait encore et il découvrit sur son crâne des zones qui semblaient parfaitement rasées. Il se palpa la tête avec une perplexité mêlée de crainte. C'est alors que l'ouverture du loquet de la porte le prit au dépourvu. Sous l'effet de son rêve terrifiant, il ne se sentit pas le courage d'aller voir qui – ou quoi – venait d'entrer chez Hétèphérès.

Semerkhet saisit autour de son cou les fétiches et les amulettes que lui avait remis la reine Tiyi. Ils lui brûlèrent les doigts comme s'ils avaient été au feu et leur poids lui parut s'être accru. Là où ils lui touchaient la peau sur la poitrine, la peau était écorchée et rouge. D'un geste, il les arracha sans réfléchir et les jeta loin à l'autre bout de la pièce où Soukis était couché. Le chat siffla et quitta la pièce en courant pour gagner un mur de la ruelle, d'où il bondit jusqu'au toit.

Semerkhet entra dans la maison de Vie du temple de Djémé par des portes plaquées de bronze s'élevant à au moins six coudées. Jouxtant la résidence de Pharaon, la maison de Vie abritait un labyrinthe de jardins, de bassins miroitants et de terrasses soutenues par des colonnes. À l'intérieur, elle renfermait des livres de mathématiques, de sciences naturelles, de moralité, d'histoire et de formules magiques sur lesquels reposait la sagesse égyptienne. C'est là que l'enquêteur se rendait.

En passant devant les salles d'enseignement, Semerkhet jeta un œil aux futurs scribes en formation. Comme les artisans de la place de Vérité se tenaient toujours repliés chez eux, Semerkhet profitait de ses loisirs contraints pour s'informer sur la mystérieuse reine Taousert, dont le foie – si c'était bien le sien – se trouvait en possession du contremaître Paneb. Il espérait trouver une explication logique à cette énigme. Malgré tous ses efforts, il ne parvenait pas à détester cet homme et il voulait se libérer l'esprit des doutes qui le taraudaient concernant la participation de Paneb au pillage des tombes.

Semerkhet fut dirigé vers un bibliothécaire nommé Maadje. L'homme, légèrement bossu, était assis sur un banc, un papyrus déroulé devant lui. Lorsque Semerkhet s'approcha, il roula hâtivement le document en levant vers lui un regard irrité. Avec dégoût, Semerkhet remarqua l'éruption cutanée qui couvrait le visage de l'homme de boutons, et fronça le nez à son odeur déplaisante.

— Que veux-tu ? demanda froidement le bibliothécaire.

— Je cherche des renseignements sur une certaine reine Taousert.

Maadje eut un léger hoquet d'indignation et haussa très haut les sourcils.

— Secteur protégé. L'accès en est interdit sans autorisation préalable.

— Et pourquoi donc ? s'enquit Semerkhet surpris.

— Si je te le disais, il n'y aurait plus besoin d'en interdire l'accès, n'est-ce pas ?

Semerkhet soupira intérieurement. Comme beaucoup des bibliothécaires qu'il avait rencontrés, Maadje considérait les rouleaux de papyrus comme sa propriété aussi ils devaient rester intacts sur leurs étagères sans jamais être ouverts. Il brandit donc le sceau du vizir suspendu à son collier de jaspe.

— Cela me l'autorise-t-il ?

Avec une expression douloureuse, le bossu se dressa sur ses pieds, ajusta son pagne et disparut au fond du bâtiment. Lorsqu'il fut parti, Semerkhet s'agenouilla nonchalamment pour dérouler le papyrus que le bibliothécaire était en train de lire. Des images d'une scandaleuse débauche sexuelle lui sautèrent aux yeux. Les dessins étaient si exotiques que, dans sa naïveté, Semerkhet aurait eu du mal à imaginer les actes qu'ils représentaient – alors, de là à les retrouver sur un rouleau appartenant à la maison de Vie.

— Alors ? l'interpella Maadje d'une voix irritée. Je vais attendre encore longtemps ?

Semerkhet laissa le papyrus se ré-enrouler. Lorsqu'il eut rattrapé Maadje, le bibliothécaire lui indiqua une étagère remplie de rouleaux située dans une pièce séparée. « Là-dedans » annonça-t-il. Sans attendre d'autres questions, il fila retrouver son papyrus.

Deux autres individus se trouvaient déjà dans la « pièce interdite ». D'après son style de barbe, Semerkhet identifia l'un d'eux comme un Libyen – un garde du corps, à première vue. Il rôdait autour d'un homme bien, à la peau très claire, qui reluquait Semerkhet de ses yeux pâles, caractéristiques des habitants du nord.

Même s'il était accompagné d'un garde personnel, nota Semerkhet, il arborait des vêtements simples et avait les doigts tachés d'encre noire. Semerkhet vit qu'il approchait tout près de ses yeux les plans d'un édifice ancien.

Un architecte, conjectura Semerkhet. Remarquant qu'il le regardait, l'inconnu, serviable, poussa ses rouleaux sur le côté afin de permettre à Semerkhet de s'approcher de l'étagère.

Ils se saluèrent mutuellement d'un signe de tête solennel.

Semerkhet choisit un papyrus sur l'étagère que lui avait indiquée Maadje et le déroula. Puis il s'assit par terre pour le lire mais, plus les minutes passaient, plus il se sentait frustré. Le rouleau n'avait rien à voir avec Taousert, il s'agissait en fait d'un traité sur un certain « Akhenaton le grand criminel », un individu qui aurait soi-disant régné sur l'Égypte des siècles plus tôt. Il repoussa le rouleau avec une moue agacée.

En face de lui, le myope lui jeta un coup d'œil furtif et reposa son pinceau.

— Puis-je apporter mon aide ? Je connais bien le mode de rangement des rouleaux maintenant. Si je peux savoir ce que tu cherches… ?

— Euh, commença Semerkhet, indécis. J'ai besoin de renseignements sur une certaine reine Taousert.

— Ah oui ? Son interlocuteur le regarda attentivement. Puis-je demander pourquoi ?

Semerkhet resta vague.

— Je suis agent au Service des investigations et des secrets sous l'autorité du vizir To et je suis récemment tombé sur… Euh, quelque chose qui a trait à cette reine. Je dois en savoir plus, pour mieux comprendre.

— Alors tu dois être Semerkhet. To m'a souvent parlé de toi.

Semerkhet en resta bouche bée. Cela le surprenait toujours qu'on le connût. Avant de pouvoir lui demander son nom, l'homme avait déjà saisi le rouleau que lisait Semerkhet et s'esclaffait.

— Maadje t'a dirigé vers la mauvaise étagère, comme d'habitude. Si tu veux, je peux te dire ce que je sais d'elle.

— Toi… ? Tu es historien ? Je te croyais architecte.

— Architecte ? demanda l'inconnu intrigué. Puis, voyant les plans étalés devant lui, il reprit d'une voix amusée. À cause de ces plans, tu as cru que… Il se tourna vers le Libyen et rit. L'autre sourit à son tour. C'est possible, mais je connais aussi un peu l'histoire. L'histoire secrète, en l'occurrence.

— Secrète ?

— Taousert n'était pas n'importe quelle reine, tu sais. C'était aussi un pharaon.

Semerkhet se rappela le glyphe signifiant « femme divine » qu'il avait découvert à côté du cartouche de la reine sur le vase canope.

— Elle a dû régner il y a bien longtemps, dans ce cas, car nous n'avons pas eu de femme pharaon depuis Hatchepsout.

— Il y a à peine quarante ans, en fait.

Ce fut un choc pour Semerkhet.

— Pourtant il n'existe aucun monument en son honneur, aucune mention de son existence sur les murs des temples. Avec un règne aussi récent, on aurait quand même dû entendre parler d'elle.

L'inconnu secoua la tête.

— Son nom a été rayé de la liste officielle des souverains par le pharaon Sethnakht.

— Le père de Pharaon ?

— Il a fait démanteler ses statues et effacer son nom partout. Même sa tombe a été détruite.

— Qu'avait-elle donc fait pour mériter pareil sort ?

— Elle avait tué son époux pour pouvoir coiffer les couronnes rouge et blanche. Même ses neveux sont morts dans des conditions mystérieuses. Mais les dieux ont été épouvantés par ses péchés et ils ont empêché la crue du Nil. La famine et la peste se sont abattues sur le pays que la guerre civile a fini de ravager. C'est comme cela que Sethnakht est devenu pharaon.

— Et elle croyait vraiment qu'elle réussirait ?

— Oh, il y avait eu un précédent. Son propre père avait usurpé le trône. Il s'appelait Amenmose.

Amenmose ! Où avait-il déjà entendu ce nom ? Brusquement, il s'en souvint : c'était le nom du soi-disant marchand auquel Paneb avait acheté le vase canope renfermant le foie conservé de la reine. Du moins selon Paneb. Il paraissait curieux, méditait Semerkhet, que ces deux noms maudits – Taousert et Amenmose – fussent associés à un contremaître de la place de Vérité. Il sentit un picotement parcourir son cuir chevelu, comme quand, petit, il restait debout le soir pour écouter les histoires de fantômes racontées par ses parents.

Du moins la version de l'architecte expliquait-elle pourquoi le nom de Taousert avait été gratté sur le canope. Comme elle avait dû être méprisée pour que ses objets funéraires eussent été ainsi souillés !

Semerkhet fit le signe pour chasser le mauvais œil.

— Du moins nous est-il aujourd'hui épargné de connaître un tel malheur, murmura-t-il pieusement.

L'inconnu et son garde du corps échangèrent un regard énigmatique.

— Cela nous est-il véritablement épargné ? marmotta l'inconnu, en détournant les yeux.

Il sembla lutter un instant hésiter, puis il se pencha en avant et murmura :

— Ne t'y trompe pas, Semerkhet, le sang corrompu de Taousert et d'Amenmose coule toujours en Égypte, prêt à tout moment à …

L'architecte s'interrompit brutalement car le bibliothécaire Maadje surgit, l'air accablé. Un auguste prêtre, grand et mince, se tenait derrière lui. « Le voilà ! » l'entendit-il murmurer au prêtre.

Ce dernier pénétra dans la pièce et fit une savante révérence. Le torse penché en avant jusqu'à avoir les bras à hauteur de genoux, il effectua une génuflexion.

— Majesté !

Semerkhet regarda autour de lui, l'air embarrassé. S'adressait-il à l'homme assis à côté de lui ? Pourtant, c'était un architecte…

— Seigneur Messoui.

L'inconnu inclina la tête à l'adresse du prêtre.

— J'étais loin de me douter que cet homme vous ennuyait. Maadje sera puni pour l'avoir conduit ici.

— Il ne m'ennuie pas du tout, affirma l'inconnu. Si Maadje devait être puni, ce serait plutôt pour avoir indiqué à ce galant homme les mauvais rouleaux.

Il ramassa ses pinceaux et ses notes, que le Libyen rangea dans une caisse en bois. Sur un signe de tête adressé à la ronde, il sortit en toussant doucement dans un mouchoir.

— Qui était-ce ? demanda Semerkhet au prêtre après quelques instants. Pourquoi lui donnais-tu du « Majesté » ?

Messoui regarda Semerkhet comme s'il était simple d'esprit.

— Cet homme, dit-il en fronçant les sourcils, est notre futur pharaon. S'il vit jusque-là.

— S'il vit jusque-là ? questionna Semerkhet, mais Messoui était parti.

— Le prince consort est très malade, expliqua Maadje dans un murmure affecté. Malgré tout, on dit que Pharaon compte le désigner comme son héritier officiel. C'est pour cette raison qu'il vient ici incognito de Pi-Ramsès. On dit qu'à cause de ça, la reine Tiyi s'est enfermée dans ses appartements privés.

— Vraiment ?

— Oh, ça fait un véritable scandale à la cour ! Quand Pharaon l'a épousée, il lui avait promis que ce serait ses fils à elle qui hériteraient du trône, mais il va nommer celui que lui a donné son épouse du Nord, la reine Isis, alors que ce n'est qu'une Cananéenne…

— Maadje !

La voix acerbe du prêtre Messoui leur parvint par-dessus les étagères.

Aussitôt, le petit bossu malodorant disparut, laissant Semerkhet méditer tout seul. Tandis qu'il enroulait les papyrus pour les ranger sur les étagères, l'enquêteur repensa à l'histoire de la vile Taousert et de son père, tout aussi méprisable, le pharaon Amenmose.

Qu'avait voulu dire le prince consort en déclarant que le sang de Taousert et d'Amenmose se perpétuait ? Une intuition diffuse amena Semerkhet à penser que l'histoire du marchand kouchite du même nom était un mensonge, que le marchand et le pharaon ne faisaient en réalité qu'un. Mais si c'était vrai et s'il suivait ce raisonnement, en toute logique, l'esprit maléfique d'Amenmose hantait encore la

Grande Place. Et le prince consort ne venait-il pas lui-même de dire que le sang de ces deux êtres ignobles coulait encore en Égypte ?

De nouveau, Semerkhet sentit un picotement sur son cuir chevelu.

Le lendemain, Semerkhet se rendit dans les cuisines du village en compagnie de Qar pour dénicher de quoi manger. Ils optèrent pour des oignons non pelés encore pleins de terre, du fromage et une miche de pain tout droit sortie du four.

— Voilà à quoi on en est réduit, dit Qar sur un ton découragé. On a peur de dormir à cause d'une lionne qui nous pourchasse et on a peur de manger parce que la nourriture qu'on nous sert risque de nous faire dormir.

S'il avait été d'une autre humeur, Semerkhet aurait sans doute été amusé par l'ironie de sa remarque. Mais il était trop fatigué et avait trop faim pour y prêter attention. La matinée était tranquille. Les artisans n'avaient toujours pas retrouvé le courage de sortir de chez eux. Seuls les serviteurs vaquaient. Soukis s'enroula autour de ses pieds pour quémander des miettes. Brusquement, la voix de crécelle d'Hénouti leur parvint de derrière le mur, elle était furieuse. Soukis fuit les cuisines. Après un regard à Qar, Semerkhet se leva pour jeter un œil par une fissure dans la porte.

Hénouti était à la citerne, elle braillait sa colère devant les quelques personnes qui s'étaient aventurées jusque-là pour tirer de l'eau. Une fois de plus, disait-elle, elle était abandonnée parce que Neferhotep lui avait interdit d'assister aux réjouissances données pour l'arrivée de Pharaon à Thèbes, une occasion dont elle aurait aimé profiter au moins une fois dans sa vie. Et voilà, on la retenait prisonnière dans cet horrible trou comme si elle était coupable d'un crime.

— Ce n'était pas juste, se lamentait-elle, pas juste du tout ! Mais eux, ils y vont, naturellement, lança-t-elle en pointant du pouce des gens qui se trouvaient cachés à Semerkhet. Il changea de position et tenta de voir de qui elle parlait. Paneb et Neferhotep remontaient le sentier du cimetière en conférant à voix basse.

Hénouti avança sur Neferhotep, toutes griffes dehors. Il s'ensuivit une brève bagarre, puis les deux hommes lui empoignèrent habilement les bras et la poussèrent vers l'intérieur du village. Hénouti tenta de se libérer, jurant par tous les diables, mais elle se trouvait piégée entre les deux hommes comme une souris entre deux meules. En l'espace d'un instant, ils l'avaient traînée dans le ventre enfumé du village et ses cris se perdirent déjà au loin.

— S'ils traversent le fleuve aujourd'hui, murmura Semerkhet à Qar assis sur le banc, je vais les suivre.

— Vois si ton frère a trouvé des bijoux sur le marché, lui rappela le Medjaï.

Semerkhet se glissa hors du village à midi, bien avant le départ du contremaître et du grand scribe. Il regagna plus vite le fleuve que lorsqu'il était arrivé la première fois au village, car la montée des eaux du Nil atteignait presque les marches des temples situés à l'ouest. Lorsqu'il arriva à l'endroit où les passeurs étaient rassemblés, il attendit dans l'ombre d'une étable, son manteau de laine gris rabattu sur le visage.

L'embarcadère fourmillait d'habitants de Thèbes Ouest qui bavardaient en attendant de pouvoir traverser pour accueillir le pharaon Ramsès III. Jusqu'à ce matin-là, Semerkhet ne savait pas que Pharaon était de retour. Si d'ordinaire Semerkhet méprisait la foule, ce jour-là, elle lui rendrait grand service car si Paneb ou Neferhotep regardaient dans sa direction, il pourrait aisément se fondre dans la multitude.

Semerkhet remit à un passeur un morceau entier d'or, soit près de trente fois le tarif habituel, afin de réserver son embarcation. Anxieux de s'assurer un bateau disponible le moment venu, il préférait dépenser sans compter.

Il s'écoula environ une heure avant qu'il aperçût les

deux artisans. Le géant que Paneb campait parmi la foule était relativement facile à suivre. Son large visage affichait une expression impassible, en revanche Neferhotep paraissait mal à l'aise. Le scribe ne cessait de regarder à droite, à gauche et derrière lui pour voir qui se trouvait sur la chaussée. Semerkhet l'entendit élever la voix. Manifestement tendu et chevrotant, il n'était pas content car aucun bateau n'était disponible sur-le-champ.

Un passeur finit par les faire traverser. Semerkhet courut vers l'embarcation qui l'attendait et pria son propriétaire de se mettre en route. Motivé par l'or, ou peut-être parce qu'il ne transportait qu'un seul passager, le passeur dépassa rapidement le bateau de Paneb et Neferhotep. Les épaules voûtées pour paraître comme un vieux et frêle paysan et le visage tourné au nord afin de ne pas être reconnu, Semerkhet arriva à l'est bien avant les artisans. Il les regarda débarquer, caché derrière une bitte d'amarrage.

On aurait dit que tout Thèbes était venu attendre Pharaon sur le quai. L'année précédente, on avait bien organisé une fête Sed à Thèbes pour les trente ans de règne de Ramsès III, mais il avait dû annuler sa visite à cause de tensions avec les barbares occidentaux. Depuis, un traité de paix avait été signé avec les tribus, et Pharaon n'avait donc aucune excuse pour repousser les avances de Thèbes une seconde fois. Une semaine auparavant, le monarque avait fait savoir que la flotte royale était en route vers la capitale du Sud.

C'était maintenant la fin de l'après-midi, et la flotte de Pharaon n'était toujours pas là. Paneb et Neferhotep se mêlèrent un moment à la foule sur le quai. Puis, lorsque les ombres s'allongèrent, les deux hommes pénétrèrent dans une taverne du quartier nommée *La Défense d'Éléphant.*

Semerkhet savait qu'il s'agissait d'un ignoble établissement qui puait la vinasse et l'urine. Fréquenté par les étrangers, les nettoyeurs de poissons et les esclaves, ce n'était pas un endroit où Semerkhet aimait frayer – du moins pas sans son couteau –, et il était surpris que le délicat Neferhotep consentît à mettre les pieds dans un tel bouge. Toutefois, Semerkhet savait aussi que *La Défense d'Éléphant* ne possédait pas de porte de service, de sorte que les artisans ne pourraient pas lui échapper.

L'enquêteur se glissa à l'intérieur de la taverne, en rabattant de nouveau son manteau sur son visage et en demeurant dans l'ombre. Paneb et Neferhotep étaient assis au fond, où il faisait le plus sombre. Aux yeux de Semerkhet, ils semblaient s'être arrêtés là pour une simple coupe de vin, car ils restaient seuls et sans parler. Semerkhet ressortit dans la rue et s'accroupit sous un antique sycomore au coin de la taverne.

La barque de Rê était désormais basse dans le ciel, pourtant la foule demeurait toujours aussi dense. Tout le monde avait les yeux brillants d'excitation et arborait ses plus beaux atours. Tout le long des grands quais de pierres, des flammes azur et rubis ondulaient au sommet de hauts poteaux tandis que le revêtement des portes du temple d'Amon avait été poli pour retrouver un nouvel éclat.

Les dignitaires et la noblesse de la ville prirent place. Une délégation des fils de Pharaon occupait le premier rang, néanmoins nulle part on ne voyait le prince consort, que Semerkhet avait rencontré à la maison de Vie. En tête, venait Pentaour, arborant pour une fois une tenue royale et non une armure. Le grand et mince Paour le suivait. À ses côtés se tenait Paser, plus petit et plus rond. De par leur fonction de maire, ils se devaient de figurer parmi les premiers à accueillir Ramsès à Thèbes.

Lorsque Semerkhet aperçut enfin son frère, comme on pouvait s'y attendre, Nenry se tenait derrière Paser comme un oiseau à son service. À voir, même de loin, les habituels tics et grimaces qui animaient son visage, son frère sut qu'il était débordé par ses responsabilités.

Semerkhet appela un gamin près de lui et lui désigna Nenry parmi les courtisans. « Dis-lui que son frère l'attend sous le grand sycomore. » Il remit à l'enfant un morceau de cuivre et le regarda foncer à travers la foule. Ayant trouvé Nenry sans encombre, le garçon montra du doigt l'endroit où se tenait Semerkhet. Nenry loucha en direction de la taverne.

Semerkhet retira sa capuche et fit signe de la main, sans toutefois savoir si Nenry l'avait vu. Soudain, des cris provenant des postes d'observation au sommet du grand temple d'Amon annoncèrent que les mâts de la flotte de Pharaon étaient enfin en vue.

De loin, sur le fleuve, parvint le son affaibli des tambours, des pipeaux et des sistres qui battaient un rythme régulier pour les rameurs de Pharaon. Plus la musique se rapprochait de la foule massée sur le rivage, plus les voix s'animaient. Des soldats allumèrent de grands feux aux coins des rues et des prêtres disposèrent des boules d'encens dans de gigantesques encensoirs de sorte que des nuages piquants ne tardèrent pas à envahir les quais d'une brume basse.

Des acclamations s'élevèrent d'une centaine de milliers de gorges lorsque la flotte déboucha dans le méandre du fleuve. Les lanternes des bateaux avaient été allumées et leur lumière embrasait l'eau du Nil sur toute sa largeur. Les gréages étaient ornés de fleurs et chaque navire arborait les totems de ses dieux protecteurs.

Sur les rives, les chœurs des temples entonnèrent leurs chants de bienvenue. Bien que Semerkhet surveillât de près la porte de la taverne, s'attendant à en voir sortir les artisans, il ne put s'empêcher de se laisser prendre au spectacle.

Des cornes de bélier résonnèrent de nouveau lorsque le vénérable vaisseau de Pharaon, *Horus de l'horizon*, se détacha de la flotte. C'était le même bâtiment vert sombre sur lequel Ramsès avait si triomphalement vaincu les peuples des mers quelque vingt-cinq ans plus tôt. En dépit des marques de bataille sur ses bastingages et de son gîte à bâbord, le bateau demeurait un superbe instrument de guerre – comme Pharaon lui-même.

Les marins bondirent pour ferler la voile rectangulaire rouge de l'*Horus de l'horizon* et préparer son accostage. Tandis que le bâtiment tournait lentement, les rayons du soleil couchant firent miroiter la tête de lion en bronze qui ornait sa proue. Ses mâchoires d'airain enserraient un crâne humain – morne dépouille d'un chef ennemi ayant eu l'audace de lancer sa marine de guerre contre l'Égypte. Les grands-parents hissèrent leurs petits-enfants pour leur montrer le trou dans le crâne brisé. Semerkhet entendit des voix décrire avec enthousiasme le jour merveilleux où Ramsès avait tué le roi captif en l'assommant d'un coup de massue en granit dans le temple d'Amon.

Sur une autre exhortation du capitaine, les rameurs relevèrent les avirons. On lança les câbles de halage sur le quai, où ils furent amarrés aux bollards en pierre. Pendant la manœuvre, Ramsès III sortit de sous le dais de l'*Horus de l'horizon.* Aussitôt les vivats redoublèrent de volume, à la limite de l'hystérie. Majestueux, Pharaon ignora la clameur.

Jamais Semerkhet n'avait vu le pharaon d'aussi près, il grimpa au vieux sycomore pour mieux le distinguer encore par-dessus la tête des badauds. On voyait bien qu'il était le père de Pentaour, car il partageait le physique bien proportionné du prince. Avec le temps, Ramsès s'était amaigri, remarqua Semerkhet, et sa tête penchait sous le poids des couronnes rouge et blanche. Néanmoins, lorsqu'il descendit l'appontement, sa démarche n'eut rien d'affaibli.

Ramsès était entièrement ce qu'il paraissait : un vieux guerrier couronné de succès. La majesté qui se dégageait de lui provenait non du sang qui coulait dans ses veines, mais du rayonnement de son règne glorieux. Effectivement, Ramsès III n'avait pas été élevé comme un prince royal, il était le fils du général Sethnakht, qui avait accédé au trône par hasard ou presque, en le sauvant (comme venait de l'apprendre Semerkhet) des griffes de la reine Taousert. Les rares fois où Semerkhet l'avait entendu parler depuis la fenêtre des

Apparitions, Ramsès s'était adressé à ses sujets comme à ses soldats. « Votre attention ! » avait-il coutume de lancer en ouverture de ses âpres discours – et tout le monde l'écoutait. Certains, notamment dans le Sud, se plaignaient du manque de dignité de son règne.

Pharaon était encore plus blanc de peau que dans le souvenir de Semerkhet. Il avait les lèvres fines, les yeux clairs et le nez en bec d'oiseau. Si d'autres membres de son entourage étaient peints comme des statues, lui ne portait aucun cosmétique sur le visage. Jeune homme, il avait les cheveux roux, comme la plupart des Ramessides du Nord, et il contrastait fortement avec les Thébains à la peau cuivrée.

Semerkhet constata la présence du prince consort à ses côtés : c'était bien l'homme qu'il avait rencontré à la maison de Vie. Manifestement, le prince avait vivement embarqué à bord du navire de son père en amont afin d'apparaître en sa compagnie en ce jour particulier. Vêtu de manière ordinaire, il tenait une tablette de cire et un stylet à la main. À les voir ensemble, Semerkhet retrouvait désormais la marque indéniable du père sur les traits du fils : le nez effilé et les lèvres fines, la peau claire.

Soudain, le but de la visite de Pharaon apparut clairement à Semerkhet : comme l'avait suggéré le bibliothécaire Maadje, Ramsès avait l'intention de léguer le pouvoir à son fils dans la capitale sacrée, comme d'autres pharaons avisés l'avaient fait à la fin de leur règne, pour assurer la pérennité de l'État.

Lorsque Pharaon s'installa dans sa chaise à porteurs, la foule se tut. Puis le vizir To, plus noueux et voûté que lui, apporta au monarque le fléau et le sceptre. Les Thébains se prosternèrent à genoux dans un mouvement de vague qui partit des quais pour gagner même ceux qui étaient trop éloignés pour le voir.

À un signal donné par les cornes de bélier, les premiers à se relever furent les fils de Pharaon. Les douze princes se baissèrent pour hisser la chaise royale sur leurs épaules.

Dispensé de la manœuvre, le prince consort s'avança pour précéder Ramsès dans le grand temple. Cet honneur était refusé aux autres fils, et Semerkhet vit le sentiment d'humiliation planer dans le regard de Pentaour. Alors qu'il était le chouchou des Thébains, tous les yeux étaient désormais tournés vers le prince consort qu'on voyait si rarement.

À cet instant, Semerkhet fut frappé de constater que les épouses de Pharaon n'étaient pas là. Dans son souvenir, quand il était beaucoup plus jeune, la reine Tiyi se montrait beaucoup plus en ces occasions. Aujourd'hui, elle brillait par son absence. Semerkhet se souvint des propos que Qar lui avait tenus à Djémé : « Pharaon a horreur que les femmes se mêlent des affaires des hommes. » Il se rappela également que Maadje avait mentionné la réclusion de Tiyi en guise de protestation contre la décision de Ramsès de faire l'impasse sur ses propres aiglons.

Porté par ses fils, Pharaon remonta l'avenue des Béliers jusqu'au grand temple d'Amon sous les incantations des prêtres, pour passer la nuit dans le sanctuaire divin et communier avec son père céleste. Le lendemain, il devait traverser le fleuve pour se rendre au temple forteresse de Djémé, où il résidait lors de ses séjours à Thèbes.

Les nobles de la cour, et derrière eux les personnalités officielles de la ville, suivirent Pharaon à l'intérieur. De loin, Semerkhet vit les maires de Thèbes, le gras Paser et le mince Paour, hissés sur les épaules de leurs porteurs. Tandis que Paour affichait une digne raideur, sans jamais daigner regarder la foule, Paser minaudait et interpellait les Thébains, qui l'applaudissaient de joie. Ils criaient son nom et des bénédictions, tandis que lui portait ses doigts à ses lèvres et leur faisait des signes de la main en disparaissant derrière les portes du temple.

Même s'il n'avait pas été officiellement décrété de jour férié pour l'occasion, les Thébains se dirigèrent vers les maisons de plaisir et les auberges des bords du fleuve. Les pauvres s'asssirent sur la rive pour rire et chanter ensemble, comme si l'arrivée de Pharaon était une fête consacrée.

Semerkhet faisait les cent pas devant la taverne, impatient de retrouver son frère. Se rongeant l'ongle du pouce, il retourna à l'intérieur, où il découvrit que les artisans avaient été rejoints par deux autres hommes. Comme ils lui tournaient le dos, il ne put les identifier dans l'obscurité. Il vit seulement que l'un portait de nobles vêtements de lin tandis que l'autre était en haillons.

Entre-temps, la taverne s'était remplie de bruyants Thébains dont le tapage l'empêchait totalement d'entendre ce que les quatre compères se disaient. Une soudaine tape sur l'épaule le fit se retourner. C'était son frère, une moue de désapprobation aux lèvres.

— J'aurais dû me douter que je te trouverais là-dedans, dit Nenry à voix forte pour se faire entendre dans le brouhaha. Je croyais que tu devais attendre près de l'arbre. Pourquoi es-tu emmitouflé comme ça, Kheti ?

Semerkhet lui fit signe d'être discret et le conduisit dans un coin.

— Pas trop fort, lui murmura-t-il à l'oreille. Je suis quelqu'un.

— Qui ? demanda Nenry les yeux écarquillés.

Semerkhet le poussa près du pilier afin d'avoir une meilleure vue sur le scribe et le contremaître du village.

— Ceux qui sont dans le coin au fond. Le grand s'appelle Paneb, l'autre Neferhotep.

Nenry scruta l'obscurité.

— Non, dit-il tout net, ils ne s'appellent pas comme ça.

Semerkhet battit des paupières.

— Quand on suit quelqu'un, reprit Nenry, mieux vaut quand même connaître son nom. Le grand s'appelle Hepi et le petit aux épaules voûtées se fait appeler Panouk.

Semerkhet en resta bouche bée. Il referma le bec et ravala sa salive.

— Quoi ?

— Je les ai souvent vus chez Paser. Ce sont des ingénieurs. Il se tourna vers Semerkhet, l'air suffisant, mais la lampe à huile d'une serveuse qui passait éclaira brièvement le visage de son frère dans l'obscurité de la taverne et il changea d'expression. Kheti ? Tu es malade ? Qu'est-ce qui t'arrive ? Tu es si maigre !

Secouant la tête, Semerkhet dédaigna de répondre.

— Que sais-tu d'eux ?

— Laisse-moi réfléchir. J'ai vu le grand, Hepi, pour la première fois le jour où on a trouvé le corps de ta prêtresse. Il était dans les appartements privés du maire, tôt le matin, et il était couvert des pieds à la tête de poussière de calcaire. Je me souviens que j'en étais terriblement gêné pour lui. Tu ne crois pas qu'on devrait s'habiller correctement pour se présenter devant le maire ?

Chaque fois que Nenry évoquait ce sujet, Semerkhet avait la sensation de s'enfoncer lentement dans la vase au fond du Nil.

— Mais de quoi parlaient-ils avec Paser, Nenry ?

Nenry allait ouvrir la bouche pour répondre, mais il s'interrompit. La surprise se lut sur son visage.

— Je ne sais pas exactement. Apparemment le maire a toujours une course à me faire faire dès qu'ils… Sa voix se perdit. Il regarda attentivement son frère puis reprit, l'air suspicieux. Qu'est-ce que je devrais savoir, Kheti ?

Semerkhet se frotta le front.

— J'ignore tout de cette histoire, moi aussi. Mais je sais que leurs noms ne sont ni Hepi ni Panouk. Et qu'ils ne sont pas ingénieurs, ce sont des artisans de la place de Vérité. Il indiqua les deux autres, le noble et l'homme en haillons. Et leurs interlocuteurs, tu les connais ?

Trop de monde avait envahi la taverne entre-temps pour que Nenry pût encore distinguer leur table.

— Passe-moi ton manteau.

Nenry s'enveloppa comme l'avait fait son frère et, faisant semblant d'être pris de boisson, tituba vers le fond de la taverne comme pour aller uriner. Au passage, il jeta un coup d'œil à la table des quatre.

— Celui de gauche est un inconnu, annonça-t-il en revenant. Un vague mendiant ou un horrible criminel. Il n'a plus ni nez ni oreilles. Mais, enfin, Kheti, pourquoi me regardes-tu comme ça ?

Un coup d'œil rapide dans l'ombre confirma à Semerkhet qu'il s'agissait bien de Nez Coupé, assis avec Paneb et Neferhotep, aucun doute possible. Il chercha vivement des yeux les deux compagnons du mendiant dans la taverne. S'ils étaient là et le reconnaissaient, lui et son frère seraient en danger. Malgré l'animation et la fumée, il eut rapidement la certitude que les deux autres traîne-misère n'étaient pas avec Nez Coupé.

— Et l'autre, le noble ?

— Oui, je le connais, dit Nenry en regardant ses mains. Son visage recommençait à se contorsionner. Toi aussi, d'ailleurs.

— Pas du tout.

— Mais si, Kheti. C'est le mari de Naya, Nakht.

Il avait réussi à se frayer un chemin jusqu'à la sortie. Jouant des coudes dans les rues encore noires de monde, il ne prêtait aucune attention aux tentatives de Nenry pour l'arrêter. Bientôt, il se retrouva à l'extrémité de la jetée où le port en eau profonde était dragué. Semerkhet s'assit sur les pilotis et fixa le cours du Nil, en respirant péniblement.

Nenry finit par le rattraper.

— Kheti…

Semerkhet lança à son frère un regard haineux.

— Tu ne peux quand même pas m'en vouloir, dit Nenry en s'asseyant à côté de lui. C'est toi qui les suivais, pas moi.

La colère de Semerkhet retomba.

— Tu ne comprends pas, soupira-t-il. Je croyais que j'avais fini par l'oublier. Une fois, j'ai même réussi à ne pas du tout penser à elle de la journée. Mais en voyant Nakht… Il se tut.

Des arômes de poivre et de cannelle émanaient d'un entrepôt voisin, tandis qu'une barge récemment chargée dans le poste de mouillage d'à-côté exhalait des relents de maïs et d'amidonnier. Le mélange des deux avec l'odeur d'eau de cale contribuait à donner la nausée à Nenry. Il regarda le visage creusé de son frère. Toujours convaincu qu'il était de son devoir de remonter le moral d'autrui, il chercha le moyen de distraire Semerkhet de son chagrin.

— Alors, tu ne veux pas savoir ce que j'ai découvert au bazar ? C'est bien pour ça que tu voulais me voir, non ?

Semerkhet soupira.

— Sans doute.

— J'ai fait exactement comme tu l'avais dit. Imagine-moi, vêtu comme un marchand de Babylone. Je me suis même affublé d'un couvre-œil orné de pierreries et j'ai pris l'accent chantant de là-bas. « Des bijoux, j'ai demandé. Des bijoux royaux pour mes épouses restées chez moi, à Babylone. » Il regarda son frère, qui demeurait morose. Sa voix se fit encore plus enthousiaste. Et puis je leur ai fait des clins d'œil, tu sais, pour qu'ils comprennent. Mais ils m'ont sorti de la camelote dont même moi je pouvais voir que c'était du toc. « Non, non, non ! J'ai dit. Je ne vais pas faire l'affront à mes épouses de leur rapporter de la pacotille pour prostituées ! » À force d'insister, ils m'ont dit de revenir le lendemain. Alors j'y suis retourné, même si ma femme était totalement contre…

Cette dernière remarque piqua enfin l'intérêt de Semerkhet.

— Pourquoi ? demanda-t-il un peu durement. Ce n'est pas ses affaires de savoir où tu vas !

— En fait, elle croit que tout ce qui te touche de près ou

de loin risque de nous attirer des ennuis. Je ne la blâme pas, d'ailleurs, parce qu'en général, c'est vrai.

Semerkhet grogna, incapable d'argumenter et détourna de nouveau le regard vers le fleuve.

Son frère reprit son histoire.

— Alors le lendemain, je suis retourné aux mêmes étals. Et tu sais quoi ? Les marchands m'ont dit de partir, qu'ils n'avaient pas ce que je cherchais. Un accueil très différent de la veille, j'ai trouvé. À ton avis, qu'est-ce qui les a fait changer de refrain ?

Semerkhet continuait de fixer le fleuve.

— On leur a fait savoir qu'on était au courant des pillages de tombe, lâcha-t-il tristement.

Les lèvres de Nenry se mirent à bouger convulsivement et son visage s'agita sous une vague de tics et de spasmes.

— Des pillages de tombes ! Il criait presque.

Semerkhet se pencha en avant pour lui plaquer la main sur la bouche.

— Calme-toi. Tu veux que tout le monde nous entende ?

Nenry se libéra.

— Il va falloir tout me dire, Kheti ! Si j'avais su tout ça à propos des bijoux, je ne me serais jamais laissé entraîné. Tu le sais. Des pillages de tombes !

Ainsi Semerkhet raconta-t-il à Nenry tout ce qu'il avait découvert depuis le début de l'enquête : l'existence du campement abandonné au cœur de la Grande Place et la boucle d'oreille ancienne enfouie dans le sable, ses soupçons concernant les artisans et leur curieuse indifférence en réaction à la mort de la prêtresse, la peur de manger au village une nourriture droguée, voire pire. Il lui parla d'Hénouti, de ses allusions à d'obscurs agissements dans le village. Semerkhet décrivit l'inimitié entre Paneb et Neferhotep, qui travaillaient néanmoins ensemble, et la manière dont ils s'éclipsaient régulièrement pour aller à Thèbes Est alors que cela leur était interdit. Il évoqua le jour où il avait confronté les mendiants au temple du village, or voilà que Nez Coupé s'était présenté ce soir à *La Défense d'Éléphant*... dans quel but, il l'ignorait. Il raconta également à son frère – dont la bouche pendait légèrement maintenant – que les Medjaïs avaient découvert la perruque ensanglantée d'Hétèphérès dans le sable de la Grande Place, qu'il soupçonnait les artisans de s'être alliés le prince Pentaour pour qu'il lui mette des bâtons dans les roues et, éventuellement, bloque l'enquête. Il expliqua qu'il avait trouvé le foie d'une reine criminelle chez Paneb et appris l'existence d'un mystérieux marchand nommé Amenmose qui le lui aurait vendu. Ensuite, il mentionna le fantôme d'Hétèphérès qui hantait la place de Vérité.

— Je descends une rue pleine de portes, Nenry, conclut Semerkhet, la tête dans les mains. Je fouille chaque maison, j'ouvre toutes les portes et quand je crois que je sais tout ce qu'il y a à savoir, j'arrive à cette dernière porte et, quand je l'ouvre grand, je me retrouve dans une nouvelle rue, remplie de nouvelles portes. Plus j'en sais, moins j'en sais. Et voilà que, ce soir, il s'en est ouvert deux nouvelles : celle du maire Paser et celle de Naya. Il soupira, l'air abattu. Les dieux se jouent de moi, Nenry. C'est un complot.

Nenry éprouva une soudaine peur pour son poste.

— Comment Paser peut-il avoir quoi que ce soit à voir avec ça ? Pourquoi ?

Semerkhet se leva et se dirigea vers le boulevard principal.

— Je ne sais pas, dit-il fatigué.

Avec son frère, c'était toujours la même question : comment la situation risquait-elle d'affecter sa carrière et son statut social ?

— Où vas-tu, Kheti ? demanda Nenry lorsqu'ils eurent atteint le boulevard.

— Quelque part où tu ne dois pas me suivre. Rentre chez toi, Nenry.

Semerkhet était sur le point de franchir une autre porte

ce soir-là, une porte qu'il avait ouverte des semaines avant le jour où il était tombé sur Nez Coupé et ses amis derrière le temple du village. Il devait la franchir maintenant, aussi effrayante que la démarche pût lui paraître.

Seul, Semerkhet emprunta l'itinéraire menant au quartier des étrangers à Thèbes. S'y regroupaient les marchands, les mercenaires et les émigrés de pays lointains qui avaient élu domicile en Égypte. Beaucoup étaient des exilés, bannis en Égypte pour des crimes commis ailleurs. D'autres, de simples touristes qui n'avaient pas envie de quitter le pays.

En surplomb des rues qu'empruntait Semerkhet couraient une multitude de galeries et de balustrades si proches les unes des autres qu'elles semblaient se toucher. Blanchis par l'âge, les balcons jadis peints de couleurs vives avaient désormais piètre apparence. Lorsqu'un bâtiment s'effondrait, les décombres laissés sur place finissaient par disparaître sous des monceaux de détritus pourrissant à l'air libre.

À l'aspect sordide des lieux s'ajoutait la présence des vagabonds, des estropiés et des gueux qui composaient le royaume des mendiants. Des misérables de tout acabit rasaient les murs en lui lançant des regards appuyés. Comme il l'avait fait avec Nez Coupé et ses complices, il leur adressait le signe secret de leur royaume. Cette fois, il obtenait l'effet désiré : les mendiants reculaient dans l'ombre des alcôves et ravalaient leurs menaces.

Bientôt, il arriva devant les portes délabrées d'un temple abandonné. Cet endroit immonde, que les bons Thébains évitaient, avait été érigé par les Hyksos des siècles auparavant. Rares étaient ceux qui savaient qu'il abritait la résidence d'un roi.

Semerkhet attendit près des pylônes. Il aurait de loin préféré fuir les lieux, mais c'était impossible. Affermissant sa détermination, il cogna contre la porte en criant : « Ouvrez ! Je dois voir le roi ! »

La porte noire s'ouvrit lentement. Un homme à la stature d'un dieu se dressait dans l'obscurité. Semerkhet fit le signe secret et le géant lui retourna son geste. L'homme le fixait d'un air menaçant sous des sourcils peints à l'égyptienne, néanmoins il était barbu comme un étranger. Deux poignards recourbés étaient croisés sur sa poitrine. Il fit signe à Semerkhet de le suivre.

Dans la cour du temple régnait un étrange silence. Bien qu'envasé depuis des années, le lac sacré était encore relié à un viaduc souterrain depuis longtemps oublié menant vers le Nil. La cour formait désormais une oasis de palmiers et de roseaux. Derrière le géant, Semerkhet traversa la forêt miniature, dans laquelle on entendait glisser serpents et scorpions sous la végétation en décomposition.

Au cœur du temple proprement dit, la seule lumière était fournie par de minuscules lampes à huile nichées dans les murs. Semerkhet prit conscience de la présence de centaines de mendiants, qui attendaient le point du jour dans les différentes salles. Ils semblaient disparaître dans le sol sur son passage, proférant à l'occasion un juron lorsqu'il marchait par inadvertance sur un pied. Il rabattit son manteau sur son nez car il y sentait plus mauvais que dans des latrines.

Le géant poussa un paravent qui découvrit une nouvelle enfilade de couloirs. Ces piteuses galeries décrépites évoquaient à Semerkhet les histoires sur les Keftious, dont le dieu, gardé prisonnier au cœur d'un grand labyrinthe, était une créature mi-taureau mi-homme que l'on nourrissait de chair humaine.

Au moment justement où il pensait à cela, il entendit retentir au loin des sortes de mugissements semblant provenir d'un monstre dément. Au fur et à mesure de leur progression dans les sombres couloirs, les beuglements se firent plus forts et Semerkhet finit par se rendre compte que ces hurlements n'émanaient pas d'un animal, mais d'un homme.

Le géant le fit entrer dans une petite antichambre jouxtant

la pièce d'où venaient les cris. « Attends ici », dit-il. Semerkhet s'assit sur une chaise rudimentaire et sentit ses fesses passer à travers le siège à moitié défoncé. Les hurlements cessèrent brusquement. Puis des sons familiers lui parvinrent : le bruit caractéristique d'un engin monté sur roues, suivi du bêlement plaintif d'un bélier. Incapable de rester assis tranquille, Semerkhet s'avança silencieusement vers la porte et jeta un coup d'œil à l'intérieur.

Trois hommes, la tête rasée et seulement vêtus d'un pagne, maintenaient un homme attaché sur une table. Un quatrième, leur chef, patientait à côté. Malgré son bâillon, l'homme se débattait en criant. C'est lui que Semerkhet avait entendu. Le quatrième homme s'approcha alors et posa son genou sur la poitrine de la victime tandis que les autres lui tenaient la tête.

Le chef allongea un long bras maigre vers une table garnie d'instruments en bronze. S'emparant d'une petite cuillère, il la retourna entre ses doigts fuselés pour la regarder à la lumière enfumée du brasero.

D'une main habile, il plongea l'instrument dans l'orbite gauche de la victime et le fit délicatement tourner pour en ressortir l'œil. Le morceau de chair humide et translucide atterrit dans un petit bassin. Le sang se mit à gicler en geyser de la tête du malheureux et en aspergea ses bourreaux, qui poursuivirent sans prêter la moindre attention à ces chauds éclaboussements ni aux hurlements de leur victime. Un autre mouvement rapide comme l'éclair et le second œil fut lui aussi énucléé d'un coup de cuillère.

C'était dans cette salle, Semerkhet le comprit enfin, qu'officiaient le faiseur d'infirmes et ses trois assistants. Semerkhet eut un haut-le-cœur, pourtant la fascination l'empêcha de vomir car, à la cour des miracles, le faiseur d'infirmes était aussi légendaire que le roi des mendiants lui-même. Prêtre apostat formé à la médecine, il était particulièrement habile non pas à guérir, mais à estropier ses patients à coup de crochets et de couteaux. Toutes les modifications douloureuses, toutes les déformations du corps les plus horribles devaient être tentées pour faire un mendiant plus rentable.

Le faiseur d'infirmes tendit la main vers un brasero et saisit un charbon ardent entre le pouce et l'index. Rapidement, il le plongea dans l'une des deux orbites ruisselantes de sang, puis répéta l'opération sur l'autre plaie. Il y eut un gargouillis, un chuintement puis une odeur de chair brûlée et le saignement s'arrêta – de même que les cris de l'homme. Une dernière convulsion et il s'évanouit.

Tout en lui bandant les yeux, le faiseur d'infirmes se mit à parler d'une surprenante voix douce et aiguë.

— Donnez-lui un peu d'opium ce soir et poursuivez pendant trois jours. Qu'il n'avale rien d'autre que du bouillon. Si la fièvre l'épargne, il vivra.

Puis il s'épongea soigneusement le sang dont il était aspergé.

Une voix posée s'éleva dans l'obscurité, mais Semerkhet ne put voir qui s'adressait ainsi à l'apostat.

— Ensuite, s'il vit, expédie-le au roi des mendiants du Nord. Qu'il sache que le pire attend à Thèbes les espions qu'il envoie dans mon royaume.

— Bien, majesté, répondit le faiseur d'infirmes, la voix sirupeuse de plaisir.

Cet homme avait l'amour de son travail !

— Youssef ! appela l'autre voix plus fort.

Le géant, qui avait conduit Semerkhet, passa la tête par la porte.

— Majesté ?

— Voyons maintenant l'affaire suivante.

Toujours sous la fascination de la scène à laquelle il venait d'assister, Semerkhet ne se rendit pas compte que Youssef était revenu dans l'antichambre et qu'il se tenait maintenant derrière lui, un sourire mauvais aux lèvres.

— Attention, fit remarquer le géant. Le malheureux là-dedans en avait trop vu. Il secoua la tête d'un air de fausse tristesse. Plus maintenant, en tout cas. Puis il rit cordialement, comme s'ils étaient amis.

Semerkhet lui emboîta le pas dans l'autre pièce. L'odeur métallique du sang fraîchement versé flottait encore dans l'air et il semblait faire excessivement chaud dans la salle. Un mouvement brusque dans l'obscurité attira son attention. C'était un bélier, dérobé au troupeau sacré d'Amon à Karnak. Sa fourrure blanche peignée tombait jusqu'au sol en doux écheveaux de laine ondulée et ses cornes recourbées étaient dorées à l'or pur. L'animal tirait un chariot miniature en marqueterie de bois de citronnier d'où s'éleva une voix grave.

— C'est donc Semerkhet qui me fait l'honneur d'une visite ?

— C'est bien moi, Majesté.

— Mais je te croyais à Babylone ou à Troie ou je ne sais quel trou perdu ?

— Que sa Majesté me pardonne, mais elle connaît toujours très exactement mes allées et venues… car elle sait tout ce qui se passe à Thèbes.

Un rire ténébreux retentit dans la pièce, et Semerkhet baissa les yeux vers le chariot où il croisa le regard impitoyable du roi des mendiants, qui brillait dans le noir. Au cou de l'homme pendaient de lourdes chaînes d'or et d'argent, et il était coiffé d'une couronne en or abîmée. Malgré ses attributs royaux, il n'était rien de plus qu'un torse sans jambes agrémenté de deux bras musclés. Il y avait bien longtemps que ses membres inférieurs lui avaient été enlevés par un autre faiseur d'infirmes, avant qu'il devienne roi. Le bélier et le chariot lui faisaient désormais office de jambes et de pieds.

— Alors, tu enquêtes sur un nouveau crime ?

— Oui, Majesté.

— Cela concernerait-il une prêtresse assassinée ?

Semerkhet camoufla sa surprise et prit une voix posée.

— Que peux-tu me dire à ce sujet ?

Le roi des mendiants fit battre les rênes sur les flancs du bélier et fit rouler le chariot à travers la pièce.

— Nous n'avons rien à voir avec ça, si c'est ce que tu veux dire. J'ai suffisamment de problèmes sans m'occuper d'assassiner les vieilles dames. Ah, Semerkhet, cela fait bien des années que nous n'avons pas bavardé ensemble. Les temps sont durs dans le Sud. Notre empire s'est flétri au fil des années. Aujourd'hui, seul le Nord possède encore des richesses.

— Thèbes me semble pourtant bien prospère.

— Pas pour un mendiant. Quand les grandes familles du Sud ont du mal à joindre les deux bouts, l'aumône se fait plus rare, les largesses moins généreuses.

Il poursuivit en se plaignant amèrement de son homologue de la capitale du Nord, un monarque encore plus riche et plus puissant, qui avait manifestement réussi à faire main basse sur l'abondante arrivée de devises et de marchandises venues de l'autre côté de la grande Mer.

— Il connaît nos points faibles, car il envoie des espions et des agents ici. On en a arrêté un à Thèbes pas plus tard qu'hier, cet homme sur la table, là. Le roi des mendiants jeta un regard presque attendri sur le tas de viande qui respirait à peine. Mais il a été puni et il ne pourra plus jamais nous espionner. Et dans notre grande miséricorde, nous allons le renvoyer dans le Nord en guise d'avertissement. S'il survit.

Le roi des mendiants arrêta son chariot aux pieds de Semerkhet.

— Mais ce sont nos problèmes à nous. Pourquoi es-tu venu aujourd'hui, après si longtemps ? Qu'attends-tu de nous ?

Semerkhet lui parla des va-nu-pieds venus à la place de Vérité et du fait qu'ils ne connaissaient pas le signe secret. À en croire ce que venait de lui raconter le roi, ce devait être des mendiants du Nord, manifestement en cheville avec les artisans. Semerkhet dit craindre que cela n'eût à voir avec le pillage de tombes.

— Des vols dans la Grande Place ?

Même le roi des mendiants en fut choqué – ou peut-être jaloux, Semerkhet ne sut le dire.

L'homme fraîchement rendu aveugle émit alors de petits bruits comme s'il se réveillait. Le roi des mendiants approcha son chariot pour l'examiner.

— Viens voir, Semerkhet.

Semerkhet le rejoignit et se pencha sur le pauvre hère. Atterré, il le reconnut.

— C'est l'un de ceux qui m'ont attaqué au temple du village !

— Dans ce cas, tu n'as qu'à l'interroger, lança le roi des mendiants, l'œil brillant. Demande-lui pourquoi il vient polluer mon royaume.

— Je suis l'agent du vizir, celui que tu as essayé de tuer au village des artisans, murmura Semerkhet à l'oreille du mendiant. Tu te souviens de moi ?

L'homme bougea la tête dans la direction de la voix de Semerkhet. Du sang et des larmes s'écoulaient de ses bandages. Avec effort, il acquiesça de la tête.

— Ta vie est entre mes mains, reprit Semerkhet. Si tu me dis la vérité, je te la laisserai sauve. Appartiens-tu au roi des mendiants du Nord ?

L'homme hocha la tête.

— Quels sont ses liens avec les artisans de la Grande Place ? Pourquoi es-tu venu ici ?

L'homme tenta de remuer ses lèvres craquelées. En regardant autour de lui, Semerkhet aperçut un bol rempli d'eau. Les instruments du faiseur d'infirmes trempaient toujours dedans. Bien que l'eau fût rose de sang et de pus, il retira une éponge et pressa quelques gouttes de liquide sur les lèvres du mendiant. Tandis que l'homme s'efforçait de parler, Semerkhet approcha l'oreille de sa bouche.

Le malheureux parvint à peine à prononcer :

— Le bateau… a chaviré.

Semerkhet et le roi des mendiants se regardèrent d'un air stupéfait. L'homme délirait, décida Semerkhet.

— Quel bateau ? De quoi tu parles ?

Le mendiant frissonna. À l'agonie, il suffoquait tel un poisson pris à l'hameçon. De nouveau, Semerkhet lui pressa quelques gouttes d'eau sur les lèvres, mais elles tombèrent à côté et atterrirent sur la table. Avec un faible grognement, l'homme eut un tremblement et rendit son dernier soupir.

— Nom d'un chien ! rugit le roi des mendiants.

Semerkhet soupira et se redressa dans l'ombre.

— Il y a d'autres de ses compagnons ici à Thèbes. J'ai vu celui qui a le nez coupé ce soir à *La Défense d'Éléphant…*

Aussitôt le roi des mendiants mena son chariot à la porte et cria à Youssef de partir avec des hommes le capturer à la taverne. Une fois le géant parti, Semerkhet s'approcha du roi des mendiants.

— Me considères-tu comme un ami ?

— Je compte des alliés, répondit le roi avec un regard méfiant, pas des amis.

— Dans ce cas, un petit conseil entre alliés : ne cède pas à la tentation si quelque trésor se présente sur ton chemin. Les Medjaïs ont déjà des soupçons. Lorsqu'ils mettront la main sur les voleurs et les bijoux dérobés, tous ceux qui les auront touchés seront punis de mort. Je peux te l'assurer, même les rois pourraient tomber.

***

Le message disait :

Il est vital que je te voie. Je suis à l'étable près du puits. Viens seule. Je ne suis pas ivre. Je t'en prie. Semerkhet.

Le lendemain, faisant appel à toute sa volonté, Semerkhet franchit la seconde porte qui s'était ouverte la nuit précédente.

Debout sur la petite place sur laquelle donnaient les portes du domaine voisin, il attendit qu'une servante sortît de la maison, un panier de linge sur la hanche. La fille aurait été plutôt jolie sans son bec-de-lièvre. Habituée qu'elle était à ne susciter que de la répulsion chez les inconnus, elle battit des paupières lorsqu'il s'approcha d'elle. De sa main libre, elle se masqua la bouche. Devant son regard apeuré, Semerkhet fit un geste pour lui signifier qu'elle n'avait aucune raison d'avoir peur de lui et lui tendit un morceau de papyrus replié. « Peux-tu remettre ça à ta maîtresse ? Et veille à ce que personne ne te voie... » Il sortit un morceau de cuivre de sa ceinture et le lui tendit.

À la vue du métal brillant, les yeux de la fille devinrent nettement plus amicaux. Elle hocha la tête et prit le message avant de disparaître dans la maison. L'air de rien, Semerkhet se dirigea en flânant vers les étables voisines où les familles des environs plaçaient leur bétail en pension : des vaches pour le lait, des ânes pour le bât et le trait et, éventuellement, un cheval. Il fit un signe de tête aux domestiques qui travaillaient là, mais sans rien dire, puis il s'appuya contre un poteau d'attache.

Semerkhet se força à calmer les battements de son cœur et à se raisonner. *Tu ne dois pas t'effondrer. Aujourd'hui, tu garderas ton sang froid. Tu ne...*

— Semerkhet... ?

Sa voix grave le fit sursauter et il se retourna vivement dans sa direction. Sans tenir compte des ordres donnés, son cœur se mit à battre à tout rompre.

— Naya.

Sa voix n'était qu'un murmure.

Elle se tenait dans l'embrasure de la porte, mince et encore plus belle que dans son souvenir, et ce parfum citronné qu'il connaissait si bien lui enchantait déjà les narines.

Elle semblait ne pas avoir changé même si elle était plus richement vêtue que lorsqu'elle était sa femme. Des disques d'or pendaient à ses oreilles et elle portait sur la tête un foulard de laine splendide, qui retombait en longs drapés jusqu'au sol.

C'est alors qu'il se rendit compte qu'elle portait quelque chose dans les bras. D'abord, il ne comprit pas ce que c'était, puis il perçut de petits gémissements. Son regard s'immobilisa et se durcit.

— Je sais que tu demandais dans ton message que je vienne seule, dit vivement Naya en voyant son expression, mais je ne pouvais pas le laisser. Il n'a qu'une semaine et je n'ose pas le confier aux domestiques…

Lorsqu'il lui avait fait passer le message, Semerkhet n'avait pas imaginé une seconde une telle scène. À vrai dire, il avait si soigneusement évité d'imaginer quoi que ce fût que son esprit s'était fermé à tous les scénarios possibles. Il resta planté-là, le souffle coupé.

— Semerkhet ? Elle fit un pas en avant. Semerkhet, dis quelque chose !

Il ravala sa salive.

— Je ne savais pas… Je veux dire, personne ne m'a dit… Se forçant à retrouver la sensation de ses membres engourdis, et, après une longue inspiration, il finit par se ressaisir et à délier sa langue. Eh bien, félicitations Naya.

À sa grande surprise, il parla d'une voix calme et posée.

Avec un sourire de soulagement, Naya s'avança près de lui. Puis elle s'empressa de lui montrer l'enfant en le démaillotant légèrement, afin qu'il pût voir son visage.

— Il est beau, non ?

Le nouveau-né l'était, en effet, car il avait le même teint brun clair que sa mère. Il regarda Semerkhet en clignant de ses grands yeux sombres. De beaux cheveux noirs lui encadraient son petit visage et son front haut présageait d'une grande intelligence. Avant de s'en rendre compte, Semerkhet leva un doigt pour toucher la main de l'enfant, d'une douceur parfaite.

Le bébé le fixa gravement et serra le doigt avec une force, qui surprit Semerkhet. Bien qu'il gardât un air impassible, ce dernier pensa qu'il allait s'enfoncer dans le sol et y mourir dans la seconde.

Mais d'une voix toujours aussi étonnamment claire, il demanda plutôt :

— Comment s'appelle-t-il ?

— Il s'est toujours dit, dans la famille de Nakht, que leur lignée remonte au pharaon Houni. C'est donc son nom, du moins pour l'instant.

— Houni.

Semerkhet retira son doigt et l'enfant ferma les yeux, puis tourna la tête en émettant des bruits de succion. Semerkhet leva alors les yeux vers son ex-épouse et reprit :

— Inutile de te demander comment tu vas, Naya. Tu es resplendissante.

Elle sourit, ravie. Puis elle fronça les sourcils d'inquiétude.

— Oh mais Kheti… ! Toi, tu n'as pas l'air bien du tout. Tu es souffrant !

Que répondre à cela ? Il n'allait pas lui raconter que sa nourriture était peut-être empoisonnée ou droguée ni qu'il avait peur de dormir la nuit parce que la mort rôdait dans ses rêves.

— Je vais bien. Je t'assure, se contenta-t-il de dire.

— Que fais-tu ici, Kheti ? Ton message disait que c'était vital.

Il regarda autour de lui dans l'étable tout en cherchant comment formuler ce qu'il avait à lui dire.

— C'est une longue histoire. J'enquête sur un crime, un meurtre…

De joie, elle porta sa main à sa bouche.

— Tu es rentré dans les bonnes grâces, alors ? Kheti, quelle bonne nouvelle !

— Naya….

— C'est exactement ce qu'il te fallait pour avancer de nouveau dans la vie.

— Naya…

— Tu ne sais pas à quel point je me suis inquiétée pour toi…

— Naya, ça suffit !

Sa voix s'était faite plus sévère qu'il ne l'aurait voulu. Aussitôt elle se tut, les yeux écarquillés.

— Je suis là parce que je soupçonne ton mari d'être impliqué dans l'affaire.

Elle continua de le fixer, en silence, avec la même expression terrifiée, tout en serrant son enfant plus près contre sa poitrine.

Il se hâta de poursuivre.

— Naya, je l'ai vu. Hier soir. Nakht les a rencontrés, les individus que je suivais. Naya, ce ne sont pas des gens fréquentables. Il y en a un, un mendiant sans nez qui a même tenté de me tuer. Il est dangereux, Naya. Il y a aussi un contremaître du tombeau de Pharaon et le scribe. Une prêtresse a été assassinée, on pense que des pilleurs de tombes sont à l'œuvre dans la Grande Place et maintenant Paser…

Il s'interrompit. Tout sortait de travers, ses propos étaient totalement incohérents. Naya le regardait toujours les yeux écarquillés. *Elle pense que je suis fou*, se dit-il.

— Naya…, tenta-t-il faiblement.

— Que nous veux-tu, Semerkhet ?

C'était le ton le plus froid dont elle eut jamais usé à son encontre. Il battit des paupières.

— Il faut que je sache ce qui se passe.

— Et donc tu surgis de nulle part ici aujourd'hui, dit-elle en secouant lentement la tête, en espérant de moi des renseignements sur mon propre mari.

Elle s'assit sur une balle de paille comme si les forces lui manquaient. Je pensais… Elle soupira sans poursuivre.

Il s'installa à ses côtés pour tenter de lui expliquer.

— Naya, si Nakht est impliqué, les conséquences seront terribles pour tout le monde. Tu connais la loi égyptienne. Ta famille entière sera punie. Tout le monde paiera, toi, tes domestiques. Même cet enfant dans tes bras.

Elle ouvrit la bouche d'étonnement et une lueur de peur mêlée d'indignation illumina ses yeux sombres.

— Et tu crois peut-être que c'est comme ça que tu me feras parler. En menaçant mon bébé ? Non, Semerkhet, certainement pas !

Et elle quitta l'étable en courant. Semerkhet la rattrapa près du puits et la saisit par le bras. C'était la première fois qu'il la touchait depuis des mois, le choc les électrisa tous les deux. Elle s'arrêta, le souffle court, mais ne se retourna pas vers lui.

Semerkhet s'exprima d'une voix grave.

— Je ne suis pas venu menacer ton enfant, ma douce, je tuerais celui qui ferait ça. Je suis venu pour vous aider, aider ton mari, s'il accepte.

Elle se tut un instant, refusant toujours de le regarder. Puis elle parla d'une voix fluette.

— Que dois-je faire, Semerkhet ?

— Va le trouver. Dis-lui que même s'il est impliqué, quoi qu'il ait fait, on peut encore redresser la situation. Le meilleur moyen serait qu'il me dise ce qu'il sait.

L'enfant commença à gémir, ce qui sembla remettre Naya en mouvement.

— Je dois nourrir l'enfant, Semerkhet.

Et elle se hâta vers la porte pour l'ouvrir.

— Tu parleras à ton mari…. ? lui lança-t-il.

Mais elle avait déjà franchi la porte de chez elle.

La lune se réduisait à un très fin croissant ce soir-là. Il dut se contenter de la seule silhouette noire de la porte des Cieux se découpant sur la voûte étoilée pour se guider de l'esplanade du temple au village des artisans. Curieusement, il fut soulagé de voir apparaître les flambeaux éclairant le haut des remparts du village. Sa vie était-elle devenue si solitaire qu'il se réjouissait tant de la compagnie de gens qui le détestaient ?

Il pénétra dans la sombre enceinte du village par la porte Sud. Bien qu'il fût encore tôt pour les artisans, le village semblait désert. Toutes les portes étaient solidement verrouillées contre la nuit et ses éventuels rôdeurs.

Semerkhet avança lentement vers la maison de la prêtresse dans le sombre couloir formé par la rue principale, en effleurant des doigts les murs de part et d'autre. Il tâtait le sol du pied, évitant soigneusement les jarres et les balais posés devant les entrées.

Progressivement, il prit conscience d'un bruit. Chaque fois qu'il avançait, il entendait au loin l'écho d'un autre pas derrière lui, comme si quelqu'un essayait de calquer son rythme. Il se retourna pour scruter l'obscurité, mais il ne vit que les lointains flambeaux de la porte Sud.

— Oui ? lança-t-il dans le noir. Qui est là ?

Personne ne lui répondit, pourtant lorsqu'il se remit en marche, le faible écho lui parvint de nouveau. Soudain, lui vint à l'esprit l'image de la lionne féroce et il eut la vision fugace, à côté d'elle, de la macabre silhouette d'Hétèphérès maculée de sang. Il se mit alors à courir, sans plus se soucier des pots ni des balais prêts à le faire trébucher.

Hors d'haleine et tremblant, Semerkhet arriva enfin à la porte d'Hétèphérès. Il entra rapidement et remit aussitôt le loquet en place puis il patienta, l'oreille collée contre la porte. N'entendant plus rien, il se força à reprendre haleine et la peur céda peu à peu.

Dans l'obscurité, une petite voix s'adressa alors à lui.

— Tu crois vraiment qu'elle est parmi nous ?

Semerkhet se retourna en étouffant un hoquet de surprise. Hénouti était assise sur le carrelage de la pièce de devant, un châle jeté sur ses épaules contre la fraîcheur du soir. Soukis était blotti sur ses genoux. Sociable, l'animal s'avança d'un pas tranquille vers Semerkhet puis se frotta contre ses jambes.

Calmant les battements de son cœur, il se baissa pour caresser le chat tout en regardant Hénouti. Elle paraissait petite et effrayée – rien à avoir avec son air de catin habituel. Le visage dépourvu de maquillage, elle arborait une robe ordinaire.

Il s'avança.

— Je sais à quel point le remords peut ronger quand on se sent coupable, on voit des fantômes et des démons partout.

La tête entre les mains, Hénouti frissonna. Elle avait oublié de s'asperger de santal comme elle en avait coutume, et Semerkhet fut brusquement frappé : elle était infiniment plus séduisante sans tous ses artifices.

Il approcha un doigt de son visage et lui caressa la joue. À sa grande surprise, il constata qu'elle était baignée de larmes.

— N'as-tu pas peur qu'Hétèphérès puisse être tapie ici dans le noir ? demanda-t-il gentiment.

Elle ne répondit pas à sa question mais continua de respirer par à-coups.

— Je suis venue te dire que je pars demain. J'ai mes bijoux. Elle désigna un coffret en albâtre par terre. Dès le point du jour, je passe sur la rive Est. Je voulais te demander de m'aider à trouver une maison là-bas, quelque part où ils ne me retrouveront pas. Ils m'obligeront à revenir s'ils savent où je suis.

— Hénouti…

— Si tu ne m'aides pas, je ne sais pas ce que je ferai, je n'ai personne d'autre à qui demander.

Les mots lui échappèrent avant qu'il n'y eût réfléchi.

— Bien sûr que je vais t'aider.

Hénouti le regarda d'un air ahuri.

— C'est vrai ?

Semerkhet acquiesça d'un signe de tête. C'était bien la

seule personne dont il se sentait un peu proche. Et puis, après tout, pourquoi ne pas permettre à quelqu'un d'obtenir ce qu'il voulait réellement dans la vie.

Semerkhet vit ses yeux s'enflammer. Elle entrouvrit les lèvres et se serra tout contre lui, au point qu'il sentit la chaleur de son corps. Lorsqu'elle pencha la tête, leurs lèvres se joignirent et leurs souffles se mêlèrent. Il poussa un gémissement et tenta vainement de se dégager.

Soudain, les mêmes bruits de pas qui l'avaient suivi dehors s'arrêtèrent devant la porte. Relevant la tête aussitôt, il fouilla l'obscurité des yeux. Soukis, le dos brusquement hérissé, avait aplati ses oreilles sur sa tête. Un doigt sur les lèvres pour intimer le silence à Hénouti, il gagna la porte sur la pointe des pieds, et écouta. La peur l'avait définitivement quitté car ces pas étaient distinctement humains, il ouvrit donc la porte.

Bien sûr, il aurait dû s'en douter.

— Que fais-tu ici, Khépoura ? demanda-t-il à voix haute.

La représentante des femmes resta quelques instants bouche bée.

— J'ai entendu des bruits chez Hétèphérès ce soir, expliqua-t-elle enfin, un peu sur la défensive. Il fallait que je vienne voir par moi-même si c'était elle qui était là.

Semerkhet savait qu'il était censé croire que Khépoura pourchassait le fantôme d'Hétèphérès. Néanmoins, il était plus que probable, compte tenu de son flair pour ce genre de choses, qu'elle savait que Hénouti se cachait derrière la porte.

— Ce n'est pas elle.

Semerkhet demeura aussi vague que son interlocutrice, ses yeux noirs masqués par l'obscurité.

— J'ai cru entendre des voix, s'excusa Khépoura d'un air innocent. Tu es seul ?

Elle se pencha pour essayer de jeter un œil derrière lui. Semerkhet s'interposa. Au fond, il entendit Hénouti battre discrètement en retraite vers la cuisine. Khépoura l'entendit également.

— Oui, tout seul.

— Ah… ?

— Le chat est là avec moi.

— Oh. Elle lui lança un sourire égrillard. Bonne nuit, Semerkhet, ajouta-t-elle l'air de sous-entendre qu'elle n'ignorait pas la débauche à laquelle on s'adonnait derrière la porte.

De dégoût, il recula et Khépoura put alors apercevoir le coffret d'albâtre apporté par Hénouti. Posé sur le dallage, il brillait à la lueur des étoiles. Elle le reconnut sans aucun doute, et le même sourire entendu s'élargit sur ses lèvres, comme si tous ses soupçons se confirmaient. Avec un petit gloussement, elle tourna les talons et repartit dans la ruelle. Pour une femme de sa corpulence, elle se mouvait avec une certaine grâce, pensa Semerkhet, aussi lourde fût-elle.

De nouveau, il verrouilla la porte et rejoignit Hénouti. Soukis, constata-t-il, s'était détendu, néanmoins il demeurait aux aguets.

— Elle sait que tu es là, annonça-t-il à Hénouti.

— Et alors ? Demain, je serai libre !

— Elle a vu ta malle aux trésors par terre.

La panique se lut quelques instants sur son visage et elle se précipita dans le salon pour prendre son coffret dans ses bras, le berçant comme l'avait fait Naya avec son enfant. Puis son visage devint tout rouge.

— Cette charogne, je la hais ! C'est en partie à cause d'elle que je veux partir d'ici. Toujours à m'épier, à colporter des mensonges.

— Il faut cacher ce coffre. Tu peux me le laisser ici, si tu veux.

L'éclair de méfiance, qui brilla involontairement dans ses yeux, ne lui échappa pas. Et elle s'agrippa encore plus à son coffret.

— N-non. Il y a un endroit chez moi, derrière une brique descellée, où je peux le laisser. Il n'y a que moi qui le sache.

Puis elle retrouva son babil habituel et se mit à évoquer le type de maison qu'elle souhaiterait les voir habiter à Thèbes.

— … et quand tu rentreras le soir, tu t'allongeras sur le lit et je te masserai les pieds, et nos voisins se tiendront raisonnablement à distance.

— Hénouti, commença-t-il étonné, sentant sa langue lui faire de nouveau faux bond, quand j'ai dit que je t'aiderai, je ne voulais pas dire… ce que je veux dire, c'est que… je porte malheur aux femmes. Tu prendrais un risque terrible et tu finirais par me maudire.

Hénouti afficha un sourire confiant et lui mit le coffret en albâtre sous le nez, comme si la simple vue des trésors qu'il renfermait suffirait à faire taire ses éventuelles protestations. Lorsqu'elle en souleva le couvercle, Semerkhet perdit sa langue pour de bon.

Là, sous ses yeux, se trouvaient les parures royales après lesquelles lui et Qar couraient depuis un certain temps, celles que Nenry avait vainement cherchées au bazar . Un amas d'anneaux, de boucles, de bracelets et d'amulettes dont les couleurs éclatantes brillaient même dans le noir. Semerkhet aurait reconnu leur caractère royal à leur seule façon. En outre, il y avait les glyphes formés d'incrustations d'or, d'argent, d'ivoire et d'électrum. Chacun révélait le nom du pharaon, de la reine ou du prince du lointain passé de l'Égypte auquel l'objet appartenait – des noms aussi légendaires que ceux des dieux.

Émerveillé, Semerkhet prit un scarabée en pierres précieuses et le retourna pour lire son inscription à la lueur des étoiles. Le nom de Hatshepsout apparut sur le ventre doré de l'amulette. Vivement, il sortit d'autres pièces. Les cartouches de Thoutmosis, d'Amenhotep, de Néfertari se succédèrent sous ses yeux. Mais le plus accablant fut celui de Taousert, inscrit sur un magnifique bracelet large en or incrusté de cabochons de rubis, la plus grosse pièce du trésor d'Hénouti. Semerkhet avait son pendant entre les mains – le bracelet allait exactement de pair avec la boucle d'oreille qu'il avait trouvée avec Qar sous les cendres du feu de camp de la Grande Place.

— Hénouti… ! s'exclama-t-il hébété.

— J'en tirerai un bon prix, n'est-ce pas, Semerkhet ? C'est de la bonne qualité, non ?

— Où les as-tu eus ?

— Je te l'ai déjà dit, répondit-elle en évitant son regard. C'est les hommes qui travaillent au tombeau. Je leur demande des bijoux pour… pour ce que je fais pour eux. Tu ne vas pas être jaloux quand même ? J'ai toujours été honnête avec toi là-dessus. Mais, à partir de demain, plus jamais je ne…

— Celui-ci, qui te l'a donné ?

Il brandissait le bracelet incrusté de rubis de Taousert.

— Paneb.

— Et celui-là ?

— L'anneau en lapis-lazuli ? C'est Aaphat, je crois.

— Et celui-là ? demanda-t-il en agitant un pectoral en or et en cornaline en forme de serpent, à l'effigie de la déesse Meretseger.

— C'est Sani qui me la donné… Semerkhet, pourquoi me regardes-tu ainsi ?

Il secoua la tête, tentant de trouver les mots.

— Hénouti, est-ce que tu sais d'où viennent ces bijoux ?

— Bien sûr. Les hommes les achètent à un marchand. Amenmose, je crois qu'il s'appelle.

— Tu l'as déjà vu, cet homme ?

Son ton était si dur qu'elle recula, confuse et effrayée. Elle secoua la tête.

— Est-ce que quelqu'un dans le village l'a déjà vu, quelqu'un d'autre que Paneb et ses hommes ?

— Je ne sais pas... répondit-elle faiblement. Semerkhet, tu

veux dire que mes bijoux ne valent rien ? Que je ne peux pas les revendre ?

— Si tu essayais, expliqua-t-il en secouant tristement la tête, tu te ferais arrêter. Je doute même qu'on te jugerait avant de te passer la corde au cou.

— Semerkhet, dit-elle les yeux écarquillés, ce n'est vraiment pas drôle.

— Ce sont des bijoux royaux, Hénouti, ils proviennent de tombes royales. Il n'y a pas de marchand. Amenmose était un pharaon, un homme qui s'est accaparé le trône d'Égypte, il y a des années. C'est sans doute le nom de code de l'endroit où ils ont pris ces joyaux. Peut-être qu'ils viennent de son tombeau, je ne sais pas. En tout cas, ils ne les ont pas achetés à un marchand, ça j'en suis certain. Ces bijoux ont été volés.

Bouche bée, elle ne parvenait pas à détacher ses yeux de lui. Puis elle s'empara des bijoux qu'elle entreprit de ranger dans le coffret d'albâtre.

— Ça m'est égal, marmotta-t-elle. Ce sont les miens maintenant. Tu te trompes.

Ses mains tremblaient tellement qu'elle avait du mal à tenir les bijoux. L'anneau de lapis-lazuli lui échappa et s'en alla rouler sur le carrelage. Il le ramassa pour elle et le lui déposa gentiment dans la paume. Sa main était glacée, le regard perdu dans l'obscurité, elle semblait fixer l'abîme.

— Hénouti… commença-t-il. Rien n'a changé. Tu peux toujours partir vivre à Thèbes. Viens avec moi chez le vizir demain et raconte-lui comment tu as eu ces bijoux…

— Non ! s'exclama-t-elle alarmée.

— Il te donnera une récompense. Tu auras une pension, une maison, ce que tu veux. Hénouti, écoute-moi ! Une fois que les autorités seront au courant, ce sera fini.

Elle secouait la tête, le regard empli de honte et de désespoir.

— Semerkhet, si j'informe les autorités, tout le monde à Thèbes saura que je…

Sa voix, légère comme une plume, se brisa sous la tension. Il se pencha en avant pour la consoler, mais elle eut un mouvement de recul contre le mur, agrippée à son coffret en albâtre.

— … Ils sauront comment je les ai eus.

Semerkhet saisit tout à coup l'étendue de sa détresse. Elle était le souffre-douleur du village depuis si longtemps qu'elle en était venue à croire elle-même les plaisanteries cruelles dont elle était l'objet. Même son amant Paneb racontait des histoires salaces à son sujet. Les hommes du village se l'étaient échangée à coups de bijoux volés.

Sa conduite libertine était pour elle le seul moyen de quitter une vie qui lui faisait horreur. Tout comme Semerkhet était tenu pour un adepte de Seth depuis l'enfance, et ne disposait d'aucune latitude pour devenir autre chose, Hénouti était condamnée à un rôle décidé par les autres.

— Imagine que je dise tout, murmura-t-elle. Qu'arrivera-t-il à ces hommes qui m'ont donné les bijoux ?

Le regard de Semerkhet confirma ses soupçons.

— Semerkhet, j'ai connu ces hommes pratiquement toute ma vie !

— Ils sont coupables, je n'y peux rien, ni toi non plus.

Quelle que fût la douceur dont il voulait faire preuve, au final, il ne restait aucune alternative à Hénouti.

— Si tu ne veux pas mourir avec eux, Hénouti, tu dois faire ce que je te dis.

— Je ne peux pas… dit-elle en chevrotant, je ne peux pas détruire tous ceux que je connais depuis toujours.

— Ils se sont détruits eux-mêmes.

Elle tremblait, et la sueur perla à son front. Brusquement, elle se pencha en avant et vomit par terre. Lorsqu'elle eut terminé, il l'aida à s'asseoir sur le banc. Peu à peu, elle reprit haleine et appuya la tête contre le mur de briques, en silence.

— Qu'est-ce que tu vas faire, Hénouti ? À quoi penses-tu ?

— À quoi je pense ? Elle se leva comme si chacune de ses articulations la faisait souffrir et se retourna vers lui l'air las. Que j'aurais préféré ne jamais te connaître.

Snéfrou était assis à son tour. Une ombre obscurcit l'embrasure de la porte de son atelier et, levant les yeux, le potier découvrit la présence de Semerkhet et de Qar.

— Messieurs, dit-il d'une voix incertaine. Que puis-je pour vous de si bonne heure ?

— As-tu réussi à réparer le pot d'Hétèphérès comme promis ?

— En partie, répondit-il en hochant la tête. J'ai fait comme j'ai pu parce qu'il manquait des morceaux. J'ai dû combler les trous avec de la terre crue. J'espère que ça ira.

— Montre-moi, demanda Semerkhet.

De nouveau, Snéfrou sentit son cœur battre dans sa poitrine devant l'air sérieux et le ton inamical de Semerkhet. Lançant un regard inquiet aux deux hommes, il disparut dans un recoin de l'atelier.

Semerkhet et Qar échangèrent un regard, mais gardèrent le silence. Semerkhet était allé trouver le Medjaï dans sa tour à l'aube pour lui faire part de ce qu'il avait appris à Thèbes Est, mais aussi de l'existence des fragments de poterie qu'il avait trouvés dans la Grande Place et confiés à Snéfrou pour qu'il les recollât. Enfin, Semerkhet avait décrit au garde chaque bijou se trouvant en possession d'Hénouti.

— Ils pillent les tombes qu'ils bâtissent, fit remarquer Qar étonné. Pourtant, ce ne peut être que les artisans. Qui d'autre connaît aussi bien la Grande Place ?

Qar et Semerkhet avaient convenu de contraindre Snéfrou à révéler le nom du véritable propriétaire du pot – sûrement l'un des pilleurs de tombes. Ensuite, ils confisqueraient les bijoux d'Hénouti. Évidemment, ce serait une terrible trahison à son égard, mais Semerkhet veillerait à faire savoir que le complot avait été déjoué grâce à son aide. Ainsi du moins aurait-elle la vie sauve.

Snéfrou revint le pot à la main.

— Je suis surpris que tu aies trouvé ce pot chez Hétèphérès, Semerkhet, fit timidement remarquer le potier.

— Pourquoi ?

— Ce n'est pas le sien.

Semerkhet échangea un rapide coup d'œil avec Qar.

— Ah bon ? Quel soulagement, cela m'aurait beaucoup ennuyé qu'il lui manquât, compte tenu de son humeur actuelle. À qui appartient-il alors ?

Snéfrou hésita, effrayé par la manière dont Qar et Semerkhet l'examinaient. On aurait dit des faucons prêts à fondre sur un campagnol. Il en eut un frisson dans le dos.

— Je… Je l'ai fait pour Sani.

— L'orfèvre ? Le mari de Khépoura ?

Snéfrou hocha la tête en regardant le pot d'un air indécis.

— Peut-être que Khépoura le lui avait prêté avant sa…

Ils furent brutalement interrompus par des cris venant de la porte du village. Une voix hystérique s'élevait au-dessus des autres.

— C'est Hénouti ! lança Semerkhet à Qar.

Qar jeta le pot dans les mains de Semerkhet et quitta l'atelier. Semerkhet sur ses talons, il se fraya un chemin parmi la foule massée sur la place. C'était bien Hénouti qui hurlait et qui sanglotait. En voyant Semerkhet, elle tomba à genoux et se mit à marteler le sol du poing. « Ils ont tous disparu », clamait-elle. Les larmes lui coulaient le long des joues et ses cheveux emmêlés lui faisaient une épaisse crinière. « Les bijoux, ils les ont pris, Semerkhet. »

Semerkhet se figea. Avec les bijoux, c'était la preuve que lui et Qar comptaient utiliser contre les artisans qui avait disparu. Il ne restait que ce malheureux pot à moitié cassé

– guère de quoi condamner qui que ce fût. Il se tourna vers Qar, qui fouillait la place d'un regard de colère comme s'il pouvait mettre la main sur le voleur parmi la foule.

Survint le jeune Rami, suivi du mari d'Hénouti, Neferhotep. Voyant sa mère au centre de la bousculade, Rami accourut vers elle.

— Viens maman, on s'en va. Tout le monde te regarde. Ne fais pas ça.

Il tenta de la remettre sur ses pieds, mais elle se laissait aller comme un poids mort, continuant de pleurer et de gémir.

— Maman, s'il te plaît, reprit-il en jetant des regards aux curieux. Tu me fais honte.

Neferhotep fendit la foule.

— Debout, sale putain, dit-il les dents serrées. Arrête de faire honte à ta famille.

Hénouti cligna des yeux, surprise par la dureté de ses propos, mais ce fut malheureusement à ce moment qu'elle aperçut Khépoura jouer des coudes à travers la foule en compagnie de Paneb. L'élue des femmes s'arrêta devant elle, un petit sourire de mépris aux lèvres. Se penchant derrière Paneb, elle murmura quelque chose à l'oreille de Neferhotep, puis tout le monde l'entendit ricaner de joie.

Hénouti se dégagea de l'étreinte de son fils et cria au visage de Khépoura.

— Espèce de voleuse ! Rends-moi mes bijoux ! Je sais que c'est toi qui les as pris !

— Je n'ai certainement pas touché à ton attirail de catin ! protesta Khépoura, le regard horrifié. Par Amon, que je meure si je mens !

— Je sais que c'est toi !

La foule intervint.

— Laissons notre dieu bienveillant en décider. Qu'on fasse venir l'oracle !

À l'exception des anciens, tous les artisans acclamèrent la

proposition. Lui parlant tout bas, Neferhotep, furieux, intimait à Hénouti de revenir sur ses accusations. Rami suppliait aussi sa mère de retirer ses propos quand Paneb la somma à son tour de se calmer.

— De quoi parlent-ils ? murmura Semerkhet à Qar.

— D'une statue d'Amenhotep, le pharaon qui fonda ce village il y a plus de trois siècles. C'est le juge auquel ils font appel pour ce genre de conflit.

— Une statue ?

Qar se contenta d'acquiescer de la tête, les yeux rivés sur les villageois. Ils criaient que, selon leur antique coutume, Qar devait choisir les porteurs du dieu. Le Medjaï désigna vivement divers hommes dans la foule – six au total. Le visage rouge et tremblant, Rami fit un pas à l'écart.

Les volontaires désignés se hâtèrent vers le sanctuaire et en revinrent quelques instants plus tard en portant la chaise à porteurs d'un dieu sur leurs épaules. Au centre trônait la statue en calcaire d'Amenhotep. Coiffé du némès à rayures, rougi et oint à la hâte, le premier pharaon considérait son village d'un air sévère.

Les hommes apportèrent la statue à l'endroit où se tenait Hénouti. Durant quelques instants, elle demeura la tête penchée puis, lorsque Qar la poussa rudement dans le dos, elle retrouva sa langue. « Fais, Seigneur, implora-t-elle la statue, que me sois rendu ce qui m'a été dérobé. »

Durant quelques instants, il ne se passa rien. Puis les six porteurs commencèrent à se balancer et à papillonner des yeux. D'un seul coup, les hommes situés à droite de la chaise se baissèrent à l'unisson comme s'ils voulaient déposer la statue au sol. La foule retint son souffle en s'efforçant d'éviter le regard du dieu.

La chaise se redressa, puis bascula en avant car les deux porteurs de tête étaient tombés à genoux. Les artisans crièrent de nouveau. Mais les deux hommes bondirent sur leurs pieds et firent tourner la chaise afin de repartir en sens inverse en courant. Les villageois leur cédèrent le passage, en criant.

— Que se passe-t-il ? Dis-moi ! exigea Semerkhet

Qar se pencha en arrière pour lui murmurer à l'oreille.

— Le dieu fait pression sur les épaules des porteurs pour leur indiquer la direction à prendre.

Les porteurs semblaient en pleine confusion. Ils ne cessaient de tourner en rond afin de permettre à l'oracle de bien voir tous les villageois. Puis ils s'arrêtèrent. Durant un long moment, ils ne bougèrent plus, comme si leurs pieds s'étaient soudain enracinés dans le sol. Puis ils se tournèrent vers Khépoura et lui foncèrent dessus.

Qar poussa Semerkhet. *Maintenant*, murmura-t-il.

La statue chancela vers l'avant afin de permettre à ses yeux incrustés d'obsidienne de la regarder. Khépoura se couvrit la tête de ses mains et ouvrit la bouche pour crier. Cependant, à cet instant précis, la statue se déplaça légèrement pour regarder quelqu'un d'autre à côté d'elle. Alors, les porteurs s'agenouillèrent et s'immobilisèrent.

Le dieu bienveillant avait trouvé le voleur.

Hénouti étouffa un cri en se mordant le poing tandis que les autres villageois reculèrent devant l'accusé, le laissant seul au centre du cercle. Semerkhet saisit Qar par le bras.

C'était Rami.

Le jeune homme tomba par terre. Hénouti courut à lui et lui prit le visage dans ses mains.

— C'est vraiment toi ?

À contrecœur, le garçon hocha la tête.

— J'abandonne les charges, s'écria aussitôt Hénouti.

Qar s'avança pour annoncer que le dieu avait prononcé son jugement et que les charges étaient retenues.

— Néanmoins si Rami rend les objets volés, nous renoncerons à le punir. Dans le cas contraire, on fera venir le bâton et son père devra le battre selon la loi.

Hénouti caressait la tête de son fils, lui écartant les cheveux des yeux.

— Rami, je t'en prie. Fais ce qu'on te demande.

Rami adressa un faible sourire à sa mère, mais secoua la tête.

— Je suis désolé, mère, mais les bijoux ne sont plus là, murmura-t-il. Je ne sais même pas ce qu'ils sont devenus.

Il baissa la tête pour éviter son regard.

— Qu'on amène un bâton ! cria Qar

On coupa une branche d'acacia, épaisse et souple, dans le jardin du temple. Une fois débarrassée de ses épines et de ses feuilles, elle parut satisfaisante à Qar, qui l'apporta à Neferhotep.

— Vas-y. Fouette-le jusqu'à ce qu'il confesse où sont les bijoux de sa mère.

Neferhotep échangea un regard avec Khépoura, sous l'œil vigilant de Semerkhet. La voix de Neferhotep s'éleva clairement au-dessus de la foule.

— Je ne peux pas.

— C'est la loi ! tonna Qar.

— Je ne peux pas le fouetter. Rami n'est pas mon fils.

Les artisans hoquetèrent de surprise en chœur. Sur leurs visages se lisaient des expressions aussi diamétralement opposées que le choc et la joie. Hénouti porta une main à sa gorge où palpitait une veine bleue.

— Cela fait trop longtemps que je dissimule ma honte au village, reprit Neferhotep de la même voix claire, tout en affectant l'accablement. C'est l'œuf du coucou qui a éclos sous mon toit. C'est Paneb le père de Rami. Mon épouse est adultère. C'est à Paneb de punir son fils.

Aussitôt Semerkhet prit conscience de la portée de ces mots. Hénouti allait être dénoncée pour adultère et arrêtée. Les bijoux avaient disparu et, maintenant, on allait écarter le principal témoin à charge contre les artisans.

La fureur de Paneb prit tout le monde par surprise.

— Salaud ! lança-t-il à Neferhotep. Tu m'as fait faire des horreurs à une époque, mais là, c'en est trop !

Le géant se dressa de toute son imposante hauteur. Il arracha la branche d'acacia des mains de Qar et l'agrippa si fort que ses jointures blanchirent. Le bois siffla dans l'air tandis qu'il lançait la charge.

Neferhotep prit ses jambes à son cou. Il fendit la foule et descendit en courant vers les portes du village.

— Arrêtez-le ! implorait-il les villageois au passage. Que quelqu'un l'arrête ! Il est fou !

Personne ne leva le petit doigt.

Paneb rattrapa Neferhotep aux portes et sa trique s'abattit sur les épaules du fuyard. Neferhotep cria tel un lièvre pris dans les mâchoires d'une hyène, trébucha, puis roula par terre en essayant de se protéger le visage.

Entre-temps, Qar et Semerkhet avaient rejoint le contremaître. Bien qu'ils l'eussent empoigné par les bras, il continua de frapper Neferhotep jusqu'à ce que la sueur lui dégoulinât sur le front. En dernier recours, Qar s'interposa entre Paneb et le scribe. Aussitôt Neferhotep profita de l'occasion pour bondir sur ses pieds, franchir à nouveau les portes du village et s'enfoncer dans le labyrinthe de ses ruelles.

Paneb envoya valser Qar, comme s'il s'agissait d'un enfant, pour courir derrière Neferhotep. Il remonta toute la rue principale, donnant des coups de pied dans les pots et les détritus amassés devant les portes des maisons. Pour ajouter au tumulte et à la confusion, les chiens se mirent à aboyer sur son passage. Neferhotep arriva chez lui au moment où Paneb le rattrapait. Le scribe se jeta à l'intérieur en verrouillant la porte derrière lui.

— Sors de là, Nefer ! rugit Paneb qui tambourinait sur la porte. J'ai déjà tué, je peux tuer encore. De toute façon, je suis damné, à cause de toi !

Ce fut Qar, accompagné d'autres Medjaïs, qui maîtrisa le contremaître d'un coup de lance sur la tête. Paneb s'effondra, assommé. Les Medjaïs attachèrent ses mains et ses pieds, puis ayant passé un long bâton de bois à travers ses liens, ils l'emportèrent sur leurs épaules comme une antilope abattue à la chasse. Qar donna l'ordre de ligoter aussi Rami. Quand cela fut fait, père et fils furent emmenés à la prison aménagée au quartier général des Medjaïs à la lisière de la Grande Place.

Semerkhet et Qar ne pouvaient pas se parler. Pour finir, l'enquêteur demanda au garde dans un murmure : « Bon sang, c'était quoi, ça ? »

Plus tard dans l'après-midi, on vint leur annoncer que Hénouti avait été arrêtée par une délégation de femmes menée par Khépoura. Elle avait été jetée, malgré ses objections et ses jurons, dans la cellule située derrière le village. Les bijoux avaient disparu, de même que leur témoin principal, comme Semerkhet l'avait redouté.

Qar pouvait enfin agir. « Il est temps de reprendre les choses en main », annonça-t-il.

Le soir même, l'arrivée des gardes prit les artisans par surprise. Se rendant compte que le martèlement de leurs pas n'était pas le fait des esprits, les villageois se glissèrent derrière leurs portes pour risquer un coup d'œil dehors. Dans la rue principale, ils aperçurent un détachement de Medjaïs avançant par deux avec, à leur tête, le capitaine Mentmose. La lance prête, ils tournèrent dans l'une des ruelles.

Peu après, on entendit retentir au loin de lourds coups frappés contre une porte. Par-dessus les murs parvinrent les exclamations stupéfaites de Khépoura, suivies de cris de colère à l'encontre de ses fils. Les artisans échangèrent des regards alarmés. Ils commencèrent à se masser dans l'artère principale, dans un silence effrayé, au moment même où les Medjaïs réapparurent.

À leur grand désarroi, ils virent l'orfèvre Sani embarqué menottes aux poignets. Sans ménagement, les Medjaïs poussaient le mari de Khépoura vers la porte Nord. Sani affichait une telle expression de peur qu'il en parut méconnaissable à ses voisins. Les gardes repoussaient quiconque se trouvait malencontreusement sur leur chemin.

Les cris d'angoisse de Khépoura s'élevèrent dans l'étroite ruelle et poursuivirent les Medjaïs tout du long. « Sani ! Sani ! » Mais les officiers continuaient de forcer l'orfèvre à avancer devant eux de la pointe de leur lance. Entourée de ses fils, Khépoura s'effondra par terre sans cesser de crier le nom de son époux. « C'est un homme bon, gémissait-elle. Rendez-le-moi ! »

Qar se retourna sur la rue principale. S'attendant presque à se trouver confronté à une foule en colère, il vit au contraire des familles se serrant les coudes sur le pas de leur porte, l'expression résignée, comme si ce qu'elles craignaient le plus venait enfin de leur arriver.

Tandis qu'on emmenait Sani, Semerkhet se glissa hors de chez Hétèphérès et quitta le village. Le vent était vif et seules les étoiles éclairaient le désert. Des nuages de pluie se massaient à l'horizon. Du fond de la Grande Place, Semerkhet perçut les appels d'une meute de chacals en chasse. Un regard furtif de leur côté lui permit de discerner leurs sombres silhouettes au loin dans le sable. De temps à autre, ils s'arrêtaient, grattaient le sol à la recherche de rongeurs ou de vers, puis repartaient en s'échangeant des grognements. Tout à coup, Semerkhet frissonna. Les chacals étaient les chiens du cimetière, les compagnons de la mort.

Il descendit promptement le sentier jusqu'à une cellule de la prison. Ce n'était rien de plus qu'un profond puits de briques crues fermé par une petite grille en bronze verrouillée. Les villageois avaient posté aucun garde. Sans se faire voir, il s'approcha de l'ouverture, s'agenouilla et fit tomber un petit caillou au fond. D'après ses évaluations, le puits devait faire au moins cinq coudées de profondeur.

— Hénouti, appela-t-il en murmurant.

Il perçut un petit mouvement, mais ne put rien voir.

— Semerkhet ?

Sa voix douce et légère s'éleva dans l'obscurité.

— Je t'ai apporté un manteau et un peu de pain. Attention, je vais te les lancer.

Il fit passer le vêtement à travers les barreaux puis lâcha la miche de pain, qu'il avait dû rompre en deux pour lui faire passer la grille.

Elle était émue.

— C'est gentil de ne pas m'oublier, Semerkhet.

— On a arrêté Sani. Il va être torturé s'il ne dit pas ce qu'il sait, Hénouti. Paneb est déjà en prison. Demain, et chaque jour après ça, les Medjaïs vont arrêter un autre membre de l'équipe jusqu'à ce que l'un des ouvriers avoue.

Aucune réponse. Enfin, il l'entendit marmonner dans le noir.

— Horrible…

— Je veux que tu saches que je ferai ce que je peux pour sauver Rani, mais tu dois le prévenir, Hénouti, que son seul espoir est d'avouer. Ce sera tout à son avantage. Tu le lui diras ?

Il s'écoula quelques instants avant qu'elle réponde.

— Si je le revoie, oui. Merci, Semerkhet.

— Demain à l'aube, je vais à Djémé pour voir le vizir. Il ordonnera ta libération.

Elle demeurait silencieuse. Il pensa qu'elle devait encore pleurer mais, quand sa voix lui parvint, il fut surpris par son calme.

— Au revoir, Semerkhet.

À regret, il se releva et essuya la poussière sur ses genoux. En ajustant son manteau de laine sur ses épaules, il jeta par hasard un coup d'œil vers la Grande Place. Six paires d'yeux jaunes étincelants le regardaient. Les chacals se tenaient tout près de lui, fiers et sans peur. Il fit un geste menaçant dans leur direction et tapa du pied. La meute fit demi-tour et redescendit le sentier tout en se retournant de temps à autre pour ne pas le perdre de vue.

Le vent du désert s'engouffrait par-dessus les dunes, chargé de sable. Transi par le froid, Semerkhet chemina péniblement jusqu'aux cuisines du village pour aller chercher son dîner. Perdu dans ses pensées, craignant pour le sort d'Hénouti, il poussa la porte sans s'inquiéter de qui pouvait le suivre.

Khépoura et ses enfants étaient assis en cercle serré, entourés de leurs voisins. Comme elle pleurait, ses fils penchés sur elle l'exhortaient au courage. D'autres artisans murmuraient des paroles de réconfort, affirmant savoir au fond que Sami reviendrait bientôt, que les Medjaïs ne pouvaient pas le garder en prison bien longtemps…

Khépoura dit en gémissant avoir peur que son mari ne fût battu, qu'il n'était plus très jeune et qu'il ne pourrait certainement pas survivre à un tel traitement. À ces derniers mots, elle éclata de nouveau en sanglots.

À l'arrivée de Semerkhet, tout le monde se tut immédiatement, baissant la tête pour le regarder par en dessous. *Ce n'était pas de chance de se retrouver ainsi au milieu de ces gens plein de ressentiment,* se dit l'enquêteur. Il ne restait plus qu'à les affronter en espérant que la situation ne dégénérât point.

Semerkhet leur fit un signe de tête en évitant de croiser leur regard et se dirigea vers les foyers. À la domestique de service, il demanda un pichet de bière puis se fit servir une assiette de légumes et de fromage auprès d'une autre femme. Il était sur le point de partir quand il trouva Khépoura juste derrière lui, lui bloquant le passage avec une expression mauvaise.

— C'est toi qui a fait arrêter mon mari, marmonna-t-elle sur un ton accusateur.

— Non, répondit-il fermement. Ce sont les Medjaïs qui l'ont arrêté.

— Sur ton ordre.

— Tu n'as qu'à t'en prendre qu'à toi-même, Khépoura.

Il ne serait pas en prison si tu n'avais pas fait disparaître Hénouti.

— Snéfrou nous a dit pour le pot, comment tu l'as trompé pour le lui faire réparer. Tu crois peut-être qu'on ne sait pas ce que tu essaies de nous faire ? Nous qui sommes innocents, tu veux nous rendre coupables pour parader devant le vizir !

Semerkhet se sentit rougir de colère. Il aurait voulu lui rire au nez, lui lancer des accusations à la figure. Ainsi ils étaient innocents, vraiment ? En son for intérieur, il savait bien que Khépoura avait quelque chose à voir avec la disparition des bijoux d'Hénouti, même si Rami en avait endossé la faute. Des paroles violentes au bord des lèvres, il se sentit sa langue exceptionnellement se délier. Il allait lui dire – leur dire à tous – que si le village lui avait échappé dans l'affaire des bijoux d'Hénouti, il ne tarderait pas à le mâter.

Mais il vit le regard menaçant que dardaient sur lui ses quatre costauds de fils, prêts à bondir au premier signal de leur mère. Semerkhet posa son pichet de bière sur le foyer, à côté de son assiette de légumes. Se tournant vers eux, il s'obligea à parler d'une voix calme.

— Tu n'as pas à t'en faire alors, Khépoura, si ton mari est innocent.

— Il est innocent. C'est toi le coupable. Son invective tomba comme du plomb. Je sais que Hénouti était avec toi hier soir. Ne t'y trompe pas, je sais très bien ce qui s'est passé. Si je le voulais, je pourrais te faire aussi incarcérer pour adultère. Je suis la déléguée des femmes ici et ce n'est pas pour rien, même si tu te crois mieux que nous.

La colère monta de nouveau en lui. Les mots affluèrent de manière inconsidérée.

— Tu ne pourrais pas m'arrêter, Khépoura, pour la bonne raison que tu sais ton mari coupable de l'accusation qui pèse contre lui. Sani ne t'a-t-il d'ailleurs jamais rapporté de bijoux provenant d'une tombe, comme il l'a fait pour Hénouti ?

Khépoura en resta interdite, puis elle recula. Ses fils élevèrent de violentes protestations. Semerkhet regretta aussitôt ses paroles même s'il ne put nier le plaisir qu'elles lui avaient procuré. Il se retourna pour prendre son repas sur le foyer et partir au plus vite avant que les villageois lui sautent dessus. Or, sa bière et son assiette avaient disparu. Irrité, il appela la servante. Après avoir regardé partout dans la cuisine, il repéra le tout posé au bout d'un long banc en bois.

Semerkhet quitta les cuisines pour rentrer chez Hétèphérès. À la porte, Soukis l'accueillit en s'enroulant autour de ses chevilles, séduit par les arômes de cuisine. Puis l'animal le suivit à l'intérieur. Après avoir déposé la bière et l'assiette sur un banc dans le salon, Semerkhet chercha une bougie. À peine eut-il le dos tourné que le chat jaune avait bondi sur l'assiette et effrontément volé un morceau de fromage.

Chat gâté ! siffla Semerkhet depuis le seuil de la pièce en faisant mine de le chasser. Soukis sauta du banc, s'assit sur son séant, la queue dressée et frétillante, et le suivit des yeux. Il repartit en quête d'une bougie. Il n'y en avait pas dans la cuisine, mais il se rappelait en avoir vu un lot neuf rangé à la cave. À tâtons, il finit par mettre la main dessus.

De retour dans la cuisine, il sortit sa pierre à feu de sa ceinture et parvint tant bien que mal à allumer la mèche. Il renifla la bière. Une fois de plus, les servantes avaient abusé des herbes aromatiques. L'assiette de salade au fromage dégageait elle aussi une odeur amère. Sa petite sonnette d'alarme intérieure retentit.

Cependant, avant même d'avoir pu formuler ses soupçons, il entendit un petit bruit de vomissement dans le salon. Levant la bougie, il éclaira Soukis qui s'efforçait de venir vers lui avec une drôle de démarche. Avançant à petits pas raides sur le carrelage, il émettait de curieux bruits de gorge et Semerkhet vit de l'écume s'accumuler autour de ses babines. Il tremblait.

Semerkhet se précipita vers le chat en tentant de comprendre ce qui se passait. L'animal s'effondra sur le flanc, râla puis sembla surmonter ses spasmes. *Soukis... !* s'écria Semerkhet à voix haute. Il allait prendre l'animal dans ses bras quand il émit un gémissement si terrible que, de frayeur, il ne put réfréner un mouvement de recul. Le chat avait les yeux exorbités. À sa plus grande horreur, il vit son dos se cambrer à deux doigts du point de rupture. L'animal gémit encore plus fort et ouvrit la gueule en une large grimace macabre.

Semerkhet regarda autour de lui impuissant, il sentait la panique monter en lui, mais il ignorait quoi faire pour l'aider. Brusquement, ce fut la fin : un dernier étouffement, et Soukis avait expiré. Ses yeux fixes reprirent lentement leur place dans leurs orbites. Le terrible spasme relâcha son étreinte et sa colonne vertébrale se détendit. Finalement, son corps retrouva sa douceur et sa souplesse. Mais il demeura immobile.

Semerkhet considéra fixement l'animal. Si Soukis n'avait pas volé le morceau de fromage, il le savait, c'est lui qui se serait trouvé étendu par terre, le dos recourbé, la bave aux lèvres. Ses yeux se voilèrent tandis qu'il se baissait pour caresser sa fourrure jaune.

Puis il releva le corps, l'enveloppa dans un linge et le déposa dans un coin de la pièce. Plus tard, se promit-il, il le ferait momifier et enterrer auprès d'Hétèphérès. Alors il prit l'assiette et le pichet de bière pour aller déverser leur contenu dans les toilettes.

De retour dans le salon où reposait Soukis, Semerkhet ouvrit la porte de la rue. Il contempla le ciel étoilé. À l'horizon, un banc sombre de nuages de pluie s'étirait au-dessus du désert. Soudain, Semerkhet éprouvait le besoin de la compagnie des hommes, une envie irrépressible. D'abord, il songea aller trouver Qar dans sa tour, pour l'informer de ce qui venait de se produire. Puis il se rappela que le Nubien se trouvait au quartier général des Medjaïs, à l'autre bout de la Grande Place. Il n'avait qu'une vague idée de l'endroit où ce dernier se situait, sachant simplement qu'il s'agissait d'une tombe abandonnée à l'ouest de la vallée. La nuit était trop noire, pensa-t-il, pour tenter de courir les sentes raides et sinueuses de la Grande Place, car c'était une nuit sans lune…

Il leva les yeux pour contempler de nouveau le ciel… Il n'y avait pas de lune !

Soudain, il sut : les artisans allaient piller une nouvelle crypte.

Les artisans émergèrent de l'une des ruelles du village et tournèrent au nord en direction de la Grande Place. Semerkhet les attendait, tapi derrière le mur du temple. Il fut étonné de constater qu'ils étaient munis de torches, dont la lumière leur éclairait vivement le chemin au cœur de la vallée plongée dans la nuit. Les hommes semblaient se moquer éperdument d'une telle visibilité. Même leurs outils en cuivre résonnaient gaiement dans leurs sacs tandis qu'ils grimpaient le long du sentier. Manifestement, l'idée qu'ils puissent attirer l'attention ne semblait pas les inquiéter le moins du monde.

Dans les halos de lumière, Semerkhet reconnut le scribe Neferhotep à la tête du groupe. Derrière lui venaient le maître peintre, Aaphat, et ses deux assistants, Kenna et Hori. Il ne restait que ces quatre-là de la principale équipe d'ouvriers qui en comptait sept auparavant. L'orfèvre Sani, le géant Paneb, le jeune Rami, tous étaient gardés en prison par les Medjaïs. Quatre ne suffisaient quand même pas à fracturer une tombe, pensait Semerkhet, la piller et effacer ses traces en une seule nuit…

Un sentiment de malaise s'empara de l'enquêteur. Peut-être n'allaient-ils pas piller un tombeau, finalement. En tout cas, ils ne faisaient aucun effort pour étouffer leurs pas. À quelques cinquante coudées derrière eux, il veillait à rester dans l'ombre des saillies. À aucun moment ils ne se retournèrent pour vérifier qu'ils n'étaient pas suivis. De toute évidence, ils le croyaient mort, empoisonné par le plat qu'ils lui avaient fait servir.

Trois Medjaïs surgis de nulle part les accostèrent pour les sommer de justifier leur présence dans la Grande Place à pareille heure.

La voix fluette et nasillarde de Neferhotep s'éleva dans la nuit. « Où voulez-vous que nous nous rendions si ce n'est au tombeau de Pharaon ? Maintenant que vous nous avez retiré nos meilleurs hommes, nous n'avons d'autre choix que de travailler la nuit pour achever les travaux », expliqua-t-il sur un ton chagrin.

Les gardes laissèrent passer les artisans et retournèrent à leurs tours de l'autre côté de la vallée. Semerkhet entendit les ricanements contenus des artisans. Leur suffisance l'amena à soupçonner Neferhotep et ses hommes de s'être délibérément faits remarquer pour détourner l'attention des Medjaïs de leur but réel. Néanmoins, alors qu'il avait repris sa filature le long du haut sentier, il les vit effectivement descendre dans la vallée vers le site du chantier.

Malgré l'absence de lune, la nuit brillait d'une lueur argentée émanant du ciel étoilé et des lointains foyers allumés à Thèbes. À l'entrée du tombeau, Semerkhet vit Neferhotep sortir une grande clef de bois et l'insérer dans la porte en cèdre. Avant de la refermer sur eux, le scribe inspecta les alentours. Semerkhet se plaqua contre la paroi de la falaise en retenant son souffle puis, à la lumière de l'entrée de la sépulture, il constata que Neferhotep cherchait quelqu'un ou quelque chose. Au bout d'un moment, il finit par tirer la porte.

Semerkhet traversa l'oued, se posta au sommet d'un léger dévers et s'installa pour attendre. Une heure passa. Puis une autre. Ses jambes s'ankylosaient et l'air du désert était glacial. Il commençait à s'inquiéter et il lui devenait impossible d'attendre tranquillement. Faisant fi de toute précaution, il descendit discrètement la falaise et franchit l'oued qui le séparait de l'entrée du tombeau.

Il s'attendait à trouver la porte verrouillée pourtant, lorsqu'il tira sur la poignée, elle tourna silencieusement sur ses gongs vers lui. Semerkhet se contenta de l'entrouvrir très légèrement.

Personne ne faisait le guet. Prenant son courage à deux mains, Semerkhet fit son premier pas à l'intérieur du tombeau de Ramsès III. Comme des flambeaux placés à intervalles réguliers éclairaient un long couloir qui s'enfonçait sous terre, il lui fallut un moment pour accommoder sa vue à la lumière après son long séjour dans l'obscurité. Aucun son de voix ou autre bruit ne laissait supposer que les ouvriers étaient à pied d'œuvre.

Ils devaient être tout au fond, pensa-t-il, dans la chambre funéraire elle-même. Il tendit l'oreille dans cette direction. Le silence, toujours. Réprimant son envie de fuir, il se força à continuer d'avancer.

L'entrée de la sépulture se trouvait au sommet d'un long escalier qui descendait sous la montagne. À gauche était posé un grand coffre en bois d'ouvrier, patiné par l'usage et maculé de peinture. Il renfermait toutes sortes d'outils : scies, haches, pics, ciseaux, marteaux. Grâce à sa longue expérience, Semerkhet constata qu'aucun n'était fait dans ce métal bleu responsable de la mort d'Hétèphérès. En silence, il s'empara de l'un des flambeaux également rangés au fond du coffre. Celui-ci lui procurerait à la fois de la lumière et une arme pour se défendre, le cas échéant. À côté, un pichet rempli d'huile de sésame et de sel lui permettrait de s'éclairer sans faire de fumée. Il remplit le cône de la torche mais sans l'allumer.

Selon ses calculs, le nombre de marches s'élevait à vingt-sept en tout dans le premier passage. Sur le linteau, figuraient des peintures récemment achevées par le grand maître Aaphat, un antique disque solaire flanqué des déesses Isis et Nephtys.

Les flambeaux allumés par les artisans étaient très espacés de sorte qu'ils n'éclairaient que quelques mètres de couloir à la fois. La majeure partie du temps, Semerkhet devait marcher dans l'ombre avant d'entrer de nouveau dans la lumière, ainsi il ne pouvait voir qu'un fragment à la fois des personnages peints sur les murs. Les silhouettes, qu'il parvenait à discerner, avaient l'air solennel et terrifiant, comme il convient à la tombe d'un dieu.

Au fur et à mesure de sa progression, Semerkhet remarqua qu'il commençait à bifurquer légèrement sur la droite. Durant tout ce temps, il ne perçut aucun bruit de voix ni son d'aucune autre sorte. Devant, vers ce qu'il imaginait être la chambre funéraire, les flambeaux s'arrêtaient. Derrière eux, le noir complet. Les ouvriers ne travaillaient pas dans la chambre funéraire comme il l'avait d'abord cru, ils semblaient s'être évaporés en arrivant dans cette large galerie.

Semerkhet s'avança d'un pas dans l'obscurité, en direction de la chambre funéraire, mais son pied buta brutalement contre un objet lourd. Dans la pénombre, il distingua une série de paniers disposés en travers du chemin – il y en avait au moins sept alignés devant lui. Ils étaient remplis de sortes de pièces de métal oblongues et plates. Il en saisit une pour l'examiner à la flamme d'une torche mais, au même instant, des voix lui parvinrent de l'entrée du tombeau.

Semerkhet prit la fuite dans l'obscurité du couloir devant lui et se réfugia derrière un pilier carré soutenant le toit voûté de la longue galerie. Au son des pas, il conclut qu'il devait y avoir trois personnes. Les individus s'arrêtèrent à l'angle où le tombeau partait en biais et pénétrèrent dans une antichambre. Semerkhet les surveillait derrière son poteau.

Il ne pouvait pas ne pas reconnaître le profil – ou son absence – de Nez Coupé. L'homme en haillons scruta le sol de la salle, puis s'adressa à ses deux compères en montrant du doigt. « C'est ici, dit-il avec son fort accent du delta. Soulevez-la. »

La lumière du flambeau projetait d'étranges ombres mouvantes sur le mur devant Semerkhet. Les mendiants se tournèrent autour de quelque chose par terre. Semerkhet entendit grincer une pierre. Puis, l'un après l'autre, il les vit s'enfoncer dans le sol.

Ayant attendu de ne plus entendre le son de leurs voix, il se glissa à son tour dans l'antichambre. Au sol, la lueur d'une torche s'engouffrait par un trou béant. Quelques marches grossièrement taillées menaient à une pièce située en dessous. C'est alors qu'il entendit d'autres voix et reconnut le caractéristique ton geignard de Neferhotep.

Les artisans étaient dans une pièce en bas. Semerkhet retourna à sa cachette pour attendre dans la pénombre de la galerie. Quelques instants plus tard, il les entendit remonter par l'escalier. Les quatre ouvriers et les va-nu-pieds émergèrent du trou. Nez Coupé et Neferhotep, en pleine conversation, sortirent en dernier.

— … combien ? demandait le scribe.

— Vingt, au moins, répondit Nez Coupé.

Neferhotep exprima sa déception.

Maintenant, les deux hommes étaient dans l'antichambre. Nez Coupé s'empara d'un flambeau accroché au mur et entreprit de descendre le passage en direction de la cachette de Semerkhet. La lumière se fit plus vive et Semerkhet, le cœur battant, retint son souffle.

— Sept dans cette partie du tombeau, plus ceux d'en bas. Ce qu'il faut en fait, c'est un char à bœuf.

Le mendiant et Neferhotep passèrent sans s'arrêter près du gros pilier carré derrière lequel Semerkhet était tapi. Au passage, la lumière de leur torche l'éclaira distinctement. Mais les deux hommes regardaient les paniers de disques métalliques à l'autre bout du couloir. S'ils avaient tourné la tête légèrement sur la gauche, ils n'auraient pas manqué de le voir. Semerkhet se recula de l'autre côté du pilier. Face à lui, sur le mur nord, était peinte une femme jouant de la harpe.

— Et comment sommes-nous censés tenir les Medjaïs à

l'écart si vous êtes aussi nombreux dans la vallée ? entendit-il Neferhotep s'écrier d'une voix perçante.

— En ce qui me concerne, ils peuvent bien rejoindre l'agent du vizir.

— Je ne peux quand même pas tous les empoisonner.

— Et pourquoi pas ? rétorqua Nez Coupé. D'ici qu'on s'en rende compte, il sera trop tard, non ? En attendant, on va sortir ceux-là ce soir, on reviendra pour le reste demain…

À grand renfort de grognements et de jurons, chacun hissa un panier sur ses épaules. Puis, le petit groupe se mit lentement en route pour remonter le couloir jusqu'à l'entrée du tombeau. Au fur et à mesure, les flambeaux furent éteints le long du mur. Semerkhet jeta un œil dans le couloir en pente. Les hommes se trouvaient maintenant loin, près de la porte de cèdre. Neferhotep éteignit la dernière torche, plongeant la sépulture dans le noir le plus complet. Le scribe poussa la porte et les hommes sortirent en silence.

Ensuite Semerkhet perçut le plus horrible son de sa vie : on verrouillait la porte en cèdre du tombeau de l'extérieur. Il était enfermé à l'intérieur !

La terreur s'empara de lui.

Sans réfléchir, Semerkhet se précipita dans l'obscurité et se hâta de remonter le couloir jusqu'à l'entrée. Il atteignit l'escalier, en compta les marches au fur et à mesure et s'arrêta à la vingt-septième. À tâtons, il avança les mains et poussa sur la lourde porte. Elle ne bougea pas d'un pouce.

Luttant contre l'hystérie, Semerkhet se força à rester calme et palpa le panneau à la recherche d'une serrure ou d'une forme de mécanisme permettant de le déverrouiller de l'intérieur. Or, le bois était aussi lisse que de la pierre polie. Semerkhet se laissa glisser au sol, hors d'haleine.

Enfermé dans un tombeau… ! Avec fermeté, il se dit que la raison et la logique lui permettraient de traverser cette situation de crise. Il se mit à réfléchir à toute allure. Les ouvriers ne manqueraient pas de revenir au matin pour travailler.

Forcément. À cette pensée réconfortante, son cœur s'apaisa un peu. Il n'était pas question qu'il restât prisonnier de ce tombeau à tout jamais. Il lui suffisait d'attendre l'arrivée des ouvriers pour se faufiler dans leur dos.

La lumière, voilà ce qui lui manquait. Cela lui remonterait le moral et il pourrait en profiter pour explorer ce qui se trouvait sous le tombeau de Pharaon. Il porta la main à sa ceinture, priant les dieux de ne pas avoir oublié sa pierre à feu.

Le silex était bien là. Il le frappa en l'approchant de la torche. La flamme prit du premier coup. La lumière inonda de nouveau la sépulture et la panique céda.

Semerkhet redescendit les vingt-sept marches, puis revint sur ses pas de galerie en galerie. Après avoir localisé l'endroit où le mur partait sur la droite, il tourna dans l'antichambre. Maintenant la torche au ras du sol, il chercha une trace de porte ou de passage en balayant la poussière. Soudain, ses doigts décelèrent une légère fissure. On discernait clairement la forme d'une large pierre de calcaire recouvrant un trou d'environ une coudée de diamètre. Il la souleva et dévoila l'escalier reliant les deux niveaux.

Sa torche lâchée en bas lui indiqua que le sol se trouvait à une distance d'environ six coudées. Ravalant sa peur, Semerkhet entreprit de descendre les marches raides et peu profondes. Pas à pas, en s'agrippant, il finit par atteindre une surface plane. À bout de souffle, il fut content de se retrouver de plain-pied. Ramassant par terre son flambeau toujours allumé, il le brandit au-dessus de sa tête.

Et là, il comprit.

De l'or tout autour de lui. Des masques de dieux, des vases, des coupes et des gobelets, des coffres incrustés, des colliers, des pectoraux, des boucles d'oreilles : le trésor lui arrivait au-dessus de la tête et s'entassait dans un espace aussi grand que la maison entière d'Hétèphérès. Semerkhet en resta bouche bée. Le spectacle lui faisait tourner la tête, il dut s'asseoir.

La conversation qu'il avait eue avec Qar, le jour de la découverte de la perruque de la prêtresse, à quelques centaines de coudées de cette même pièce, lui revint. Il avait deviné que le tombeau de Pharaon offrait l'endroit idéal pour cacher un butin. Mais les artisans avaient fait encore mieux, ils l'avaient dissimulé dans cette pièce secrète sous la tombe. Ils pouvaient aller et venir comme bon leur semblait, innocents aux yeux de tous, au nez et à la barbe des Medjaïs, des inspecteurs et même de Pharaon sans jamais se faire remarquer. Force était de reconnaître qu'ils ne manquaient pas d'habileté.

Semerkhet reprit ses esprits et se promena dans la pièce, admirant les richesses entassées. Enfant, il avait lu des contes au sujet de paysans tombant par hasard sur le magot d'un dieu ou d'un sorcier, mais jamais sa pauvre imagination n'avait pu concevoir un trésor d'une telle ampleur.

Des piles de paniers en osier débordaient de disques de métal aux formes étranges, semblables à ceux qu'il avait vus au-dessus. Il en prit un au hasard. En passant la langue dessus, il constata que ce n'était pas du laiton, car il ne sentit aucune réaction acide. Le disque devait donc être en or.

On aurait dit que le précieux métal avait formé comme une flaque d'eau, puis s'était solidifié. Du fond de sa mémoire, il revint à Semerkhet l'histoire de Qar au sujet des pillards qui trouvaient parfois plus commode de brûler complètement le contenu des tombes pour récupérer ensuite les pâtés d'or et d'argent fondus figés sous la cendre. Puis il se souvint brutalement du garçon à dos d'âne venu vers lui dans la Grande Place et ses propos résonnèrent de nouveau à ses oreilles : « C'est là qu'on fabrique la peau des dieux. »

Regardant les paniers, Semerkhet comprit que le disque qu'il tenait dans la main était peut-être une coupe qu'un pharaon avait porté à leurs lèvres ou une coupelle sacrée ayant contenu des offrandes divines. L'enquêteur regarda les rangées de paniers alignés le long du mur et remplis à ras bord de corpuscules fondus et ce n'est qu'alors qu'il saisit la réelle étendue du vol, le galvaudage et l'inconséquence de la destruction qui l'avait accompagné.

Soudain, Semerkhet envoya voler la mince patène d'or à travers la pièce. Elle se brisa en mille morceaux étincelants contre le mur. Comment avaient-ils osé ? Ces objets avaient été confectionnés par leurs grands-pères, leurs oncles et leurs pères. Maintenant ils avaient disparu, à tout jamais. Les artisans étaient-ils devenus blasés au point de ne plus voir la valeur de leur propre travail, de le fondre parce qu'il était plus facile à transporter ?

Pourtant, il se souvenait de la fierté de Paneb pour un vase réalisé par son grand-père. Ce dernier faisait certainement partie du butin revendiqué par le grand contremaître furibond dans un accès de sensiblerie. Semerkhet sentit son cœur s'adoucir envers Paneb – au moins l'un d'entre eux désirait-il le trésor pour autre chose que sa seule valeur sur le marché.

Semerkhet bascula son flambeau pour inspecter le reste de la pièce, et la lumière révéla une porte au fond de l'antichambre. Par curiosité, Semerkhet la franchit et se retrouva dans une autre galerie. Sous le choc, il resta hébété.

Il ne s'agissait pas du tout d'une cave secrète… mais d'un tout autre tombeau ! La sépulture s'étendait de part et d'autre sur un espace dont Semerkhet ne pouvait se rendre compte dans l'obscurité. Qar lui avait dit que le tombeau de Ramsès au-dessus avait été creusé trente ans plus tôt par les pères et les grands-pères des actuels artisans. Au vu de l'avancée formée par celui-ci, il était évident que les deux sépultures se chevauchaient. Le toit de cette tombe oubliée arrivant au niveau du sol de celle, plus récente, de Pharaon, les maçons avaient dû partir en biais, ce qui expliquait pourquoi le mur obliquait vers la droite.

Semerkhet éclaira le mur à la recherche d'indices révélant l'identité du locataire des lieux. S'il distinguait clairement les formes des sujets qui ornaient jadis les parois, ces derniers avaient été soigneusement effacés à coups de pic. Il n'en restait que les contours.

Lentement, Semerkhet s'avança dans le couloir. Tout avait été délibérément arraché des murs. Tout au fond du tombeau, pourtant, il découvrit un fragment de fresque encore intact. Il représentait une petite tête de pharaon, reconnaissable à l'uræus qu'il portait sur le front. Quelle qu'eût été son identité, c'était un homme d'une extrême beauté si son portrait était fidèle. Ses traits bien dessinés lui rappelaient quelqu'un qu'il avait rencontré récemment… qui ? Peut-être sa mémoire lui jouait-elle simplement des tours et il chassa cette pensée d'un haussement d'épaules. Par bonheur, les profanateurs avaient oublié un cartouche. Fronçant le nez, il déchiffra à grand-peine les glyphes à moitié effacés. *Amenmose*, souffla-t-il.

Il se trouvait donc dans le tombeau du maudit usurpateur, le père de Taousert, la reine dont le nom avait surgi à plusieurs reprises tout au long de l'enquête. Tout à coup, Semerkhet se rendit compte à quel point Amenmose devait avoir été méprisé pour susciter une telle profanation. La suppression de son nom dans sa propre sépulture interdisait à l'imposteur tout accès à l'au-delà. Nul doute que la tombe de sa fille, où qu'elle fût aménagée, avait fait l'objet d'un saccage identique.

L'huile de la torche était pratiquement épuisée. Semerkhet rebroussa chemin jusqu'au tombeau inachevé de Pharaon à l'étage. Puis il reprit place derrière l'un des larges piliers de la grande galerie. Bientôt le flambeau crachota et la flamme s'éteignit. Il s'installa pour attendre le retour des ouvriers. Le lendemain soir – encore une nuit sans lune –, les mendiants devaient donc revenir chercher le reste du trésor. Mais pour l'emporter où ? Et pourquoi ?

Peu importait les réponses à ces questions, dès qu'il pourrait s'éclipser au matin, il irait directement trouver le vizir To. Les voleurs seraient coupés net dans leur élan.

L'INITIÉE DE SEKHMET

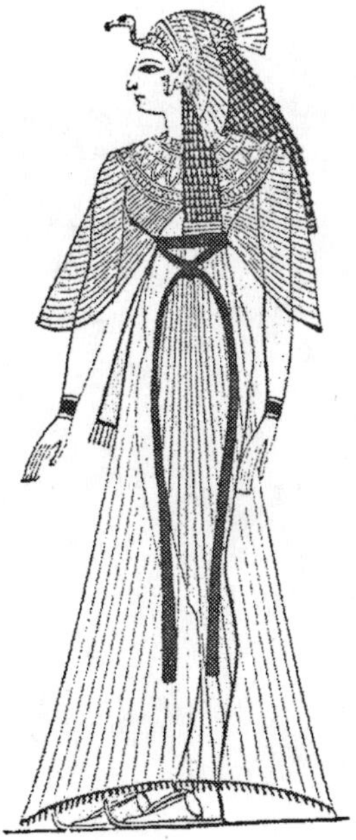

Comme Semerkhet s'en doutait, les artisans revinrent à l'aube. Passant devant lui sans le voir, ils se dirigèrent directement vers la chambre funéraire pour poursuivre leur travail. Lorsqu'il fut assuré qu'ils ne feraient pas demi-tour, il se glissa jusqu'à l'entrée au bout du couloir principal. La porte était grande ouverte et il escalada la falaise jusqu'au sentier sous les rayons du soleil levant.

Dans l'heure qui suivit, il se retrouva dans le bazar de fortune installé autour du temple de Djémé. Depuis le retour de Pharaon, des centaines d'étals avaient surgi à ses pieds. À la vue de l'insigne du vizir, les gardes des grands pylônes le laissèrent immédiatement passer.

Il y avait beaucoup moins de monde dans les jardins. Toutefois, une multitude de nobles, de prêtres et d'artisans vaquant à leurs occupations matinales tourbillonna autour de lui. Malgré la fumée âcre des sacrifices, qui planait au-dessus de l'enceinte du temple, on percevait dans les allées pavées du jardin le parfum des citronniers et des jasmins plantés aux alentours.

Aux portes du Saint des Saints, Semerkhet aborda un garde.

— Pour se rendre chez le vizir, s'il te plaît ? demanda-t-il, sachant que To avait abandonné son bureau du temple de Maat afin d'être plus près de Pharaon lorsqu'il séjournait à Thèbes.

Devant l'insigne, le soldat lui fournit les indications nécessaires.

— Mais si tu cherches To, ajouta-t-il, il est parti avant l'aube pour Hermonthis, avec sa garnison.

Devant l'expression de Semerkhet, le garde reprit aussitôt :

— Il sera de retour d'ici une semaine environ ! Il est parti examiner le nouveau Boukhis.

Semerkhet avait entendu parler de la mort prématurée du précédent taureau sacré, un horrible présage de malheur. L'animal était considéré comme la manifestation terrestre du pouvoir de Ramsès III et son remplacement était une tâche qui ne pouvait être confiée qu'au plus grand représentant officiel, ce qui expliquait le départ inopiné de To.

— Peut-être que son scribe, Kenamon, pourra t'aider si c'est si urgent, poursuivit le garde.

Kenamon... Oui. Il saurait comment joindre To au plus vite. Semerkhet remercia son interlocuteur d'un signe de tête et traversa à grands pas les sombres halls, dont les carreaux de basalte poli miroitaient sous ses sandales grossières. Mais il s'était écoulé un certain temps depuis sa dernière venue et il se perdit. Il reconnut le mur de faïence bleue... mais devait-il prendre à gauche ou à droite ?

Une voix familière attira son attention et, de l'autre côté de la cour, il aperçut la silhouette mince de Paour. Au lieu de son habituelle condescendance, le maire bavardait gaiement, riait même aux éclats, avec quelqu'un. Semerkhet fut intrigué car, jamais, il n'avait encore vu le maire de Thèbes Ouest si détendu et accessible. Il s'avança dans le couloir pour mieux voir son interlocuteur.

C'était Paser !

Semerkhet en resta stupéfait. Qu'était devenue leur célèbre aversion mutuelle, l'inimitié mal dissimulée qu'ils se vouaient l'un à l'autre ? L'hermine et le cobra avaient-ils pactisé ?

Semerkhet s'approcha discrètement, dans l'espoir de surprendre leur conversation. Malheureusement, Paour changea de position juste à cet instant et aperçut Semerkhet. En se rendant compte de qui il s'agissait, le maire de Thèbes Ouest tressaillit et pâlit. Voyant son collègue défait, Paser se retourna pour voir ce qui le perturbait.

Ils s'écartèrent d'un bond tels des enfants pris en flagrant délit, se dit Semerkhet.

— Toi ! s'exclama Paour avec peine. Mais n'étais-tu pas censé être… Il ravala sa salive, incapable de poursuivre.

Paser jeta un regard alarmé au grand maire. Aussitôt, il reprit la phrase laissée en suspens.

— … au village des artisans.

Paour acquiesça de la tête sans mot dire, les traits toujours pâles.

— Qu'est-ce qui t'amène ici, Semerkhet. ? demanda Paser.

— Le vizir. Je suis venu le voir.

Il surprit leur bref échange de regards.

— As-tu donc résolu le meurtre de la prêtresse ? s'enquit Paour d'une voix faible.

Semerkhet étudia attentivement les deux hommes. Son regard critique lui dit que quelque chose chez eux sonnait faux. Il secoua la tête négativement.

— Je suis simplement venu me faire payer auprès de Kenamon, messieurs.

Aussitôt, les deux maires parurent soulagés. Paser afficha même un sourire.

— Tu n'as quand même pas déjà dépensé tout cet argent que je t'ai donné ?

Semerkhet sourit.

— Le vin coûte cher en ce moment, monsieur le maire, dit-il avec un clin d'œil.

Paser pouffa de rire, mais ses yeux continuaient de le jauger froidement. Paour, en revanche, avait retrouvé sa rigidité naturelle. Sans un mot, il s'éclipsa pour se réfugier au plus vite dans ses appartements, en se retournant de temps à autre vers Semerkhet avec un frisson.

— Il a entendu parler de l'agitation récente survenue au village des artisans, expliqua Paser. Tu ne peux pas lui en vouloir de t'en croire responsable, Semerkhet.

— Les artisans en sont les seuls responsables, répondit sèchement Semerkhet. Avant d'ajouter en se radoucissant : que monsieur le maire veuille bien m'excuser, mais il faut que je voie Kenamon. Serait-il possible de m'indiquer où le trouver ?

Paser lui indiqua un couloir. Semerkhet inclina les bras au niveau des genoux et laissa le maire sur place.

Kenamon était installé à sa table, il noircissait un rouleau. Lorsqu'il vit Semerkhet pénétrer dans la pièce, ses yeux s'élargirent, et Semerkhet remarqua qu'il retourna le papyrus. Il lui sembla que le scribe du vizir n'était pas très heureux de le voir.

Rapidement, il raconta à Kenamon comment il avait découvert l'or dans le tombeau oublié de la Grande Place, que les artisans avaient tenté de le tuer et qu'il avait le sentiment que tout cela avait un lien avec le meurtre d'Hétèphérès. Puis il affirma que l'arrestation d'Hénouti et le vol de ses bijoux faisaient obstacle à son enquête.

— Il faut la libérer et la placer sous la protection du vizir. Et, ce soir, il faut un envoyer escadron épingler les mendiants qui s'apprêtent à déménager le trésor.

Kenamon pâlit. Sous le choc, il se mit à arpenter la pièce.

— Par exemple... balbutia-t-il tout en réfléchissant très vite. Je peux parfaitement donner l'ordre qu'on libère la femme, ce n'est pas un problème, mais je n'ai pas le pouvoir de te procurer une escorte militaire.

— Qui l'a ?

— En l'absence du vizir, seul Pharaon, j'en ai peur. Kenamon haussa les épaules l'air impuissant.

— Dans ce cas, il faut qu'on aille le trouver, déclara Semerkhet.

Kenamon parut horrifié par cette idée.

— On ne peut pas demander une audience comme ça, Semerkhet. Les formalités sont complexes, il y a un millier de règles à...

— Enfin, le trésor que j'ai vu entassé dans cette tombe devrait quand même permettre de les contourner !

— Tu ne comprends pas, ce n'est pas si simple. Non, il nous faut quelqu'un qui ait accès direct à lui.

Kenamon réfléchit un instant puis hocha la tête pour lui-même, comme s'il venait de prendre une décision.

— Attends ici et n'en parle à personne, c'est bien compris ? lança-t-il par-dessus son épaule et en se précipitant dans le couloir.

Bien qu'à regret, Semerkhet acquiesça de la tête. Le scribe revint quelques instants plus tard.

— Nous avons de la chance, dit-il hors d'haleine. Tiyi, la reine mère, consent à nous recevoir. Lorsque tu lui auras raconté ton histoire, je suis sûr qu'elle persuadera Pharaon d'envoyer des hommes.

Semerkhet suivit Kenamon à travers les couloirs menant dans la partie sud du temple. C'est alors qu'il se rendit compte qu'il se dirigeait vers la résidence privée de Pharaon. Une porte en cèdre très dépouillée en bloquait l'unique entrée, un accès de taille modeste qui passait relativement inaperçu. Les deux gardes ne les empêchèrent pas de passer : Kenamon semblait bien introduit.

Pour un palais égyptien, la résidence royale était vaste, mais pas aussi étendue que ceux que Semerkhet avait pu apercevoir en Babylonie ou en Syrie. Il était en pierre, contrairement à la plupart des habitations égyptiennes, bâties en brique crue. Kenamon lui fit monter un escalier pour gagner l'étage et emprunter un étroit passage à claire-voie. En regardant à travers, Semerkhet tenta de se repérer par rapport aux jardins du temple, qui s'étendaient en bas, et au lac sacré, un peu plus loin. C'est alors qu'il comprit où Kenamon le conduisait.

Semerkhet s'arrêta.

— Mais c'est le pont du harem !

— Où pensais-tu donc trouver la grande épouse ? demanda le scribe.

Semerkhet lui emboîta docilement le pas jusqu'aux appartements des femmes. Ils pénétrèrent dans une petite pièce bien aérée. Personne n'accourut pour les accueillir, aucune des épouses de Pharaon n'était d'ailleurs en vue. Semerkhet ressentit une pointe de déception.

Pour se consoler, il examina la pièce. Les murs étaient ornés de fresques éclatantes. De plus près, Semerkhet fut déconcerté de découvrir des scènes d'une intimité gênante. Sur un panneau, Pharaon jouait au senet avec une jeune fille nue. En face, Ramsès tenait par la taille une concubine toute mince et lui caressait la poitrine du bout des doigts tandis qu'elle célébrait ses exploits sexuels de son poing levé.

Un bruit de pas étouffés le fit sursauter et il se retourna, les nerfs à vif. Tiyi était là. Elle ne portait pas les vêtements sévères qu'il lui avait vus lors de leur première rencontre. La transparence de sa tenue le fit au contraire rougir.

— Semerkhet ! Elle avait une voix magnifique, à la fois grave, tendre et chaude, et sa peau était de la couleur des perles de jaspe dorées qu'il portait autour du cou. Tu as bien occupé nos pensées depuis ce jour où nous nous sommes rencontrés chez le vizir.

Semerkhet s'agenouilla. Elle s'avança alors et le releva en lui prenant les mains. Son parfum lui emplit les narines et, à sa honte, il ne put s'empêcher d'admirer la pointe de ses seins décorée au henné sous la fine batiste de son corsage. Elle le regarda attentivement.

— Mais où sont les amulettes et les fétiches que je t'ai envoyés ? Tu ne les as pas reçus ? Pentaour a pourtant dit qu'il te les avait passés lui-même autour du cou. S'il a menti…

— Ton fils me les a bien remis, interrompit-il sa jolie détresse, mais je les ai enlevés à cause de… des rêves étranges qu'ils me faisaient faire.

Tiyi le gronda du doigt.

— C'est à cause des puissantes prières et incantations dont je les ai chargés. Il ne faut jamais t'en séparer. Rien d'étonnant si Kenamon m'annonce que tu as des ennuis maintenant. Tout s'explique.

Curieusement, le ton bavard de la reine lui rappelait tellement sa propre mère qu'il se sentait absurdement à l'aise en sa présence. Il se surprit de nouveau à regarder sa lourde poitrine sombre sous la mousseline transparente, et il baissa vivement les yeux.

— Tu as raison d'avoir honte, lui dit-elle en lui caressant le visage. Vous êtes tous de vilains petits garçons à ne pas faire ce qu'on vous dit. Mais bon, où serais-je aujourd'hui si mes fils n'avaient plus besoin de moi ?

Tiyi lui effleura la joue de ses ongles et, quand elle lui sourit, il aperçut le bout de ses dents blanches et régulières. Ses doigts remontèrent le long de son visage et s'arrêtèrent un instant à l'endroit de son cuir chevelu où ses cheveux étaient mystérieusement tondus.

— Viens t'asseoir avec moi à la fenêtre et raconte-moi tout ce qui s'est passé au village des artisans. Selon Kenamon, c'est très sérieux. Nous t'écouterons, puis nous déciderons pour le mieux.

Semerkhet se laissa conduire sur le balcon fermé surplombant les jardins de Djémé. La reine l'invita à prendre place à côté d'elle sur le divan près de la fenêtre à claire-voie. Kenamon fut relégué sur un petit tabouret, un peu à l'écart. Peu enclin à prendre part à la conversation, le scribe parut ravi de pouvoir se contenter d'écouter.

Tout en parlant, Semerkhet prit conscience de la qualité d'écoute de la reine. Même si elle se passait le doigt sur le front, jouait avec la houppe de sa ceinture ou étirait les épaules avec indolence, elle suivait attentivement son récit. Elle fronça les sourcils et émit de petits gémissements horrifiés à l'idée que les tombeaux de ses ancêtres eussent pu avoir été pillés et qu'il eût été à deux doigts de se faire tuer. À la première pause, elle lui posa des questions témoignant de sa perspicacité et de sa compréhension de la situation. Kenamon l'avait bien mise au courant, songea-t-il. Ensuite, il expliqua à la dame que, pour l'avoir aidé, Hénouti se languissait désormais dans la prison des artisans, accusée d'adultère.

— C'est aussi la raison de ma venue, conclut-il, pour qu'elle soit libérée afin de témoigner contre ses voisins.

— Serais-tu amoureux d'elle ? demanda la reine en souriant.

— C'est l'épouse d'un autre homme, Madame, répondit Semerkhet en baissant les yeux.

Tiyi lui saisit le menton et lui releva la tête.

— Semerkhet, tu devrais savoir qu'il est inutile de me cacher quoi que ce soit.

Semerkhet se sentit soudain honteux, sans toutefois savoir pourquoi.

— C'est la première femme à part mon épouse pour qui… j'éprouve quelque chose, tenta-t-il. Si c'est de l'amour…

— Voilà bien un homme, rit-elle ravie. Pourquoi ne pouvez-vous jamais admettre vos sentiments ?

— Qu'importent mes sentiments ! s'écria-t-il avec une légère insistance dans la voix. Elle est en danger. Et les mendiants doivent venir ce soir déménager le trésor de la Grande Place ! Il n'y a pas de temps à perdre, Madame !

Un son de cornes résonna au loin. Tiyi changea de visage, ses traits se durcirent et se figèrent quelques instants. Une servante – ou peut-être l'une des épouses secondaires – vint lui glisser quelque chose à l'oreille. Elle secoua la tête sans mot dire.

— On m'apprend que Pharaon a terminé ses entretiens, annonça-t-elle à Semerkhet et à Kenamon. Ce matin, mon fils Pentaour organise une chasse aux canards dans les marais du sud. Je vais m'arranger pour que tu te joignes à nous, Semerkhet.

Semerkhet en resta consterné. Ce n'était pas le moment de s'adonner à ce genre de frivolités.

— Madame…

Elle leva une paume de main tatouée au henné.

— Il y a une raison à mon invitation, dit-elle de sa voix grave. Ces temps-ci, les couronnes rouge et blanche pèsent lourd sur son front. Un autre coup comme celui-ci et… eh bien…

Elle eut un soupir tragique, sous-entendant que Pharaon était un homme trop fragile pour supporter de telles nouvelles.

— Une fois qu'il aura appelé le prince consort à ses côtés, dit Semerkhet sans réfléchir, je suis certain qu'il sera plus facile…

Tiyi sursauta clairement, ses yeux fauves s'élargirent et sa bouche s'étira en une soudaine grimace exposant ses dents acérées. Elle saisit Semerkhet par le bras, lui enfonçant ses ongles dans la chair.

— Qui t'a parlé de ça ? Où as-tu entendu pareil mensonge ? Dis-le tout de suite ! Personne n'a encore été appelé à seconder Pharaon. Et encore moins ce…

Kenamon se leva de son tabouret et se racla la gorge bruyamment. Tiyi regarda alors le scribe, et se tut aussitôt. Puis elle se renfonça dans le divan en prenant une profonde respiration. Lorsqu'elle se fut calmée, elle plongea un regard plein de ressentiment dans les yeux de Semerkhet : « Pharaon n'a besoin d'aucune aide. C'est un puissant taureau et un redoutable faucon. »

Ces paroles traditionnelles tombèrent à plat dans sa bouche. Semerkhet ne pipa mot. Des gouttes de sang se mirent à perler des petites marques rouges en forme de croissant que ses ongles avaient laissé sur sa peau. Tiyi fit semblant d'être absorbée par le drapé de sa tunique et rajouta : « Je ne suis qu'une vieille femme, dit-elle, qui couve trop son époux, voilà tout. Mais je t'aiderai, Semerkhet, malgré tes paroles cruelles. »

Brusquement, Tiyi se mit à parler de tous ses préparatifs pour la chasse aux canards, comme si de rien n'était. Semerkhet partagerait sa barque, lui expliqua-t-elle, et Pharaon serait sans doute de meilleure humeur après quelques bonnes prises. « Ensuite, je lui demanderai une escorte pour t'accompagner au village. Il faut que je trouve le moment idéal pour lui poser la question. En attendant, il faudra que tu gardes le silence car je suis la seule à savoir m'y prendre avec lui. »

Tout à coup, comme si un charme avait été rompu, le harem reprit toute son animation. Les épouses secondaires surgirent de leurs appartements, en bâillant, et les eunuques se multiplièrent tout autour.

Tiya se hâta de donner ses instructions à Semerkhet pour qu'il se présentât aux quais du temple. Kenamon resterait auprès de lui et ne laisserait personne s'en approcher. Il ne devait pas quitter Semerkhet, souligna-t-elle. Qui savait quels dangers pouvaient rôder, et où ils se cachaient ? N'avait-on pas déjà tenté une fois de tuer Semerkhet ?

Après une profonde révérence, Semerkhet laissa la reine à sa fenêtre. Alors qu'il franchissait la porte du pont en pierre,

Kenamon le rattrapa à la hâte. « C'est une femme extraordinaire, la grande épouse, non ? »

Semerkhet le regarda sans rien dire. Tout au long du trajet, il sentit l'endroit où elle avait planté ses ongles dans son bras le piquer.

Au même moment, à des centaines de mètres de là, Kipa se tenait devant le foyer extérieur, un panier de détritus dans les bras. Il était rempli des déchets habituels liés à la vie à Thèbes : restes d'os, vestiges des repas de la semaine, têtes de poisson, chiffons usés jusqu'à la corde. La servante farfouilla à la recherche de son silex et de ses fibres de palme pour allumer le feu.

En ce milieu de matinée, sa maîtresse était partie au temple de Sekhmet rendre visite à son oncle, le grand prêtre. Mérit allait souvent chez son oncle ces temps-ci, se disait Kipa. Et à son retour, elle était systématiquement mal lunée et renfrognée. Dans ces cas-là, Mérit enfermait souvent les trois serviteurs dans la petite cave où ils dormaient la nuit. Dans l'obscurité, à côté des sacs de grains à l'odeur de moisi et des jarres de bière en fermentation, ils l'entendaient marcher au-dessus, parfois en rond. Souvent elle prononçait des incantations à voix basse. Kipa soupçonnait sa maîtresse d'être possédée par un démon.

La pierre à feu était rangée dans une petite niche du mur de briques crues. En tendant le bras pour l'attraper, elle sentit un carreau bouger sous ses pieds. Il était légèrement surélevé par rapport aux autres.

Sans y prêter davantage attention, elle le remit en place. Toutefois, il demeurait en équilibre, comme si quelque chose gênait dessous. Kipa souleva le carreau et aperçut alors ce que la petite cavité renfermait. Elle parvint tout juste à étouffer un cri.

Vivement, elle remit le carreau en place. Quand sa maîtresse rentra à la maison, elle n'en dit rien, préférant attendre le retour de Nenry pour le déjeuner. Dès que le scribe, chargé de documents, poussa la porte d'un geste las, Kipa l'aborda.

— Maître, dit-elle. Aurais-tu un moment pour regarder quelque chose ?

Nenry allait la repousser car Paser l'avait laissé s'occuper seul des affaires matinales – rapports des arpenteurs, calendrier des impôts. Pour une raison qu'il ignorait, le maire était parti à la dernière minute participer à une chasse aux canards avec la reine Tiyi. Il fallait le faire ! Néanmoins, devant l'expression de la servante, Nenry ravala toutes ses protestations. Il la suivit jusqu'au foyer.

Kipa souleva le carreau. Dans la cachette se trouvait la dépouille d'un nouveau-né, une fille. Elle était couverte de peinture rouge et des glyphes étaient tracés sur ses minuscules paumes, pieds et front. Ce n'était pas des inscriptions ordinaires, mais des symboles primitifs datant de temps immémoriaux. Diverses amulettes étaient placées autour du petit corps. L'estomac de l'enfant avait été ouvert et, à l'intérieur, parmi ses viscères desséchés, se trouvait une poupée de cire. Un couteau sortait de la poitrine du bébé et ses yeux étaient bandés.

— Va chercher les autres, demanda Nenry, d'une voix terrible.

Mérit était allongée sur son lit car elle avait l'habitude de faire un petit somme pendant le déjeuner de son mari – un arrangement qui leur convenait à tous les deux car il maintenait leurs échanges quotidiens au strict minimum. Elle fut donc surprise de voir son époux surgir à sa porte, suivi de près par les serviteurs.

— Pourquoi vient-on perturber mon repos ? demanda-t-elle l'air résigné, comme si les voies des dieux lui paraissaient décidément impénétrables.

Nenry traversa vivement la pièce et l'empoigna par les

cheveux. Puis, sans tenir compte de ses hurlements, il la projeta contre le mur.

— Sorcière ! criait-il. Il faillit se mettre à pleurer, mais s'interdit fermement la moindre larme. Emparez-vous d'elle, lança-t-il aux domestiques. Attachez-la bien et descendez-la à la cave.

Sous le choc, Mérit ne pipa mot. Insultes et jurons restèrent coincés dans sa gorge jusqu'au moment où les serviteurs l'empoignèrent et lui ligotèrent les mains. Son mari et ses domestiques demeurèrent toutefois sourds à ses intimidations et à ses menaces de punition. Elle dut se contenter de tirer ce qu'elle pouvait de satisfaction en les voyant répugner à la toucher, comme si elle était couverte de piquants.

Dans la cave, Nenry attendit qu'ils l'eussent attachée sur une chaise face à l'établi sur lequel étaient soigneusement étalées les preuves de ses actes de magie noire. Ce faisant, il se refusait néanmoins à la regarder. Devant la froideur de son mari et de ses serviteurs érigés ainsi en juges, Mérit se mit à se débattre, exigea qu'on la détachât sur-le-champ, menaçant de se plaindre à son oncle, de faire perdre à Nenry son emploi, de vendre les domestiques à un bordel !

Ils la laissèrent crier et tempêter jusqu'à ce qu'elle s'épuisât d'elle-même. Ce fut finalement leur impassibilité qui eut raison de sa rage. Elle se calma et cessa de tirer sur ses liens.

— Comment as-tu pu me faire ça ? demanda Nenry. N'ai-je pas pourvu à tous tes besoins ? Accédé à tous tes désirs ?

Il fixait des yeux l'horrible poupée de cire qu'il tenait dans la main, transpercée d'une aiguille d'or. Puis son regard tomba sur le cadavre du nouveau-né. À la vue de la malheureuse enfant éventrée et remplie de monstrueuses reliques, il gémit doucement.

— Détache-moi, espèce d'imbécile ! Quand mon grand-oncle va entendre que tu as rompu le sort… s'exclama Mérit en tentant de l'intimider.

Dans un cri, Nenry passa à l'attaque et lui décocha une claque si violente que le sang lui coula sur le menton.

— Tu m'as trompé, rugit-il. Je suis anéanti.

— Pour comprendre tout de travers, on peut te faire confiance ! Sa voix se fit tout à coup suppliante. Tu ne vois donc pas que c'est pour te protéger que j'ai pratiqué la magie ?

Nenry se contenta de secouer la tête en désignant d'un geste le corps desséché et peint en rouge du bébé.

— Cet enfant, c'était le tien ?

— Bien sûr que non, répondit-elle, levant les yeux au ciel devant tant de stupidité. Comment aurais-je pu cacher ma grossesse, même à toi ? Je l'ai acheté à une prostituée aux portes de la ville. Elle allait l'abandonner de toute façon. J'ai mis ma main sur sa bouche jusqu'à…

La plainte étouffée de son mari l'interrompit. Nenry leva la main et il lui fallut beaucoup de retenue pour ne pas la frapper de nouveau. Au lieu de cela, il brandit la figurine en cire.

— Et ça, c'est bien moi, non ? Tu veux ma mort.

— Du calme, Nenry. Je te jure que ce n'est pas toi.

— C'est qui, alors ?

— Ton frère, évidemment. C'est l'un de ses cheveux, dans la cire. Qui veux-tu que ce soit d'autre ?

— Semerkhet ?

— Il fallait bien que je fasse quelque chose, se justifia-t-elle sur un ton offensé. Il n'aurait pas dû te mêler à toutes ces affaires, et tu le sais très bien. Quand je t'aurais dit de qui vient l'idée du sort, tu me remercieras. On désire la mort de ton frère et de tous ses amis en haut lieu. Tu crois peut-être que je laisserai pareille chose t'arriver ? J'ai travaillé trop durement pour tout perdre par ta bêtise.

— Mais qui pourrait vouloir sa mort ? demanda Nenry avec mépris.

— L'initiée de Sekhmet, voilà qui ! Et ses pouvoirs magiques sont les plus puissants de tout le royaume.

— Qui… ?

Il n'avait encore jamais entendu parler de cette personne.

— Ne me dis pas que tu ne la connais pas ! Toi qui a même travaillé au temple de Sekhmet autrefois. Eh bien, ça ne me surprend guère, avec ta manie de jouer les autruches…

— C'est qui ? insista-t-il en levant de nouveau la main.

— La grande épouse royale, s'empressa-t-elle de répondre. La reine Tiyi !

Nenry avait suffisamment de bon sens pour la croire. Médusé, il demanda son manteau et sa canne à son valet. Il annonça qu'il se rendait à Thèbes Ouest. *Il faut le prévenir*, murmura-t-il plus pour lui-même que pour les autres.

À ces mots, sa femme se gaussa.

— Tu ferais mieux de rester à la maison, idiot. Tu ne peux rien pour lui. C'est trop tard. Mon grand-oncle me l'a dit. La lionne se met en route aujourd'hui. C'est aujourd'hui que ton précieux frère doit mourir !

Sur l'étagère où étaient rangés les couteaux à viande et à poisson, il en prit un long et le tendit à Kipa.

— Surveille-la bien. À la moindre tentative de fuite, de raffut ou d'insultes, tranche-lui la gorge.

Kipa ne sourcilla pas. Puis, curieusement, elle l'embrassa.

— Que les dieux soient avec toi, maître. Va et sauve ton frère car vous êtes tous deux des hommes bons.

Et elle lui déposa un baiser sur la joue.

La dernière chose que vit Nenry en remontant de la cave fut Kipa debout devant son épouse, le couteau de bronze étincelant dans sa main. Dès qu'il eut quitté la maison, il se mit à courir. Tout le long des quais, il ne cessa de répéter le nom de son frère comme un talisman, en appelant à tous les dieux qu'il connaissait.

Semerkhet... ! lançait-il et dans ce nom était réunies toutes les prières qu'il savait formuler.

La flotte des barques de plaisance avait quitté Djémé en milieu de matinée et rejoint le Nil par le canal du temple. Arrivées au fleuve, les embarcations peintes de couleurs vives avaient bifurqué vers le sud, et les marins avaient hissé les petites voiles carrées pour profiter du vent puissant du désert. Les rameurs relevèrent leurs avirons.

Sur la barque de la reine, Semerkhet, vêtu comme toujours de son pagne à franges et de son manteau de laine grise, était assis sous le dais de bois auprès de Tiyi. Il n'avait jamais possédé de tenue en plissé blanc comme en portaient les courtisans. Lorsqu'il allait à la chasse, ce n'était pas pour le sport mais pour assurer son dîner.

Le cours de sa pensée fut interrompu par un cri émanant d'un autre bateau. La barque du prince Pentaour allait les rattraper. Semerkhet remarqua l'inséparable compagnon du prince, le Noir Assaï, allongé à ses côtés sous le dais.

— Mère ! apostrophait Pentaour. Belle journée pour la chasse, non ?

Semerkhet regarda le ciel et, voyant les nuages gris de pluie à la lisière du désert, se demanda ce que le prince pouvait bien vouloir dire. Il semblait que l'orage risquait d'éclater à tout moment. Or, à ces mots, Tiyi éclata d'un rire argenté.

— Une journée splendide, en effet ! Tu ne pouvais pas mieux choisir. Les dieux sont avec toi Pentaour.

Le prince tourna son regard clair vers Semerkhet.

— Regarde qui est là, Assaï, ton ami l'agent ! Crois-tu qu'il ait trouvé d'autres perruques dans le désert ?

Assaï ricana de la raillerie, mais son regard froid refusa de croiser celui de Semerkhet.

— Aucune perruque, Majesté, répliqua Semerkhet.

— Comment se passe l'enquête ? As-tu fini par découvrir l'assassin de la prêtresse ?

— Pas encore.

Pentaour et Assaï échangèrent un regard et éclatèrent d'un rire sonore. Avec un air de dégoût, Semerkhet se détourna. Il avait peu de patience pour les petits princes gâtés et leurs mauvaises plaisanteries. Préférant étudier les bateaux qui composaient la flotte, il en dénombra trente à quarante, tous ornés de fleurs et de banderoles. Le soleil matinal miroitait sur leur dais de bois doré à l'or fin.

Soudain, un reflet à la poupe d'une barque lui attira l'œil. La barque étincelante d'or de Pharaon s'approchait de la leur. Pentaour et Assaï firent une génuflexion et Tiyi inclina elle aussi la tête. Semerkhet vit sur son visage une expression de... quoi donc ? D'irritation ? De panique ? À sa grande déception, les marins du pharaon serrèrent leur voile afin d'aligner la course du bateau sur celle de la barque de la reine.

Une voix râpeuse courut sur l'eau.

— Quelle surprise désagréable de trouver Madame ici. Pentaour, je t'avais pourtant dit que je ne voulais pas de femmes avec nous.

C'était Pharaon en personne. D'un coup d'œil à l'embarcation du prince, Semerkhet vit de sa position agenouillée que Pentaour avait pâli sous sa peau dorée.

— Père...

— N'en veux pas à ton fils, Ramsès, l'interrompit gentiment Tiyi tout en s'étirant paresseusement sur son siège abrité. Je me suis invitée toute seule. Je pensais qu'un pique-nique dans les roseaux me plairait.

— Un pique-nique? C'est une chasse ! N'ai-je pas créé suffisamment de jardins et de lacs pour les pique-niques de Madame ? Et qui vois-je à tes côtés, ton amant ?

Il fallut un moment à Semerkhet pour se rendre compte que Pharaon le désignait directement de sa canne. Il se voila la face, humilié. La dernière chose dont il avait besoin à cet instant particulier était d'être accusé de coucher avec la grande épouse.

— Ne sois pas ridicule, Ramsès, répondit Tiyi irritée. Crois-tu que je prendrais un paysan pour amant ? Épouser un membre de ta famille était déjà suffisamment déshonorant pour moi.

Les yeux clairs de Pharaon étincelèrent.

— Qui sait jusqu'où Madame irait se déshonorer.

— C'est Semerkhet, poursuivit Tiyi sur un ton alangui, sans prêter attention à Ramsès. Tu t'en souviens, bien sûr, c'est l'agent nommé par To pour enquêter sur le meurtre de la prêtresse.

— Toi, là-bas. Pharaon s'adressait directement à Semerkhet. Lève la tête que je voie ton visage.

Semerkhet se redressa sur les genoux.

— Humm, s'exclama Pharaon, dubitatif. To dit que tu as un terrifiant franc-parler. Est-il vrai que tu as traité le frère de mon épouse, Paour, d'idiot ?

— Non, Majesté.

— C'est pourtant ce que To m'a raconté, rétorqua Pharaon en fronçant les sourcils. Lequel de vous deux ment, dans ce cas. Allez, parle.

— Je ne l'ai pas traité d'idiot, Majesté, soupira tristement Semerkhet. J'ai dit que c'était un vieux chicanier avec un petit pois dans la tête.

Un bref rire saccadé s'éleva de l'autre côté du fleuve.

— Ha ! Ça, c'est bien vrai !

Aussitôt le fleuve entier se mit à résonner autour d'eux des huées des courtisans imitant le rire sec de Pharaon. Sous ses paupières baissées, Semerkhet lança un coup d'œil à la reine. Elle avait le visage cramoisi tandis que Pentaour et Assaï dardaient de nouveau des regards de dégoût sur lui.

— Je vois que To avait raison à ton sujet ! déclara Pharaon avec un large sourire. Après la chasse, tu rentreras au palais sur mon bateau, Semerkhet. Cela ne me fera pas de mal d'écouter pour une fois quelqu'un parler raison.

— Cela ne t'a jamais dérangé, pourtant, intervint Tiyi.

— Tu fais sans doute, ma chère, subtilement référence à notre désaccord concernant ma succession.

— Je fais subtilement référence à la promesse faite lors de notre mariage.

— J'œuvre pour l'Égypte, non pour la famille de Madame.

Les yeux brillants, Tiyi balaya la flotte du regard comme si elle cherchait quelqu'un.

— Où est le prince consort ? Pentaour l'avait tout spécialement invité. Il est malade ? Sur ses lèvres se dessina un léger sourire moqueur. Encore ?

— Il veille aux affaires de l'Égypte, or celles-ci ne regardent en rien Madame.

Avant que ses parents pussent ajouter quelque chose, Pentaour les interpella de son propre bateau.

— Je pourrais t'aider à gérer les affaires de l'Égypte, père. Mets-moi à l'épreuve ! Confie-moi une mission. Je ferai tout ce que tu me demanderas. Bien qu'il eût bientôt vingt-cinq ans, sa voix parut faible et chevrotante en cet instant. Si seulement tu me donnais ma chance...

— Comment ? s'exclama Ramsès, légèrement rembruni. Priver les Thébains de tes tours de saltimbanque les jours de fête ? Je ne saurais faire preuve de tant de cruauté. Contente-toi d'amuser les foules, mon fils, c'est ce que tu fais le mieux. Allons-y ! commanda-t-il alors à son barreur.

Aussitôt les marins libérèrent la voile. Elle se gonfla sous le vent et la barque de Pharaon fila droit devant. À grand renfort de cris, les courtisans firent à leur tour redémarrer leurs esquifs. Compte tenu de son équipage féminin, celui de la reine Tiyi mit un peu de temps à les rattraper.

La flottille se sépara dans les marais de papyrus. La reine choisit de mouiller dans une petite lagune à l'écart. Après le départ de Pharaon sur le Nil, elle était demeurée silencieuse, fulminant intérieurement, mais, quand sa barque atteignit les roseaux, son humeur s'améliora et elle reprit, presque gaiement, son bavardage. Se servant elle-même parmi le vin remisé à l'arrière, elle déboucha un pichet et se versa une longue rasade dans un gobelet en or massif incrusté de pierres précieuses.

— Ah, soupira-t-elle de contentement, ça fait du bien. C'est un vin de la propriété de ma famille. On dit que nos vignes produisent un raisin aussi délicat que celui d'Osiris lui-même. Tu en veux ?

Elle remplit de nouveau le gobelet.

Durant son séjour au village des artisans, Semerkhet n'avait bu que de la bière et la seule pensée du vin tourmentait ses papilles. Devant son hésitation, la reine retira la coupe.

— Mais oui, déclara-t-elle, les traits adoucis et de la commisération dans sa voix aux multiples textures, mon intendant, Nakht, ne m'a-t-il pas rapporté un jour, quoi donc ? Ah oui, je m'en souviens maintenant que tu as un problème d'alcool. Il m'a même expliqué que tu venais tambouriner à sa porte à n'importe quelle heure de la nuit, ivre et furieux, pour lui enlever sa femme.

— Il t'a raconté cela ? s'enquit-il d'une voix faible.

— Je ne crois pas que je vais t'offrir du vin, finalement, annonça-t-elle en rangeant la coupe. Je ne voudrais pas t'inciter à une mauvaise conduite.

À l'évocation de Naya, Semerkhet s'était farouchement assombri. Il tendit la main vers le gobelet.

— Nakht t'a mal informée, affirma-t-il sèchement.

Elle sembla hésiter, mais ses lèvres se pincèrent, comme si elle réprimait un sourire. Puis elle le laissa prendre la coupe en or.

Semerkhet but. Le liquide rouge foncé lui emplit la bouche. Tiyi avait raison, le raisin qui avait donné ce cru devait effectivement provenir des champs célestes d'Ialou. Il savoura. Le vin lui procurait un sentiment à la fois de calme et d'exultation, lui rappelait que l'ordre et le respect avaient autrefois régné en Égypte… Tout en buvant, il retrouva la sagesse. De nouveau, il tendit le gobelet pour goûter la sagesse encore et encore tandis que la reine remplissait sa coupe.

Ses dames de compagnie arrivèrent alors de l'arrière du bateau. Elles s'assirent à côté de lui et lui posèrent une couronne de fleurs sur le front. Elles saupoudrèrent des grains d'orge grillés sur lui et l'une d'elles se mit à chanter doucement en s'accompagnant à la harpe. Il s'esclaffa : « Quoi ? Vous comptez me sacrifier ? »

Mais les courtisanes se contentèrent de sourire en lui faisant signe de se taire pour ne pas gêner les chasseurs. La matinée s'écoula dans le bourdonnement des libellules et les cris au loin des courtisans et des oiseaux sauvages. De nouveau, il tendit le gobelet d'or et, de nouveau, celui-ci fut rempli.

Comme à travers un voile, Semerkhet aperçut l'une des dames de Tiyi hisser un drapeau rouge. Quelques instants plus tard, il entendit un bruissement d'avirons dans l'eau, tout près. Il s'efforça alors de jeter un regard furtif par-dessus les fargues. C'était l'heure du pique-nique car la barque solaire de Rê avait presque atteint son zénith. Il entendit la reine appeler :

— Pentaour ! Est-ce que tout est prêt ?

Le prince pénétra seul dans l'étang, pagayant lui-même. Vaguement surpris, Semerkhet constata que le maussade Assaï n'était pas avec lui.

— Tout a été fait selon tes souhaits, mère. Ils arrivent.

— Parfait ! Tiyi se leva pour s'appuyer à l'une des colonnes en forme de lotus doré qui soutenaient le dais. Bienvenue à toi Nakht, intendant de tous les palais royaux ! clama-t-elle en direction de l'autre rive.

Une voix distante lui répondit d'un ton sec.

— Salut à toi, Tiyi ! Reine des rois !

Soulevant la tête, Semerkhet vit Nakht pénétrer dans la lagune. Sa tenue de chasse d'une blancheur immaculée et parfaitement amidonnée lui arracha un sifflement de mépris. Semerkhet remercia les dieux de l'excellent vin qu'il avait bu et même la présence de l'idiot de mari de Naya ne le dérangeait plus.

« Salut à toi Paser, vizir d'Égypte. Bienvenue ! »

Semerkhet battit des paupières, l'esprit brouillé par la surprise, en voyant surgir le maire de Thèbes Est entre les roseaux. Que faisait donc Paser si loin de son territoire ? Remarquant que son embarcation penchait d'un côté sous son poids, Semerkhet ne put se retenir de rire.

« Iroy, grand prêtre d'Égypte ! » Un autre bateau pénétra dans l'étang. Semerkhet avait déjà vu cet homme, il tenta de se rappeler où. Dans la chaleur marécageuse, ses pensées semblaient s'embourber dans son esprit. Il ferma les yeux pour se concentrer. La réponse finit par arriver, lentement. Il s'agissait du beau-père de Nenry, ou d'un oncle… quelque chose de ce genre… Et il était grand prêtre au service de Sekhmet, non comme Tiyi l'avait appelé, « grand prêtre d'Égypte ».

Semerkhet se rassit et ôta sa guirlande de fleurs. Les dames tentèrent de le forcer à se rallonger sur le pont, mais il balaya leurs mains d'un geste en essayant de reprendre ses esprits. Un soupçon de peur s'insinua en lui. Les titres donnés par la reine à ces hommes étaient incorrects. On aurait dit qu'ils avaient été secrètement promus durant la nuit… comme si la mort soudaine de leurs supérieurs leur avait laissé le champ libre…

« Salut à toi, Tiyi, reine des rois ! » Une nouvelle barque venait d'arriver. Semerkhet reconnut la voix plaintive de Neferhotep avant même de le voir. La peur le gagna alors tout entier.

Mais pourquoi, se demandait-il, pourquoi ressentait-il une telle terreur ? Sentant qu'il en avait l'explication sur le bout de la langue, il ferma les yeux pour se concentrer, mais le vin lui martelait le crâne et les rayons blancs du soleil lui brûlaient les yeux…

« Tu comprends maintenant, Semerkhet ? »

Ses yeux s'ouvrirent d'un coup. Tiyi était debout au-dessus de lui, le soleil radieux derrière elle lui faisant une couronne de déesse. Il cligna des yeux et, par un effet d'optique, devina des crocs rouges dans son sourire. Alors il s'imagina que ses cauchemars étaient devenus réalité, que la lionne avait fini par le prendre dans ses griffes.

Tiyi se pencha sur lui et il fit la grimace en fermant les yeux, s'attendant à ce qu'elle lui arrachât la gorge de ses crocs, comme elle avait tenté de le faire une centaine de fois dans ses rêves. Or, son visage était doux et sa voix toujours aussi mélodieuse.

— Pourquoi ? murmura-t-il vers elle.

— Tu nous as découverts, Semerkhet.

Je ne vous ai pas découverts, voulait-il hurler. Le meurtrier d'Hétèphérès court encore ! Mais il savait désormais qu'ils étaient bien loin de se soucier de démasquer l'assassin de la vieille prêtresse. Il y avait autre chose. Sur quoi était-il tombé pour que les plus hautes personnalités d'Égypte vinssent se réunir autour de lui dans un marais, comme s'il était la cible de toutes leurs attentions ?

Concentre-toi, s'intima-t-il.

Il ne pouvait y avoir qu'une réponse : le trésor volé dans le tombeau. Quoi d'autre ? Pourtant, cela n'avait guère plus de sens. Quel besoin de richesses pouvaient avoir les notables réunis dans ce bassin ? À l'exception de Neferhotep, ils comptaient tous parmi les plus fortunés du pays. Ce n'était pas la bonne question. Il fallait plutôt se demander ce qui avait plus de valeur pour eux que l'or ?

Il souffla, connaissant la réponse. Il n'y en avait qu'une : le pouvoir.

Semerkhet regarda de l'autre côté de l'étang et lut la confirmation de ses soupçons sur leurs visages. Nakht, Paser, Iroy, Pentaour et la reine en personne : chacun se servait du trésor volé pour financer ses propres machinations. Quelques jours plus tôt, il avait dit à son frère avoir le sentiment qu'il se tramait un complot.

Quel genre de conspiration maniganςaient-ils ? Quelle envergure pouvait avoir l'entreprise et contre qui était-elle dirigée ? L'alcool ne gênait plus ses réflexions, au contraire il lui permettait d'assembler les pièces du puzzle.

Semerkhet se souvient alors de ce qu'avait lâché le bibliothécaire de la maison de Vie. « Pharaon l'a épousée en lui faisant la promesse que ses fils à elle hériteraient… », avait cancané Maadje. Or Pharaon avait manqué à sa parole en choisissant pour héritier le fils à la peau claire que lui avait donné la reine Isis, d'origine étrangère. Puis il avait entendu le prince consort en personne affirmer : « Le sang corrompu de Taousert et d'Amenmose coule encore en Égypte, Semerkhet, ne t'y trompe pas… »

De manière inattendue, il revit le minuscule portrait du pharaon Amenmose dans la tombe dissimulée sous le tombeau. De l'autre côté de l'étang, Semerkhet retrouva sur le visage du prince Pentaour et dans les traits plus doux de sa mère la beauté farouche du portrait… Et il eut une grimace perceptible.

Tiyi était la plus grande épouse royale d'Égypte et, toute sa vie, Semerkhet avait entendu dire qu'il en était ainsi. Jamais il n'avait songé à remettre en cause cette distinction ni à se demander comment elle l'avait acquise. Mais quelle autre raison avait eu Ramsès de l'épouser ? C'était une tradition séculaire pour les pharaons nés hors de la maison d'Or de s'unir aux filles et aux petites-filles de la lignée précédente et d'accéder à leurs revendications. La féroce Taousert, qui avait tué son époux par soif de pouvoir, vivait en Tiyi, Semerkhet le voyait clairement désormais.

Et voilà ce qu'il avait découvert par inadvertance, grâce à un indice surgi d'un passé volontairement enfoui, ce qu'ils avaient tant de crainte qu'il n'apprît. L'accusation lui échappa : « Vous allez tuer Pharaon ! »

Interdite, Tiyi recula légèrement. Durant quelques instants, la panique se lut dans ses yeux. Elle s'adressa avec colère aux hommes de l'assistance.

— Ne vous avais-je pas dit qu'il fallait le craindre ? Mais selon vous, ce n'était qu'un pauvre ivrogne, qui ne retrouverait pas son nez au milieu de sa figure, et encore moins…

— N'en dis pas plus, mère ! supplia brusquement Pentaour depuis son bateau.

De l'autre côté du petit étang, il entendit la voix aristocratique et pincée de Nakht rassurer le prince.

— Oh, il ne dira rien, Majesté, notre plan ne risque rien.

— N'en sois pas si sûr, Nakht ! hurla Semerkhet.

— Mais si tu parlais, Semerkhet, répondit Nakht comme s'il s'adressait à un singe savant, Naya serait condamnée à mort comme nous tous. C'est la loi. C'est bien ce que tu lui as dit, n'est-ce pas ? Un sourire cordial s'afficha sur son visage à la beauté suave. Merci d'ailleurs, car si tu ne l'avais prévenue, nous n'aurions jamais deviné que tu en savais autant.

S'impatientant sur son bateau, le prêtre Iroy ne put se retenir de prendre la parole.

— Pourrait-on en finir maintenant ? Nous savons tous pourquoi il ne dira rien, il sera mort. C'est pour cette raison que nous sommes tous ici, non, pour le voir mourir ?

— Iroy ! le réprimanda Tiyi. Ne sois pas grossier.

La petite voix suppliante de Neferhotep s'éleva dans le marais.

— Puis-je rappeler à notre auguste reine que nous ne disposons que de très peu de temps ? Ce soir, le trésor doit partir vers le nord avec les mendiants pour être remis aux généraux. Je suis d'accord avec le vénérable grand prêtre, tuons-le maintenant. Le ton enjôleur du scribe se fit acerbe. Cela fait six mois que j'attends ce moment.

Au signal de Tiyi, ses dames fondirent sur Semerkhet.

— Allez-y, fit la reine sèchement, le regard froid et cruel.

Les femmes basculèrent brutalement Semerkhet sur le

pont de sorte que sa tête pendit par-dessus bord. Il tenta de se débattre, mais elles le maintenaient solidement. Dans l'eau lisse et verte en dessous, il distinguait parfaitement le reflet de son visage : ses yeux noirs écarquillés, la bouche ouverte de peur. Il leva la tête pour voir s'il était possible de raisonner l'un des hommes présents. Mais les conspirateurs étaient penchés en avant et regardaient avidement.

— Au revoir, Semerkhet, railla Nakht. Je ne manquerai pas de raconter à Naya comme tu as supplié pour ta vie à la fin.

Des rires méprisants éclatèrent dans l'assistance. Tiya les fit taire d'un geste. Agenouillée à côté de Semerkhet, elle parla d'une voix affligée : « Pharaon sera informé de ce terrible accident. Je lui expliquerai qu'à force de te saouler, tu es tombé par-dessus bord. Que nous avons tenté de te sauver mais que pouvions-nous faire ? Mes dames et moi-même ne sommes que de faibles femmes. »

Puis elle lui prononça à l'oreille des paroles réservées à lui seul : « Jusqu'à présent, tu as résisté à ma magie, Semerkhet, mais aujourd'hui tu n'échapperas pas à son pouvoir. » Sa jolie voix prit un tour mystique. « Regarde l'eau, Semerkhet. Regarde bien. Vois comme je peux, d'un ordre, la rendre agitée. »

Semerkhet ouvrit de grands yeux. Tandis qu'elle parlait, l'eau se mit en effet à se soulever sous son visage. Son reflet fut dispersé. Une masse sombre prit forme sous l'eau, se fondit, se souleva du lit du fleuve et se redressa...

« Et maintenant..., reprit Tiyi, triomphante, tu vas mourir ! »

La forme surgit hors de l'eau. Semerkhet la sentit s'emparer de lui et le tirer tête la première dans l'étang. La surprise de la fraîcheur chassa les dernières brumes d'alcool. Il se débattit à l'aveuglette, les yeux fermés, donnant des coups de griffes et de pieds dans ce qui l'attirait vers le fond.

Dans ce monde de silence, il n'entendit soudain plus que

ses propres cris terrifiés et les tourbillons de bulles autour de lui. Son dos heurta le fond spongieux du marécage et il se força à ouvrir les yeux pour voir ce qui le retenait. Mais les nuages de boue qui s'agitaient autour de lui l'en empêchaient. Semerkhet expira une dernière fois. L'espace d'un instant, l'eau du Nil se clarifia et il vit enfin ce qui l'avait tiré sous l'eau.

Assaï.

Le beau favori noir et musclé du prince souriait même sous l'eau, sa haine pour Semerkhet irradiant aussi intensément que le poignard doré brandi dans sa main. Assaï tenta de lui en asséner un coup. Des deux mains, Semerkhet lui saisit le poignet et arrêta la lame de justesse avant qu'elle lui entaillât la gorge.

Tout à coup, Assaï se libéra en pivotant le poignet et attaqua de nouveau Semerkhet. L'eau devint soudain rouge. Semerkhet était touché au front et l'eau froide sur la plaie brûlait autant que des charbons ardents. Assaï revint à la charge, mais Semerkhet l'esquiva en plongeant plus profond dans la vase. Au dernier moment, à travers les nuages noirs de limon, il aperçut le poignard doré dans un éclair.

D'un puissant battement de pieds, il se propulsa vers les hautes eaux d'un étang plus éloigné, en se faufilant à travers les roseaux avec Assaï à sa poursuite. Émergeant à la surface, il reprit son souffle. Derrière, une ligne de bulles se dirigeait droit sur lui. Après une profonde inspiration, il s'enfonça de nouveau et jeta un regard furtif sous l'eau. Près de la surface, Assaï nageait rapidement à sa rencontre.

Il était clair que Semerkhet ne pourrait distancer son poursuivant à la nage. Il chercha un moyen de fuir, le cœur battant comme un tambour de temple. Alors qu'Assaï allait le vaincre, Semerkhet expira afin de se laisser rapidement couler au fond de l'étang. Les doigts dans la vase, il racla le limon. Puis il se mit à mouliner des bras pour former un écran de boue qui, espérait-il, le dissimulerait aux yeux du guerrier noir. Bien que ne pouvant plus voir son adversaire non plus, il prit la tangente vers le bord de l'étang et se dirigea droit sur un nouveau bouquet de roseaux.

S'accordant un instant de répit pour regarder derrière lui, il vit Assaï traverser l'écran de boue opaque dans la direction où il avait aperçu Semerkhet. Le garde s'arrêta, hésitant, puis nagea à la surface.

Incapable de rester sous l'eau par manque d'air, Semerkhet remonta vivement pour sentir de nouveau le soleil sur son visage. Il se remplit bruyamment les poumons. Comme il s'en doutait, Assaï le repéra aussitôt. Ce dernier se dirigea puissamment vers sa proie, ses longs bras le propulsant très vite. Semerkhet s'enfonça de nouveau sous l'eau et nagea frénétiquement vers un taillis de roseaux devant lui. Il enfouit de nouveau les doigts dans le lit du fleuve et le limon s'éleva en épaisses volutes. De nouveau, Semerkhet changea de direction, masqué par l'écran mouvant. Arrivé dans des eaux plus claires, il aperçut un épais buisson de joncs à quelques coudées à peine juste devant lui. Pris dans leurs feuilles, non loin de la surface, pourrissait la coque éclatée d'une antique barque échouée. Elle lui permettrait sans doute de se cacher d'Assaï. Bien que ses poumons manquent de nouveau cruellement d'oxygène, il nagea sous l'eau vers l'épave.

Ses poumons allaient lâcher. Il dut remonter respirer à la surface avant de s'enfoncer de nouveau. En se contorsionnant, il vit surgir la silhouette vêtue de lin de son poursuivant à quelques coudées seulement fonçant tout droit sur lui.

De panique, il gagna vivement les roseaux. Son pied heurta quelque chose et il se rendit compte qu'il s'agissait du bras d'Assaï. Son adversaire l'ayant saisi solidement par la cheville, il réussit à se dégager d'un battement de pieds et s'enfuit à la nage.

Une voie d'eau béait sur le flanc de l'épave. Semerkhet plongea à l'intérieur dans l'espoir de pouvoir se cacher dans la pénombre avant de s'échapper par l'arrière dans les épais roseaux. Alors qu'il atteignait la brèche, il sentit les mains d'Assaï se resserrer de nouveau sur sa jambe. Cette fois, elles le tenaient fermement. Il avait beau se débattre, Assaï ne relâchait pas sa poigne.

Semerkhet commençait à avoir des papillons voleter devant les yeux. Il lui fallait absolument respirer, reprendre son souffle. Ses poumons réclamaient de l'oxygène, mais Assaï tenait bon. En se retournant, Semerkhet vit le sourire de son ennemi dans l'eau sombre. Les poumons en feu, incapable de faire autrement, il ouvrit la bouche pour respirer.

L'eau lui brûla les poumons, il suffoqua. Mais déjà l'obscurité semblait l'envelopper. À travers les quelques coudées d'eau au-dessus de lui, il aperçut un lointain point lumineux danser au-dessus de sa tête : le soleil. Malgré les faibles efforts de son corps rebelle pour rester en vie, il sentit un calme étrange commencer à l'envahir. Un sublime sentiment de délivrance se répandait dans ses membres et à travers son corps tout entier. Luttant contre la torpeur, il se força à rassembler ses dernières forces pour donner un coup contre le bois pourri de l'épave. Le cèdre se déchiqueta sous la pression. Un nouveau coup, Assaï relâcha sa prise. Grâce à un dernier battement de pieds, il passa à travers…

Mais l'obscurité régnait tout autour de lui et même en lui. Il se sentit partir à la dérive. Le point lumineux – dernière chose qu'il vit – finit par s'éteindre.

LA MAISON ETERNELLE

Essoufflé par sa course depuis le fleuve, Nenry reprit haleine à la porte Sud de la place de Vérité. Il resta un instant interdit par les couleurs vives des maisons, qui bordaient l'étroite rue principale. Kheti ne lui avait jamais parlé de l'étrange beauté du village des artisans, ni du fait qu'il se composait en réalité de deux édifices, chacun coiffé d'un immense toit. Mais le plus curieux était le profond silence qui régnait dans les lieux. On les aurait dit hantés par les fantômes.

À la porte du village, Nenry hésita. « Hé Ho… ? » lança-t-il dans le corridor. Personne ne l'accueillit. Timidement, il pénétra dans l'artère. À la première porte, il frappa doucement. « Il y a quelqu'un ? On peut m'aider ? » Le silence de nouveau. « S'il vous plaît, je cherche mon frère, Semerkhet. Il est là ? »

Seul le silence lui répondit.

Après avoir frappé à d'autres portes, il obtint le même résultat. Il commençait à se sentir perdu au milieu de cette sinistre paix. Cependant, au même moment, il entendit des cris. Les voix ne venaient pas de l'intérieur, mais de l'extérieur du village.

Il rebroussa chemin jusqu'aux portes. La clameur y était plus forte et provenait de l'ouest du village. Nenry se dirigea vers le bruit.

Au coin, il tomba sur une horde de villageois réunis dans une clairière au pied d'une falaise, dont la paroi rouge était striée et veinée comme un quartier de viande. Nenry en conclut qu'il devait s'agir d'une célébration ou d'un rite religieux local. Peut-être Semerkhet se trouvait-il dans l'assemblée et il décida d'aller voir par lui-même. Il rejoignit l'attroupement en quelques instants. Les villageois étaient tellement absorbés par ce qui se déroulait dans la clairière qu'ils ne se retournèrent pas pour voir qui approchait, ils ne semblèrent même pas remarquer la présence d'un étranger parmi eux.

À travers la foule, Nenry aperçut un groupe de femmes dont les visages étaient sombres et qui invectivaient quelqu'un. Apparemment, la personne incriminée avait eu une conduite éhontée et faisait l'objet d'une sorte de procès. Malgré l'urgence de trouver son frère, Nenry s'arrêta, fasciné. Jouant des coudes, il découvrit au centre de la clairière une grande femme, d'une étrange beauté, les mains liées dans le dos. Elle n'était pas bâillonnée, et Nenry fut choqué par les propos qu'elle hurlait à ses accusateurs. Jamais de sa vie, il n'avait entendu une femme jurer aussi violemment. Elle les menaçait de toutes sortes de châtiments s'ils ne la détachaient pas sur-le-champ, et Nenry fut surpris de l'entendre se servir du nom de son frère, Semerkhet, pour les intimider.

« Attendez qu'il revienne, vous allez voir. Il est parti trouver le vizir en personne, pour faire venir des soldats. Vous aurez de la chance si on ne vous jette pas tous dans les prisons de Djémé. »

Semerkhet ? s'exclama Nenry tout haut, en se frayant un chemin vers elle.

Lorsque la centaine de villageois remarquèrent enfin

Nenry, drapé des divers insignes de sa fonction, ils reculèrent, l'air coupable. Même la femme cessa ses menaces.

Dans le silence gêné, il esquissa un geste de salut.

— Tu parlais de Semerkhet, c'est mon frère. Justement, je le cherche.

— Oh, que les dieux soient remerciés ! s'écria la prisonnière.

Le reste des villageois ne savait comment se comporter. La femme cria à Nenry :

— Il faut que tu m'aides ! Je vais être lapidée à cause de ce que je sais sur eux et de ce qu'ils ont fait. Ton frère m'a dit qu'il me sortirait d'ici si j'en parlais aux autorités. Oh, je t'en prie, maître, fais quelque chose sinon je suis morte !

Nenry ravala sa salive en jetant un regard inquiet aux artisans

— Je suis sûr, commença-t-il en gesticulant, je suis sûr que si Semerkhet a dit...

Une femme corpulente, à l'air intimidant, surgit brusquement de la foule et se fraya un chemin jusqu'à Nenry.

— Ton frère n'est pas là, lança-t-elle énergiquement. Et tu n'es pas désiré non plus.

Nenry tourna brusquement la tête dans sa direction. Cette femme lui rappelait tellement son épouse avec sa langue de vipère qu'il se mit soudain en colère.

— Comment oses-tu me parler de cette façon.

Il parla d'une voix basse et menaçante, pour une fois, qui le surprit lui-même. La femme se démonta et regarda autour d'elle en quête de soutien, mais les villageois restèrent en retrait.

— Tu es ici sans autorisation, dit-elle encore avec provocation même si sa voix n'était plus si assurée. Ce village est interdit à tous sauf...

— Tu t'adresses au grand scribe de Thèbes Est, l'interrompit Nenry. Comment te nommes-tu, femme ?

— Elle s'appelle Khépoura ! cria la prisonnière ligotée.

— Maudite sois-tu Hénouti ! cracha la grosse.

— Silence ! intima Nenry.

À sa grande surprise, la femme se tut. Puis il se tourna vers celle qu'elle venait d'appeler Hénouti :

— Relâchez-la, immédiatement. Si mon frère a dit qu'il t'emmènerait d'ici, c'est qu'il avait une bonne raison. Nous allons le chercher ensemble.

— Merci, maître… Merci !

Voyant qu'aucun villageois ne levait le petit doigt, il s'avança pour dénouer ses liens lui-même, mais Khépoura, de nouveau sous l'emprise de la colère, regardait de tous côtés. Brusquement, elle se baissa pour ramasser une pierre par terre. Avec un hurlement, elle la lança sur Hénouti. Touchée à la tête, un bruit sourd résonna dans tout le canyon, et elle s'effondra comme une marionnette dont on aurait subitement coupé les fils. Le sang jaillit alors de son crâne.

Nenry se tenait si près d'elle que son visage et son manteau furent éclaboussés. Abasourdi, il fit volte-face, mais se retrouva face à des villageois aux visages parfaitement impassibles. Seuls leurs regards durs étincelaient d'une haine délirante. Sur le point de les admonester, Nenry, stupéfait par la froideur de leur expression, en resta muet. Instinctivement, il comprit qu'il y allait désormais de sa propre vie. C'est impuissant qu'il vit les villageois se pencher pour ramasser des pierres à leur tour.

Hénouti se releva en titubant et fouilla l'assemblée du regard. Elle s'approcha de l'un des hommes : « Aaphat ? s'exclama-t-elle incrédule. Tu vas vraiment me faire ça ? As-tu oublié ce que nous étions l'un pour l'autre ? »

Gêné, l'homme baissa les yeux. Ce fut son épouse, brusquement furieuse, qui lança la deuxième pierre. Elle toucha Hénouti à l'épaule. « Tu ne peux pas faire ça, marmotta Hénouti, ce n'est pas juste. »

Puis les pierres se mirent à pleuvoir de toutes parts. Le bruit répugnant du fracassement des os et de la chair emplit la clairière. Hénouti s'écroula et demeura immobile. Les villageois ne cessèrent que lorsque son corps ne ressembla plus qu'à une bouillie informe. Pour finir, elle se retrouva à moitié ensevelie sous les pierres.

Nenry écarquillait les yeux, s'attendant à ce que les villageois s'en prennent maintenant à lui. Mais la lueur sauvage dans leurs yeux avait disparu. Sans même lui jeter un regard, l'assemblée se dispersa en direction des portes Nord du village. Une curieuse léthargie semblait s'être emparée de tous, comme si le monde autour d'eux les indifférait totalement. Au milieu, Nenry était secoué par des demi-sanglots nerveux. Il chercha à croiser leurs regards, mais il semblait invisible à leurs yeux. Quelle que fût l'autorité qu'il représentât, cela leur importait peu. Lorsque tous furent rentrés au village, la porte se referma sur eux et Nenry entendit le loquet verrouiller la serrure.

À ce bruit, il se ressaisit enfin. La bile lui remontait dans la gorge, il lui fallait quitter cet endroit. Son monde – celui de l'Égypte aussi – s'écroulait. Que s'était-il passé, songeait-il, pour que tout le monde laissât ainsi éclater sa colère, d'abord sa propre femme et maintenant, ici, ce village reculé ?

Dans sa course, Nenry ne se rendit même pas compte qu'il était arrivé au milieu de la Grande Place. Il serpentait à travers les saillies rocheuses, le long du sinueux sentier au sommet des falaises. Il aurait sans doute atteint le désert occidental si deux Nubiens ne l'avaient intercepté au détour d'un rocher. Se raidissant, ils lui barrèrent la route de leurs bras tendus.

À la vue des insignes du maire de Thèbes Est autour de son cou, les gardes n'osèrent pas l'arrêter pour intrusion dans la Grande Place. Pas plus qu'ils n'osèrent l'aiguillonner de la pointe de leurs lances. Au contraire, Nenry put immédiatement raconter son histoire et expliquer qu'il n'était arrivé de Thèbes Est, environ une heure plus tôt, que pour assister à la lapidation d'une femme alors qu'il était simplement venu au village des artisans s'enquérir de son frère Semerkhet, qui était en grand danger…

— Semerkhet ? l'interrompit le Medjaï Qar, dévisageant l'homme dont les traits, malgré les tics et les grimaces, lui rappelaient ceux de son ami.

— Je dois le prévenir ! supplia l'inconnu.

— De quoi ?

Nenry cligna des yeux. Pouvait-il faire confiance à ces hommes ? Peut-être étaient-ils eux aussi complices du complot qui menaçait Semerkhet de mort. Finalement, parce qu'ils étaient medjaïs et noirs, il sentit qu'il pouvait leur dire la vérité.

— Il est en danger à cause de la reine Tiyi et ça a quelque chose à voir avec ce qu'il a découvert ici. Elle a l'intention de le tuer aujourd'hui. Je dois le prévenir.

— Thot, s'adressa Qar à son collègue, retourne au quartier général et demande au capitaine de se rendre avec quelques hommes à la place de Vérité. Voir ce qui s'est passé. S'ils ont pris les choses en main…

— Trop tard, marmotta Nenry. Trop tard.

— Et toi, Qar ? demanda Thot.

— Je vais aller avec lui à Djémé. Si un complot menace Semerkhet à cause de ce qu'il sait, nous serons les prochains sur la liste.

Qar saisit Nenry par le bras. Tandis qu'ils descendaient d'un pas rapide le sentier jonché d'éboulis calcaires en direction du temple, ils furent surpris par un brusque coup de vent. Le Nubien huma l'air, puis tourna un regard inquiet vers l'ouest. Des nuages noirs s'amoncelaient à la lisière de la Grande Place.

Un éclair silencieux au loin zébra de rose les montagnes derrière eux, dont il adoucit le relief. Il n'y avait que dans le désert autour de la Grande Place que les éclairs prenaient une telle teinte, expliqua Qar à un Nenry paralysé et silencieux.

« Ça ne les empêche pas d'être aussi meurtriers, ajouta-t-il en enfonçant la pointe en cuivre de sa lance dans le sol.

Ils avaient atteint la crête de la falaise et Nenry regardait le ruban bleu du Nil droit devant lui. L'horreur, à laquelle il venait d'assister, commençait à peser de tout son poids sur ses épaules, il se mit à trembler de manière incontrôlable.

Au sommet, les deux hommes se heurtèrent à une bourrasque de vent. Resserrant leur manteau, ils se dépêchèrent de descendre le sentier du grand temple de Djémé, accompagnés par l'odeur âcre de l'orage proche.

Semerkhet se propulsa à la surface de l'étang. Après avoir régurgité l'eau de ses poumons, il aspira l'air humide. Bien qu'il brûlât comme du feu, il en emplit la moindre parcelle de sa poitrine. Ensuite seulement, il ouvrit les yeux.

Sa première réaction fut la panique. Il donna des ruades à l'aveuglette, car il sentait toujours la poigne d'Assaï. Mais ce n'était qu'un enchevêtrement de feuilles mouillées qui s'était enroulé autour de son bras. Assaï n'était pas là.

Semerkhet aspira encore quelques bouffées d'air avant de s'enfoncer de nouveau sous l'eau pour vérifier que son poursuivant ne risquait pas de surgir à tout moment. Mais les eaux étaient devenues limpides et désertes. Après une nouvelle inspiration, il nagea jusqu'à l'épave entravée dans un bosquet sous-marin à quelques coudées de là. Le vêtement de lin d'Assaï s'était accroché aux planches déchiquetées de la coque en cèdre.

Le favori de Pentaour se démenait frénétiquement pour tenter de déchirer l'étoffe à coups de poignard. Dans son empressement, ses mouvements n'avaient aucune efficacité et l'eau commençait à devenir rouge du sang des blessures qu'il infligeait à ses propres chairs. Néanmoins, l'épave ne le lâchait pas.

Il lança un regard de supplication désespérée à Semerkhet. Réprimant ses instincts, ce dernier regarda avec horreur son adversaire se noyer lentement sous ses yeux. Les mouvements d'Assaï se firent plus violents et ses yeux sortirent de leurs orbites. Pour finir, Semerkhet entendit Assaï rendre son dernier souffle dans un glouglou de rage profonde. Incapable de continuer à le regarder lutter contre la mort, il se propulsa à la surface d'un battement de pieds.

Là, caché parmi les roseaux, il attendit jusqu'à ce que plus aucune bulle ne remontât à la surface. Ébranlé, il se retourna en tous sens pour tenter de s'orienter. Les funestes conspirateurs, il le sentait, étaient tout près. Et de fait, il aperçut le drapeau rouge de la barque de la reine Tiyi flotter au vent au-dessus des roseaux dans un étang tout proche.

Quelque chose d'humain le toucha. Il se retourna vivement, sans se soucier des éclaboussures qu'il générait, et un petit cri lui échappa des lèvres. Mais ce n'était que le bras tendu d'Assaï. Le regard de Semerkhet fut attiré par le corps qui flottait entre deux eaux. Lorsqu'il avait cessé de se débattre, la barque échouée avait laissé partir son assaillant. Sa bouche était ouverte en une horrible grimace, pleine de l'écho silencieux de son dernier cri tandis que ses yeux fixaient le soleil sans ciller.

Semerkhet savait qu'il lui fallait quitter les roseaux au plus vite. Le sang, qui s'écoulait des plaies et du front d'Assaï, ne manquerait pas d'attirer les crocodiles, même s'ils préféraient les hautes eaux à ces marais. De plus, les conspirateurs viendraient sûrement chercher leur compagnon par là. Cette pensée l'avait à peine effleuré que la voix plaintive de Pentaour s'éleva derrière un écran de roseaux tout proche : « Assaï ? appelait le prince. Où es-tu ? »

Semerkhet empoigna le corps d'Assaï par le cou et le tira vers un buisson éloigné en espérant qu'il se fonde parmi les ombres et la végétation en putréfaction. Moins vite on retrouverait le cadavre du favori, plus il aurait de temps pour se mettre en sécurité.

Soudain, un grand bruit résonna, comme si quelqu'un

avait sauté dans l'eau. D'autres suivirent dans la direction de Semerkhet, qui s'enfonça sous l'eau. Nageant sous la surface, il se faufila le plus loin possible parmi les bosquets de roseaux. Au-dessus de lui se profilaient les coques des barques des conjurés, la plus grande étant celle de la reine. Il fit discrètement surface à l'arrière de cette dernière, en restant tapi sous le pont en saillie. Ses cheveux noirs et brillants lui permettaient de se fondre parfaitement dans l'eau sombre.

Un gémissement perçant le fit tressaillir : Pentaour venait de découvrir le corps d'Assaï. À travers les hautes herbes, Semerkhet vit le prince prendre son ami dans ses bras et le supplier de vivre, de respirer de nouveau, implorant la pitié des dieux.

Dans les reflets déformés de l'eau, Semerkhet aperçut Tiyi dressée à la proue de son bateau.

La voix nerveuse de Paser lui parvint de l'autre bout de l'étang.

— Majesté ! Si Semerkhet est vivant…

— Tais-toi ! siffla la reine.

— Mais il va tout raconter !

Tiyi se tourna alors vers le gros maire et le bateau tangua sous ses pas.

— Est-ce le genre de conseil que je pourrais attendre de toi lorsque tu seras vizir ? Tu devrais me faire des suggestions au lieu de me démontrer l'évidence !

Semerkhet entendit les avirons d'Iroy, de Nakht et de Neferhotep qui rapprochaient leurs barques. L'étang résonnait encore de l'écho des cris de démence de Pentaour.

— Si Semerkhet a essayé de joindre Pharaon, Majesté… commença Nakht.

— Impossible ! coupa Tiyi. Ramsès est tout à l'autre bout de ce misérable marécage. Ce petit enquêteur n'aurait pas pu s'y rendre si vite. Les crocodiles se chargeront bien de lui…

— Les crocodiles évitent ces roseaux, Majesté, fit remarquer Iroy.

— Peu m'importe ! Il n'est pas auprès de Pharaon, c'est moi qui vous le dis !

— Mais ce n'est qu'une question de temps, non ? intervint Paser.

Semerkhet imaginait bien son air abattu et ses bajoues déconfites. Nul doute qu'il entrevoyait déjà l'horrible mort qui l'attendait s'il était pris. N'étant pas membre de la famille royale, il n'aurait pas droit à une corde de soie ni à un suicide privé comme on l'accordait aux nobles. Son exécution serait un épouvantable spectacle public.

— Nous devons fuir, insista-t-il la voix brisée, et partir en exil...

— Oui, acquiesça Nakht. En Syrie. Ou en Libye. Plus tard, quand nous pourrons revenir...

Il fut interrompu par le rire méprisant de la reine.

— Eh bien, que d'hommes courageux autour de moi ! Même si nous allions jusqu'en Inde, Pharaon nous rattraperait.

— Tu veux dire que nous sommes perdus ? reprit Paser, la voix un cran plus aiguë.

— Non, répondit la reine avec fermeté. Notre seul espoir est de maintenir notre plan et d'agir ce soir.

— Mais Majesté... Nous ne sommes pas prêts ! Le ton plaintif si caractéristique de Neferhotep envahit l'étang. Le trésor est toujours dans sa cachette, les généraux n'ont pas encore reçu leur or...

Dans un premier temps, Tiyi garda le silence. Sous le pont de son bateau, Semerkhet patientait.

— Le trésor doit-il réellement partir ce soir ? finit-elle par demander.

— Oui, divine Majesté. Le ton geignard de Neferhotep s'accentua. Mais il lui faudra longtemps pour gagner Pi-Ramsès et encore plus longtemps pour que les mendiants le remettent aux généraux.

— Alors les généraux n'auront qu'à attendre leur récompense.

— Mais qui nous protégera contre nos ennemis ? protesta Paser. La famille de Pharaon, au nord, ne restera pas sans bouger, surtout après la mort du prince consort.

Dans l'eau, Semerkhet tressaillit. Ainsi le complot s'étendait-il jusqu'au prince Ramsès ! Il aurait dû sans douter : comment Pentaour aurait-il pu régner si son principal rival n'était pas éliminé ?

Tiyi réfléchit.

— Nous transformerons Djémé en forteresse et nous nous barricaderons à l'intérieur jusqu'à ce que notre armée nous délivre.

Le silence tomba sur l'assemblée. Bien qu'il ne pût les voir de sa cachette, Semerkhet sut que les hommes présents renouvelaient leur adhésion à la reine puisque celle-ci donna aussitôt ses instructions.

— Paser, tu vas retourner à Thèbes Est et réunir les hommes de la garnison du temple de Sekhmet. Emmène-les à Djémé pour assurer notre défense. Iroy, repars avec Paser. Prépare les sorts et distribue-les à nos ennemis, qu'ils se sachent ensorcelés. Assure-toi, en particulier, que les gardes de Pharaon soient conscients d'être sous mon contrôle.

Paser et Iroy murmurèrent leur acquiescement.

— Nakht, toi et Neferhotep, vous irez à la Grande Place vous occuper du transport du trésor vers le nord.

— Et toi, Majesté ? s'enquit Nakht avec une petite toux.

Semerkhet put deviner les crocs de la lionne dans la voix de la reine.

— Eh bien, moi je m'occuperai tout simplement du plaisir de Pharaon au harem, toute vêtue de soie d'Asie et baignée de parfums des rives de Pount. Que puis-je faire d'autre ?

— Mais… commença Paser.

— Oui ?

Sa voix colorée s'assombrit.

— C'est un plan sage, un plan parfait, Majesté. Mais pour le prince consort… Qui… enfin… aura l'honneur de se charger de… ?

Semerkhet entendit la reine appeler son fils. Pentaour gémissait et sanglotait encore auprès du corps d'Assaï.

— Allons, viens mon fils. Nous lui bâtirons un somptueux tombeau à ton héros, mais plus tard. Il y a plus important à faire maintenant.

Semerkhet s'enfonça sous l'eau et s'éloigna discrètement à la nage à travers la succession d'étangs en se faufilant dans les bosquets, laissant les conspirateurs derrière lui. Lorsqu'il se sut suffisamment éloigné de la partie de chasse de Pharaon pour ne pas être vu, il sortit du Nil.

Le vent d'hiver était mordant sur sa peau humide. En regardant vers le sud, par-dessus la mer de roseaux, il se rendit compte que les voiles de la flottille de plaisance étaient largement dispersées à travers les marais. La chasse battait toujours son plein. Sa tête commençait à l'élancer, il porta une main à son front. Elle se macula de sang. Jusqu'à cet instant, il avait oublié le coup de couteau d'Assaï.

Que devait-il faire ? Essayer de prévenir Pharaon tant que les conspirateurs ergotaient encore dans l'étang, mais le roi était trop loin. Contourner les marécages à pied lui prendrait des heures. S'il tentait le coup à la nage, il se perdrait sans doute parmi les bosquets ou serait la proie d'un crocodile en maraude. Non, il valait mieux essayer de prévenir les autorités à Djémé.

Au nord, Semerkhet aperçut en lisière du désert une énorme masse de nuages noirs que des éclairs illuminaient en fond. Un orage, chose rare en Égypte, allait éclater. Il n'y avait pas de temps à perdre.

Semerkhet entama sa longue course jusqu'au temple.

Le vent du désert tempêtait sur Djémé. À l'extérieur du temple, dans le bazar de fortune, il arrachait les auvents des marchands. Tout le monde se dépêchait de ramasser sa marchandise avant qu'elle soit écrasée par la chute des poteaux. Passant inaperçu dans cette agitation, Semerkhet était arrivé jusqu'au mur de carreaux bleus à l'intérieur du bâtiment principal. Bien qu'on criât autour de lui qu'un vent pareil augurait certainement de terribles catastrophes, Semerkhet adressait un remerciement muet au dieu qui l'avait envoyé car, plus il soufflerait longtemps, moins vite Pharaon quitterait les marais où il était à l'abri du danger.

N'ayant aucun moyen de connaître l'ampleur du complot, Semerkhet ne savait guère en qui avoir confiance. Il ne pouvait aller trouver le haut commandement militaire puisque la reine Tiyi avait déclaré avoir la maîtrise de l'armée. Qu'elle eût dit ou non la vérité importait peu, Semerkhet ne pouvait courir le risque de s'exposer à quiconque avait été son ami, pas avant de connaître le nombre et le nom de ceux qui complotaient d'assassiner Pharaon.

Caché dans l'ombre d'une colonne, il réfléchit à ce dilemme. Au même moment, il aperçut Paour se hâtant dans le couloir. Une multitude de serviteurs suivaient le maire qui lançait des ordres rapides aux chambellans pour qu'on abaissât les croisillons de bois devant les portes et les fenêtres où de fins voilages tourbillonnaient en tous sens.

« Qu'on éteigne les feux sacrés ! l'entendit-il commander. Si une étincelle venait à embraser ces rideaux, le temple entier prendrait feu. »

Aussitôt, Semerkhet prit la direction du bureau de Paour. Comme le maire de Thèbes Ouest était le frère de la reine Tiyi, il faisait certainement partie de la conspiration. Semerkhet repensa à leur rencontre le matin même. Paour avait eu l'air étrangement faux lorsqu'il l'avait surpris en plaisante conversation avec son rival Paser.

C'est alors qu'il comprit ! La célèbre haine qui opposait les deux maires n'était que pure comédie. Leur inimitié n'était rien de plus qu'un moyen de détourner l'attention de leur but partagé : voir le fils de Tiyi sur le trône d'Égypte. Et si Paser avait reçu la promesse du poste de vizir, Semerkhet se demandait maintenant quelle serait la récompense de Paour pour sa participation ? En sa qualité d'oncle de Pentaour, il deviendrait certainement l'un des principaux conseillers du jeune monarque, le supérieur hiérarchique de n'importe quel vizir. En outre, il serait probablement élevé au rang de prince de sang. Semerkhet eut un frisson à l'idée de ce qui coulait dans ces veines. Paour descendait lui aussi des abominables Amenmose et Taousert.

Semerkhet réalisa que la reine et son frère projetaient sans doute depuis longtemps de se partager les rênes de l'Égypte. L'esprit captivé par ses favoris et les acclamations de la foule, Pentaour serait facile à convaincre de se décharger des responsabilités les plus lourdes de l'État sur sa mère et son oncle. Semerkhet voyait déjà comment ces deux-là régiraient l'Égypte, avec arrogance et dédain. Convaincus d'être les dignes héritiers du pays, ils savoureraient de voir le royaume à leurs pieds et de tenir le sceptre et le fléau dans leurs mains ensanglantées.

Repoussant le rideau à la porte de Paour, Semerkhet pénétra dans le bureau du maire. La pièce, uniquement éclairée par une petite ouverture pratiquée dans la haute toiture en pierre, était sombre. Semerkhet s'avança dans la pénombre, en vérifiant qu'aucun scribe ou employé ne s'était attardé en ces lieux. Par chance, la pièce était vide, l'orage attirant l'attention de tous.

Rapidement, il traversa la salle jusqu'aux tables couvertes de papyrus. D'un coup d'œil, il constata qu'aucun de ces documents ne recelait la moindre trace de complot. Il s'agissait de transcriptions de procès, de listes de marchandises livrées à Djémé à titre de tribut, de relevés fiscaux et autres.

S'il existait vraiment des documents compromettants, réfléchissait-il, où le maire pouvait-il bien les cacher ? Le bureau débordait d'étagères dont chaque niche en pierre renfermait plusieurs rouleaux. D'un coup d'œil rapide, il parcourut leurs étiquettes en cuir, mais aucune ne laissait présager que les papyrus contenaient autre chose que des listes et des relevés semblables à ceux déroulés sur la table.

Tout au fond de la pièce, Semerkhet aperçut une porte difficilement décelable dans l'obscurité. En la poussant, il découvrit une sorte de chapelle. Une multitude de divinités s'y entassait, chacune dans une niche. De petites lumières de prière brûlaient devant elles et leur éclat rendait la pièce vibrante et chaleureuse. Paour était effectivement connu pour sa ferveur religieuse et ses ostentatoires démonstrations de piété.

Semerkhet demeura indifférent car Paour n'était pas le premier criminel à draper ses péchés dans une telle affectation de dévotion. Il allait tourner les talons lorsque son pied heurta quelque chose sur le seuil. La chose rebondit légèrement contre le mur. En se penchant, Semerkhet vit cinq ou six boulettes de papyrus. Par curiosité, il s'agenouilla pour les examiner.

« La terre est désolée », lut-il après avoir défroissé le papier. Il reconnut l'écriture. C'était celle de Paour et elle était encore fraîche car il y avait un jeu de pinceaux encore humides et un encrier dans le coin du bureau. Des rouleaux encore vierges étaient soigneusement empilés à côté.

Quantité de mots sur les feuilles roulées en boule étaient barrés, d'autres avaient été modifiés, comme si Paour s'était efforcé de trouver l'expression juste.

Le ciel a durci son cœur contre Pharaon, et les dieux ont étendu leurs mains vers un autre…

Semerkhet soupira. Si cela n'était pas une preuve de trahison !

Le cœur battant, il déplia les autres fragments, tous des brouillons d'un document plus important. Même si les phrases lui apparaissaient au petit bonheur, il finit par avoir une idée de la teneur générale du document :

...dieux ont étendu leurs mains vers le grand prince Pentaour, passant outre ceux qui le précèdent...

Semerkhet faillit s'étrangler : Paour tentait de justifier le renversement de Pharaon par une exhortation divine. C'était bien commode, pensa-t-il amèrement, de s'en remettre ainsi à l'autorité céleste.

Maintenant nous devons fléchir notre bras pour arracher l'Égypte à son profanateur. Lui et ses mignons fuiront tels des mésanges et des moineaux devant le faucon. Nous reprendrons l'or, l'argent et le bronze d'Égypte qu'il a entassé aux pieds de sa courtisane asiatique...

Les dernières feuilles révélèrent une liste d'une cinquantaine de noms, méthodiquement annotés par Paour. Semerkhet n'avait aucun moyen de savoir si les conspirateurs figuraient parmi eux, mais c'était probable. La liste comprenait aussi bien des généraux très connus que le surveillant du trésor, le magicien royal et le gardien du troupeau du roi. Semerkhet lut même les noms des deux bibliothécaires de la maison de Vie, Messoui et Maadje, le petit bossu. D'après les annotations qui jouxtaient leur titre, ils avaient apparemment retrouvé les ouvrages de magie mis à l'index à la maison de Vie. Plus que tout autre, Semerkhet imaginait très bien le mal que la reine pouvait faire à l'aide de ces volumes.

La majeure partie de la liste était cependant composée de personnes secondaires – des valets, des cuisiniers, des scribes et des ouvriers des ateliers de Djémé. Au premier abord, il les aurait presque négligés, puis il se rendit compte que bien qu'ils fussent ni célèbres ni puissants, ces hommes étaient peut-être les plus dangereux conspirateurs de la liste. C'étaient les « petites mains », ceux qu'on ne voyait pas, qui pouvaient aller et venir dans le palais à n'importe quelle heure sans se faire remarquer. Vraisemblablement, c'étaient eux qui faisaient passer ce genre de courrier à ses destinataires.

À la deuxième lecture, la liste révéla une autre curiosité qui avait échappé à Semerkhet. Parmi ces annotations, Paour avait systématiquement indiqué si la personne concernée était le « frère de l'épouse secondaire de Pharaon, Hathor », le père ou l'oncle « de la quatrième épouse de Pharaon » et ainsi de suite. En fait, la mention « épouse de Pharaon » revenait si souvent que Semerkhet comprit tout à coup que s'il s'agissait bien des noms des conspirateurs, le complot devait avoir pris source au cœur du harem !

Il était alors évident que, non seulement Tiyi, mais toutes les épouses du Sud étaient derrière la conspiration. Semerkhet sentit brusquement l'eau froide de l'étang sur sa peau en se rappelant ce que Tiyi avait dit alors qu'il se dissimulait sous sa barque… C'était quoi déjà ? *Je m'occuperai tout simplement du plaisir de Pharaon au harem…*

Tout à coup, l'évidence le frappa : on tenterait d'assassiner Pharaon là où on penserait le moins à regarder, là où même la garde personnelle du roi n'osait le suivre. Il lui parut tout aussi évident que Tiyi comptait perpétrer elle-même le meurtre. La lionne était de nouveau prête à bondir. Cette fois, néanmoins, sa proie serait un faucon.

Semerkhet secoua la tête d'effarement. Il savait pourtant que cela ne devrait pas le surprendre puisqu'il y avait eu un précédent. La grand-mère de Tiyi, Taousert, avait déjà tué son époux, et pour la même raison.

Semerkhet replia soigneusement les morceaux de papyrus et les dissimula dans sa ceinture. Puis il quitta discrètement la chapelle et regagna le hall par la porte fermée par un rideau. Sa tâche suivante, il le savait, consistait à trouver le prince consort pour le mettre à l'abri. Le plus important était, en effet, d'assurer la succession au trône d'Égypte. Tant que le prince consort serait en vie, Pentaour ne serait jamais proclamé roi. La vie de son héritier prévalait même sur la sécurité de Pharaon en personne.

Semerkhet pressa le pas sur le dallage noir de Djémé et traversa à la hâte ses salles ornées de colonnes, dont les plafonds bleus étaient parsemés d'étoiles dorées. Si le vent était retombé, comme il put le constater dans les cours intérieures, d'épais nuages gris arrivaient de la vallée du Nil. Les serviteurs s'affairaient encore à nettoyer les dégâts provoqués par la tempête. De temps à autre, ils lui jetaient un regard affligé, choqués par son front maculé de sang et son pagne taché de boue. Par chance, personne ne l'interrogea sur sa présence en ces lieux. C'est alors qu'il se rendit compte que l'insigne du vizir avait disparu. Sans doute l'avait-il perdu au fond de l'étang, songea-t-il tristement, au cours de son combat sous-marin avec Assaï. Il pria pour que personne ne l'arrêtât.

Où allait-il bien pouvoir trouver le prince consort ? Le temple renfermait une multitude de bureaux, d'ateliers, d'entrepôts et de greniers à grain. L'enceinte était si vaste qu'on prétendait que la population entière de Thèbes Ouest pouvait s'y rassembler en temps de guerre. Le prince pouvait être n'importe où ! Semerkhet sortit du temple par une porte latérale sans savoir vraiment où se diriger. Il n'avait parcouru que quelques mètres lorsqu'il entendit crier.

— Semerkhet !

À l'autre bout de la cour, il aperçut deux hommes lui faire de grands signes. Il roula deux gros yeux ronds.

— Nenry, Qar ! dit-il d'une voix éteinte.

Son frère et le Medjaï coururent vers lui.

— Semerkhet, que les dieux soient remerciés, tu es sauf, s'exclama Nenry. Puis il jeta un regard atterré à son frère, à la plaie sur son front, à sa mise. Tu es bien sauf… ?

— Tu savais que j'étais en danger ?

— Quand j'ai découvert que la reine avait l'intention de te tuer aujourd'hui, acquiesça Nenry de la tête, j'ai couru jusqu'au fleuve pour te sauver.

— Me sauver, moi ?

Semerkhet regarda son frère avec une expression curieuse. Nenry acquiesça derechef.

— Après tout, reprit Semerkhet après quelques instants, ce ne sera jamais que la deuxième fois.

Les deux frères demeurèrent immobiles un moment, comme abasourdis, trop gênés pour parler. Semerkhet jeta un œil au Medjaï par-dessus l'épaule de Nenry :

— Il y a des tas de choses que vous devez savoir, tous les deux.

Ils traversèrent l'enceinte du temple de Djémé à vive allure. Au-dessus de leurs têtes, les nuages couleur ardoise donnaient un reflet métallique à la fragile lumière des quelques rayons de soleil restants. En montrant son insigne, Nenry demanda à l'un des gardes où ils pourraient trouver le prince Ramsès. On les dirigea vers un petit édifice à l'arrière où deux soldats montaient la garde. Nenry, tout à coup tremblant, demanda si on pouvait les annoncer au prince consort pour « une affaire des plus pressantes ». Un instant plus tard, on les faisait entrer.

Le prince prenait des notes sur un papyrus à une table en bois. Les rouleaux s'empilaient très haut autour de lui tandis que des maquettes de temples et de bâtiments publics encombraient la petite pièce. Tout comme à la maison de Vie, son garde du corps libyen se tenait derrière le prince, les bras croisés.

Comme précédemment, Ramsès ne portait ni perruque ni insigne et ses vêtements étaient tachés d'encre. Une légère toux l'obligea à porter un mouchoir à ses lèvres. À leur entrée, il plissa le nez à cause de sa myopie, puis se leva.

— Je doute, commença Semerkhet, en s'agenouillant, que sa Majesté se souvienne de moi…

— Mais si, Semerkhet, c'est toi qui cherchais des renseignements sur la reine Taousert. As-tu trouvé ce qu'il te fallait ?

— Plus encore, répondit sombrement Semerkhet.

Le prince ne lui demanda pas ce qu'il voulait dire, mais regarda plutôt ses compagnons.

— Qui sont tes amis ?

Nenry et le Medjaï s'étaient également agenouillés.

— Voici Qar, un garde de la Grande Place et mon frère, qui est… était grand scribe auprès du maire Paser.

— Qu'ils soient les bienvenus. Mais qu'y a-t-il de si urgent, Semerkhet, pour que tu aies désiré me voir sur-le-champ ?

Semerkhet s'avança.

— Il existe un complot contre sa Majesté et son père. Sa Majesté est en grand danger.

Le prince se rassit à sa table, étonné, et enroula machinalement un papyrus. Le Libyen saisit son armure et l'enfila sans commentaires.

— Grâce à la magie noire et à un trésor volé dans les tombeaux de la Grande Place, poursuivit Semerkhet, la reine Tiyi compte faire du demi-frère de sa Majesté le nouveau pharaon. Ce n'est pas une petite conspiration, Majesté. Je suis tombé sur cette liste établie par le maire Paour et elle compte plus de cinquante noms.

Semerkhet sortit les papyrus pliés dans sa ceinture et les tendit au prince. Ramsès les approcha de ses yeux pour les lire, lentement, l'un après l'autre. Lorsqu'il eut terminé, son visage était encore plus pâle qu'avant.

— Mais… mais je suis toujours le prince consort ?

— Sur nos vies, annonça Qar.

Saisissant l'ampleur du complot, le prince porta la main à son front.

— Mon père ! Je dois aller le trouver ! S'il est en danger…

— Non Majesté, il ne faut pas, déclara Semerkhet avec fermeté. Djémé n'est pas sûr. Nous pensons que certains membres de l'armée sont passés à l'ennemi. Sa Majesté doit se cacher jusqu'à ce que nous sachions qui lui est loyal.

— C'est lâche.

— Mais raisonnable, ajouta Qar sur un ton catégorique. D'autres se battront pour sa Majesté, qui doit rester en vie afin qu'ils aient une raison de lutter.

Ramsès se leva et fit les cent pas jusqu'à la porte.

— Mais si tout cela est vrai, où serai-je en sécurité à Thèbes ? Je ferais mieux de risquer le tout pour le tout ici, auprès de mon père.

Le prince venait de poser la seule question à laquelle ils n'avaient pas préparé de réponse.

— Je connais un endroit, annonça Semerkhet à contrecœur, et aussi une armée pour nous venir en aide... encore faut-il oser aller là-bas.

Ils le dévisagèrent. Semerkhet leva les yeux vers le prince.

— Sa Majesté peut-elle faire ce geste de la main ?

Semerkhet leva les doigts et forma le signe secret du royaume des mendiants.

Le roi des mendiants s'entretint en privé avec Semerkhet. Nenry, Qar, le prince consort et son garde du corps attendaient au fond de la pièce. Nenry fouillait l'endroit du regard, examinant les murs en ruine et leurs ornements étranges. Certes, le vieux temple des Hyksos était bizarre, mais l'homme tronc, qui parlait à son frère, l'était encore plus, dans son minuscule chariot, avec sa tunique tachée et sa couronne fanée de feuilles d'acanthe.

Semerkhet ne cessait de le surprendre. Comment pouvait-il seulement connaître de tels voyous ? Nenry jeta un regard furtif à Ramsès, que cet environnement insolite et cette compagnie saugrenue ne semblaient nullement perturber. Mais bon, se disait-il, le prince devait avoir l'habitude de rencontrer toutes sortes de curieux personnages, des ambassadeurs de contrées étrangères aux assassins de métier. Une vie à la cour préparait à ne plus s'étonner de rien. Inconsciemment, Nenry redressa les épaules et adopta l'impassibilité du prince.

Néanmoins, il tressaillit lorsque le roi des mendiants eut un « Hein ! » de surprise après que Semerkhet lui eut murmuré quelque chose à l'oreille. De son chariot, le roi dévisagea le prince de ses yeux rougis. Après cette froide évaluation, il inclina la tête à l'adresse de cet autre potentat. Le prince lui rendit son salut.

— Youssef ! cria brusquement le roi.

L'homme, le plus grand que Nenry eut jamais vu, pénétra dans la pièce. Le géant et le garde du corps du prince échangèrent un regard gêné.

— Apporte un siège pour sa Majesté, le prince consort ! Le roi des mendiants leva les sourcils d'un air entendu vers Youssef. Ramsès s'assit avec reconnaissance dans le fauteuil qu'on lui présenta en sortant son mouchoir pour s'essuyer le visage.

Le roi des mendiants avança son chariot jusqu'au prince.

— Semerkhet a pris la précaution de nous amener le fils de Pharaon. Tu seras bien protégé ici.

— Merci, répondit le prince sans oublier d'ajouter : « Majesté ».

Tout au long du trajet depuis Djémé, Semerkhet avait pris soin de préparer ses compagnons au spectacle surréaliste auquel ils étaient maintenant confrontés. Il avait en particulier souligné le désir du roi des mendiants d'être traité d'égal à égal par le futur monarque.

Le roi des mendiants donna de nouveau un coup de fouet et le bélier mena son chariot près du Libyen.

— Est-ce le garde du corps de sa Majesté ?

— Absolument.

— Ses armes lui seront rendues. Que sa Majesté sache qu'elle ne court aucun danger de notre part.

Le roi changea brusquement de visage et, de colère, il tapa du poing sur le cadre de son chariot.

— Vivre une époque pareille ! s'exclama-t-il scandalisé. Qu'un pharaon puisse être assassiné par sa propre épouse et son fils, quelle infamie ! Il attendit de s'être calmé pour reprendre. Youssef !

— Maître ?

— Je veux deux cents hommes et femmes solides, vêtus de haillons et armés. Réunis-les dans la cour de devant dans vingt minutes. Et sois prêt à les faire traverser jusqu'à Djémé.

— Bien maître.

Lorsque le géant fut parti, le roi des mendiants prit un air grave.

— J'ai bien peur, messieurs, que même deux cents de mes meilleurs gueux ne suffisent pas si l'armée a trahi.

— Alors il nous faut faire revenir le vizir To et ses troupes d'Hermonthis, intervint Semerkhet.

Rapidement, on amena du papier et de l'encre au prince consort afin qu'il rédigeât une lettre à To l'informant de la conspiration et le priant de revenir au plus vite. « Avec un peu de chance, leur dit le prince, To doit camper dans les environs de Thèbes, car il n'était parti que pour la journée. »

Il fut décidé que le Medjaï Qar porterait la lettre en personne à To. Le roi des mendiants offrit un cheval pour aller plus vite. Malgré la gravité de la situation, Semerkhet sourit en lui-même. À quelle écurie, se demandait-il, l'animal a-t-il été subtilisé ?

Il fut convenu que Nenry accompagnerait Youssef à Djémé pour y attendre l'arrivée de To. Semerkhet savait que si l'un des conspirateurs l'apercevait lui, il serait aussitôt éliminé. Nenry était un peu connu des acolytes du temple et il pouvait justifier sa présence en disant qu'il attendait Paser. Si l'occasion se présentait, il devait tout faire pour joindre Pharaon et le prévenir du danger.

— Pendant ce temps, je vais à la Grande Place, continua Semerkhet, pour éviter que le trésor parte vers le nord.

— Non, insista Nenry. Je te connais, Kheti. C'est uniquement pour pouvoir arrêter Nakht. Tu es trop affaibli, tu as perdu trop de sang. Tu n'y survivrais pas.

— Il n'y a personne d'autre, Nenry, répondit Semerkhet.

Je suis le seul à connaître l'emplacement du tombeau et la manière d'y entrer. J'irai d'abord demander de l'aide aux Medjaïs.

Qar, Nenry et Semerkhet échangèrent un regard posé.

— Bien, alors allons-y, trancha Qar.

Lorsqu'ils furent partis, le roi des mendiants rassura le prince consort, brusquement saisi de tremblements.

— Que sa Majesté ne se tracasse pas, mes mendiants sauveront son père. Car ils savent que, sinon, le faiseur d'infirmes les attendra.

Les nuages annonciateurs d'orage d'abord confinés à la lisière du désert s'étendaient désormais sur tout l'horizon et masquaient totalement le soleil couchant. Dans la pénombre, un train de barques de roseaux et d'esquifs plus petits, tous chargés de va-nu-pieds, quitta clandestinement les quartiers pauvres de Thèbes Est. Ils traversèrent le Nil un par un ou par deux afin d'éviter d'attirer l'attention des sentinelles.

Une fois que tous eurent gagné l'autre rive, Youssef les dispersa aux alentours des pylônes de Djémé, le long du canal, au pied des deux colosses à l'effigie de Pharaon et, pour les plus musclés, près des immenses portes.

Youssef procéda avec un tel naturel que l'invasion progressive de la cour extérieure du temple par ses troupes passa inaperçue même aux yeux des gardes.

Au signal convenu, cette petite armée s'installa pour s'adonner à ses activités nocturnes habituelles. Les mendiants entreprirent de se lancer mutuellement des os, de partager des chansons et de se raconter des blagues. Certains allumèrent des feux dans de petits braseros pour faire rôtir un peu de gibier. Aux yeux des habitants de Djémé, ils semblaient aussi indolents et indifférents qu'à l'ordinaire.

Dans la cour, Nenry sentit l'odeur de la pluie venant du désert du Sud-Ouest. Un instant plus tard, un épouvantable coup de tonnerre gronda si puissamment que même les énormes piliers, auxquels flottaient les bannières bleues et rouges, tremblèrent. Des gouttes commencèrent à rebondir par intermittence sur le dallage en granit. La pluie était si rare à Thèbes que la plupart des jeunes mendiants n'en avaient encore jamais vue. Ils levèrent la tête et tendirent la main. Le ciel fut subitement illuminé par un éclair silencieux. Sans mot dire, Nenry agrippa le bras de Youssef car, dans l'éclat de lumière, il avait aperçu la flotte de Pharaon quitter le fleuve pour pénétrer dans le canal du temple.

Youssef donna le signal. Ses recrues tournèrent la tête et virent les bateaux remonter péniblement le canal sous une pluie battante. Les voiles détrempées pendaient aux mâts tandis que les fleurs ornant leur gréement s'étaient flétries et gouttaient.

Un vent de panique souffla sur les quais. Les barques cognaient l'une contre l'autre dans leur hâte de mouiller au plus près du temple. Dans la mêlée, quelques-unes furent submergées et leurs coques inclinées formèrent une barrière infranchissable de sorte que même le voilier de Pharaon dut mouiller un peu plus loin. Les courtisans trempés s'injuriaient les uns les autres et de petites rixes éclatèrent.

Des armées de domestiques arrivèrent en courant du temple pour récupérer le gibier abattu par leurs maîtres. Pharaon dut se débrouiller seul tandis que ses courtisans couraient se mettre à l'abri. Voyant ses propres porteurs bloqués sur le quai, il fut même contraint de remonter la longue avenue menant à Djémé à pied, son humeur s'assombrissant à chaque pas.

À sa vue, Nenry se tourna vers Youssef. « Il faut que j'essaie de le rejoindre ». Youssef acquiesça. Nenry se hâta à l'intérieur du temple et se faufila jusqu'à la salle d'audience où le souverain jetait à la ronde des regards noirs.

Ramsès jeta sa perruque trempée par terre. Elle glissa comme un rat d'eau sur les carreaux noirs et brillants. Dégoulinant, le roi rageait en regardant les serviteurs s'agiter et courir chercher des serviettes. Alors que Nenry jouait des coudes parmi les courtisans, Ramsès repéra Paour dans la foule. Le pharaon le pointa d'un doigt accusateur.

— Toi ! Est-ce ainsi que tu gères mes affaires ? Ni vêtements secs, ni brasero pour me réchauffer ! Il semble que je compte bien peu pour vous autres dans le Sud !

— Mes humbles excuses, grand Roi, répondit Paour, pris de court. Le service est effectivement relâché. Je veillerai à les faire battre…

— Je veillerai à te faire battre, toi. Et le fait que tu sois le frère de mon épouse n'y changera rien. Où est-elle, d'ailleurs ? Le pharaon fouilla la foule des courtisans d'un œil irrité.

— Ni elle ni ton fils ne sont encore rentrés, Majesté. Le ton de Paour s'était fait mielleux et lénifiant.

— Bon. De toute façon, je ne voulais pas les voir. C'est à cet homme de vérité que je veux parler. Comment s'appelle-t-il déjà… ?

La voix de Tiyi retentit soudain dans le brouhaha ambiant.

— Tu veux dire l'agent Semerkhet, Monseigneur ? Ne lui as-tu donc pas encore parlé ?

La question parut innocente à tout l'entourage. Seul Nenry, qui recula au fond de la pièce, en perçut le tranchant. Tiyi ignorait si Semerkhet était mort ou vif, s'il avait ou non joint Pharaon en secret.

Le matin, la reine avait eu la perspicacité d'emporter avec elle une cape imbibée de cire d'abeille. Elle émergea de ses plis sèche et posée comme toujours. Hormis une légère buée sur sa perruque, la pluie n'avait laissé aucune trace sur elle. Également enveloppé dans un vêtement imperméable, le prince Pentaour se cachait derrière elle, les yeux gonflés par les pleurs.

Tandis qu'on le débarrassait de sa tenue de chasse, Pharaon se tourna vers son épouse.

— Il est triste, n'est-ce pas, de découvrir aujourd'hui que les dieux n'existent pas ?

— Que veux-tu dire par là, Ramsès ?

— J'ai prié pour que les eaux du Nil t'avalent, et tu n'es même pas mouillée.

Nenry vit un éclair de haine froide luire dans les yeux de Tiyi mais, devant les courtisans, la reine se contenta de faire la démonstration de toute sa considération et de son souci du confort de son roi. Arrachant des mains une serviette à un serviteur, elle se mit à frotter Pharaon vigoureusement.

— Tu dis parfois de telles bêtises, dit-elle avec légèreté.

Le regard de Pharaon se posa sur Pentaour.

— Tu as bien choisi ton jour pour ta chasse, toi.

Le prince ne pipa mot, mais lança un regard étrange à son père. Surpris, Ramsès se tourna de nouveau vers Tiyi.

— Qu'est-ce qui lui arrive ? Il s'est fait mordre par un singe enragé ?

— Assaï est porté disparu. Il est tombé par-dessus bord.

— Disparu ? Assaï ? On le cherche ?

— Naturellement.

— Bien, déclara Ramsès de mauvaise grâce, on va le retrouver. Une lueur impie brilla dans ses yeux et le vieil homme ne put résister à une dernière pique. Sinon, peut-être ton fils pourra-t-il mettre dans son lit une femme de temps à autre. La chose est recommandée par des millions de pratiquants, tu sais.

De petits hoquets de surprise s'élevèrent parmi les courtisans. Pentaour se défit de son imperméable et serra les poings. Tiyi secoua la tête à son adresse, le geste fut si léger qu'il passa inaperçu. À contrecœur, Pentaour baissa ses yeux rougis.

— Oui, père, marmotta-t-il.

Tiyi finit de sécher Ramsès.

— Voilà. Tu es sec. Maintenant, va prendre un bain chaud dans tes appartements. Je t'envoie ma masseuse.

— J'ai déjà une masseuse !

Avant de poursuivre, Tiyi reprit son souffle.

— Dans ce cas, viens ensuite au harem te laisser divertir par tes épouses. Nous veillerons à chasser tous tes soucis, tu verras.

De toute l'assemblée, personne d'autre que Nenry ne sembla dénoter dans les propos de la reine autre chose que son habituelle patience envers son irascible mari.

— Bien, dit Ramsès quelque peu radouci. Peut-être, peut-être. Qu'on m'envoie d'abord Semerkhet dès qu'on l'aura retrouvé. C'est un homme doué de bon sens, une chose rare.

— Vraiment ? demanda Tiyi avec dédain. Plutôt trop grand amateur de vin à mon goût. Mais quand il reviendra, s'il revient jamais, je saurai quoi faire.

Satisfait, Pharaon fit signe à Paour de l'accompagner dans ses appartements.

— Majesté ! s'écria Nenry en retrouvant sa langue. Je dois absolument parler à sa Majesté ! Une affaire d'État !

Furieuse, Tiyi s'interposa et admonesta Nenry devant la cour.

— Plus tard, imbécile ! Qui est-ce ? Elle tenta de le dévisager. Nenry baissa les yeux, de peur d'être reconnu, et se tapit dans l'ombre. Ne vois-tu pas qu'il est fatigué et malade ? Il n'a pas de temps à consacrer aux affaires, ce soir ! Reviens demain.

Elle interpella un chambellan.

— Que personne ne le dérange, compris ? Personne. Pharaon doit se reposer.

L'homme inclina la tête et prit place derrière Paour dans la suite de Pharaon.

Entourée de ses dames, Tiyi emprunta l'escalier menant au harem. À mi-chemin, les courtisans entendirent tout à coup résonner le gai tintement du rire de la reine, qui semblait apprécier une plaisanterie qu'elle seule avait pu entendre.

Avec son habituelle grâce féline, elle disparut pour aller se préparer à l'arrivée de Pharaon.

Nenry la suivit des yeux avec un regard de panique. Il n'avait pas réussi à intercéder auprès du roi. Il traversa la foule grouillante des courtisans l'air hébété. Après des propos aussi secs de la part de la reine, tout le monde s'écarta sur son passage. Manifestement, la disgrâce à la cour était contagieuse. Il quitta la salle à la hâte pour rejoindre Youssef aux portes du temple.

— On ne m'a pas laissé lui parler, gémit-il. Et elle l'a entraîné dans le harem !

— Ce n'est pas notre seul problème, annonça Youssef.

Et de la tête, il indiqua le Nil. Un grand navire se profilait à l'extrémité du canal. Il était arrivé quelques instants plus tôt, expliqua Youssef, pendant que Nenry était à l'intérieur. Des soldats armés en descendaient. Nenry eut un hoquet de surprise, il venait en effet de reconnaître leur uniforme : c'était la garnison du temple de Sekhmet.

Le maire Paser et le grand prêtre Iroy se tenaient à la poupe du vaisseau. Iroy débarqua le premier avec, derrière lui, toute une flopée d'esclaves, qui transportèrent ses provisions à l'arrière du temple. Vint ensuite Paser, derrière les soldats qui se dirigeaient en formation vers les grands pylônes.

Aux portes, l'un des gardes leur demanda leur laissez-passer. Paser donna des ordres à son commandant. L'une des sentinelles émit un cri bref. On vit alors fuser un éclair cuivré puis l'homme s'écroula en se tenant le flanc. Ensuite, on le tira à l'écart et une tache de sang se répandit sur les pavés mouillés.

Un supérieur hiérarchique arriva en courant et se répandit en excuses auprès de Paser pour la conduite stupide de son subordonné. Puis il donna l'ordre au reste de ses hommes de se retirer et de libérer le passage de toutes les autres portes. « Ils allaient être remplacés par les soldats de Sekhmet », expliqua-t-il. La consigne était si singulière que les hommes hésitèrent. « Rentrez à vos baraquements, insista-t-il. Et attendez-moi là. De nouveaux ordres ont été donnés. »

Très vite, chaque garde fut remplacé par un homme de Sekhmet.

Paser se tenait devant les pylônes extérieurs, se félicitant de la facilité avec laquelle la transition s'était effectuée. L'enceinte du temple était désormais entre ses mains et cela au prix d'une seule mort. « J'aurais peut-être dû être général », pensa-t-il. Tout à ses autocongratulations, il entendit l'un des membres de la garnison de Sekhmet exprimer son dégoût.

« Par les couilles d'Horus ! s'exclamait le soldat. Moi qui trouvais les mendiants sordides sur l'autre rive… Regardez-moi ça, ici, on dirait des rats sortis des égouts ! »

Pour la première fois de la soirée, Paser embrassa du regard la place chatoyante du temple. Et, en effet, des traîne-misère rôdaient dans les moindres recoins, derrière chaque statue et sous chaque arbre. Le maire eut une moue de répugnance. Lorsqu'il serait vizir, comme la reine l'avait promis, il les ferait jeter jusqu'au dernier aux crocodiles. Quel soulagement de ne plus avoir à compter sur la faveur des pauvres et des miséreux. Ces jours-là seraient terminés, enfin. Il serait un homme différent car, lorsqu'il serait vizir, il serait noble, cela aussi la reine Tiyi l'avait promis. Paser s'applaudit de nouveau lui-même, ravi d'être à l'abri de la pluie sous les pylônes.

Un éclair déchira le ciel. Quelque chose de l'autre côté de la place frappa le maire. C'était absurde, mais l'homme qui se serrait dans la foule des mendiants, ressemblait à son idiot de scribe, Nenry. Ces traits, cette inclinaison de la tête…

Le maire de Thèbes Est voulut y regarder de plus près, mais il faisait maintenant trop sombre. « C'est ridicule ! » s'exclama-t-il avec un petit rire pour lui-même. Nenry était en sécurité sur l'autre rive auprès de son horrible épouse.

L'un des mendiants, qui avaient traversé le Nil pour venir à Djémé, ne suivit pas les autres dans le temple. Dès que son esquif toucha la rive ouest du Nil, il s'éclipsa, seul, se débarrassa de ses haillons puis grimpa le sentier menant à la Grande Place. Suivant les instructions précises de Qar, Semerkhet trouva le quartier général des Medjaïs sans se trop se perdre, malgré la pluie et l'absence d'étoiles pour éclairer son chemin.

Le quartier général était aménagé dans un tombeau abandonné en lisière de la place de Beauté. En longueur, le poste de commandement n'occupait guère plus de trois pièces en enfilade, qui s'enfonçaient dans le sol. Des générations plus tôt, avait expliqué le garde à Semerkhet, les artisans avaient péniblement taillé ces salles dans la pierre avant de découvrir une profonde crevasse comblée par du quartz, qui coupait la montagne en diagonale. Ne pouvant être creusée davantage, la tombe inachevée constituait un abri idéal, bien que grossier, pour le quartier général et la prison du capitaine Mentmose et ses Medjaïs.

Dans la première pièce, Semerkhet était maintenant entouré de gardes, dont les armes et les armures étaient rangées dans des niches creusées dans les murs. Il avait réuni les soldats dès son arrivée en leur expliquant sobrement le complot contre Pharaon et le trésor volé qu'il avait découvert caché sous le tombeau. Avant même d'avoir eu le temps de leur demander leur aide, l'un des Medjaïs émit une objection.

— Quel espoir avons-nous contre une armée ? Ils sont des milliers et nous ne sommes que vingt. On se ferait tuer pour rien !

— Il a raison, acquiesça un autre. Je propose qu'on rejoigne la reine Tiyi. Qui veut encore d'un pharaon du Nord ? Bon débarras, moi je dis. Vive Pentaour.

Semerkhet savait que les Medjaïs l'avaient toujours considéré comme un gêneur. Malgré son amitié avec Qar, les autres gardes l'évitaient. À leurs yeux, c'était un homme de Thèbes Est, nommé par le vizir et envoyé faire un travail qui leur revenait de droit. Sa découverte d'une conspiration aussi effroyable contre l'État n'arrangeait rien. D'instinct, Semerkhet savait que certains d'entre eux devaient s'être depuis longtemps acoquinés avec les artisans.

— La reine Tiyi et ses hommes ont perpétré le plus terrible des crimes de l'histoire d'Égypte, déclara-t-il, et cela sous votre garde.

Il lut la peur et la honte sur certains visages, le défi sur d'autres. Si le trésor volé parvenait à quitter la Grande Place et si le vol était découvert et jugé, la peine la moins lourde attendant les Medjaïs était la mine de cuivre du Sinaï. Les Nubiens étaient des étrangers, des mercenaires durement traités lorsqu'ils avaient failli à leur devoir.

— Ce soir, ils comptent déménager le trésor vers le nord, reprit Semerkhet, de nouveau sous votre nez. Peut-être que Tiyi réussira, je ne sais pas. Mais j'ai bien l'intention de les en empêcher, quel que soit le prix pour moi, avec ou sans votre aide.

Il entreprit de se munir d'un plastron. Durant quelques instants, aucun des Medjaïs ne bougea. Finalement, le capitaine Mentmose s'empara de son armure et commença à en serrer les lanières. L'un après l'autre, les autres se préparèrent à leur tour au combat.

— Nous nous cacherons dans les saillies, de l'autre côté du tombeau de Pharaon, annonça Mentmose. Nous lancerons l'attaque lorsqu'ils sortiront, chargés du trésor.

— Ça m'étonnerait qu'ils s'aventurent dans la vallée avant d'être sûrs que vous dormez, intervint Semerkhet. En attendant, il faut que nous allions au village libérer Hénouti.

Le silence s'installa. Subitement, les Medjaïs s'affairèrent à ajuster leur sabre et à boucler leur armure. Un pressentiment assaillit Semerkhet.

— Qu'est-ce que… ?

— Ton frère ne t'a pas dit ? murmura le capitaine Mentmose. Le Medjaï regarda autour de lui puis, prenant une profonde inspiration, reprit la parole. Hénouti est morte, Semerkhet. Elle a été lapidée un peu plus tôt dans la journée par les villageois, dans la clairière derrière le temple, où ils ont l'habitude de procéder à ce genre de choses. Nous sommes arrivés trop tard.

Semerkhet leva les yeux et regarda par la porte la pluie noire qui s'abattait sur la Grande Place.

— Raconte-lui la suite, clama Thot.

C'était le garde qui avait voulu se joindre à Tiyi.

— Silence ! ordonna Mentmose.

— Quoi ? demanda Semerkhet, d'une voix aussi ténue qu'un soupir. Ses yeux étaient plus noirs que jamais.

Lançant un regard de défi à son supérieur, Thot s'avança d'un pas vers Semerkhet.

— Il paraît qu'elle a crié ton nom à la fin. Jusqu'au bout, elle a cru que tu viendrais la sauver.

Tandis que Semerkhet et les Medjaïs se dirigeaient vers le tombeau de Pharaon, la pluie se renforça. Le tonnerre résonna dans la Grande Place, des roches se détachèrent en haut des falaises et des cailloux tombèrent en cascade sur le sentier.

— Surveillez le moindre bruit de chute d'eau, les avertit Mentmose. Restez sur les sentiers hauts.

Tout à coup, un éclair illumina la vallée d'un rose silencieux. Une odeur âcre de roussi emplit l'atmosphère. Ils avançaient lentement et péniblement dans l'obscurité, en veillant à ne pas trop s'approcher du bord. Mentmose marchait en tête.

Derrière lui, Semerkhet était plongé dans un tel abîme de désespoir qu'il ne remarquait même pas la boue qui lui collait aux sandales et le faisait chanceler. Il songeait à Hénouti, à quel point il avait manqué à ses engagements à son égard. C'était la seule du village qui s'était montrée gentille avec lui, la seule femme depuis Nava à avoir suscité en lui un semblant de sentiment. Si on l'avait tuée, et de manière si abominable, c'était parce qu'il l'avait poussée à trahir ses voisins.

Semerkhet gémit tout haut, s'abandonnant un peu plus à son martyre. *J'ai déçu toutes les femmes que j'ai connues. Personne n'est en sécurité avec moi…*

Il avait fait fuir l'amour de sa vie, Naya, parce qu'il était incapable de lui faire un enfant, la seule chose qu'elle désirât vraiment. Le moins doué de ceux qui curaient les égouts était capable de faire des enfants, se lamentait-il, et lui n'y arrivait même pas.

Son cœur s'assombrit encore à la pensée de ce qui l'attendait cette nuit-là. S'il restait, l'aventure tournerait sans nul doute au désastre. À cette idée, il entendit subitement de nouveau la voix moqueuse de la reine Tiyi. « Selon vous, ce n'était qu'un pauvre ivrogne, qui ne retrouverait pas son nez au milieu de sa figure… » Les mots exacts lui échappaient, mais il se rendait maintenant compte que si on lui avait confié l'enquête sur le meurtre d'Hétèphérès, c'était uniquement parce qu'on pensait qu'il ne le résoudrait pas.

Une soif terrible s'empara de lui, il avait la langue en feu. D'un coup d'œil furtif par-dessus son épaule, il compta le nombre de Medjaïs derrière lui. Petit à petit, il les laissa le dépasser jusqu'à ce qu'il se retrouvât le dernier. Il allait retourner en ville. Il lui suffisait de traîner encore un peu, de descendre discrètement par l'un des sentiers et il rejoindrait Thèbes. Il lui fallait impérativement trouver une auberge avec une gentille serveuse et un verre qui ne désemplirait pas. Quelques pichets de vin et il serait à même d'affronter toute la fichue panoplie de souvenirs qui peuplaient sa fichue vie…

« Nous y voilà », annonça Mentmose.

Semerkhet fut pris de court. Ils étaient au bord de l'oued, face au tombeau de Pharaon, de l'autre côté.

Même si la pluie n'était pas torrentielle, de petites rigoles commençaient déjà à serpenter le long des falaises de la

Grande Place, formant des rus qui dévalaient déjà rapidement sur le sol aride. Mentmose et ses hommes prirent position parmi les saillies rocheuses, se fondant contre la paroi montagneuse. Même lorsqu'un nouvel éclair teinta la gorge de rose, Semerkhet ne put les distinguer

Trempé et malheureux, Semerkhet s'arrêta sous un rocher et en apprécia la minuscule protection contre la pluie. Quelques secondes plus tard, un autre coup de tonnerre tonitruant fit trembler la Grande Place. Il remonta son manteau, totalement détrempé, et attendit.

Impossible de dire s'il s'écoula des heures ou quelques minutes. Le goutte-à-goutte régulier de la pluie et l'obscurité s'étendant à l'infini étaient toujours les mêmes. Il était trop tard pour décamper, il le savait. Quoi qu'il en soit, mieux valait mourir dans les gorges de la Grande Place, songeait-il, au service de quelque chose de grand que dans une quelconque taverne. Tandis qu'il patientait, une torpeur de plomb l'envahit.

Semerkhet se réveilla en sursaut. Il avait entendu quelque chose : le bruit d'une clé tournée dans la serrure de la porte du tombeau. En regardant de l'autre côté de l'oued, il aperçut des silhouettes disparaître dans la paroi de la falaise… ou l'imagina. Puis il perçut le bruit distinct de la porte se refermant sur eux. Les mendiants étaient là. Il se demanda si les autres les avaient vus. Quelques minutes s'écoulèrent puis la porte de la sépulture s'ouvrit de nouveau…

De l'intérieur du tombeau, la lumière des flambeaux inonda la vallée. Semerkhet s'approcha en rampant pour les observer, consterné par leur culot. Des va-nu-pieds étaient regroupés dans l'entrée du tombeau, des paniers remplis de trésors déjà sur l'épaule. Le scribe Neferhotep organisait l'expédition. Semerkhet pouvait entendre les intonations plaintives de sa voix, toutefois le martèlement de la pluie l'empêchait de comprendre distinctement ses paroles. Les mendiants se mirent en mouvement dans l'oued en direction du nord.

Ils partaient déjà ! Il jeta des regards dans tous les sens à la recherche des Medjaïs. C'était le moment d'attaquer ! Qu'est-ce qu'ils attendaient ?

De l'autre côté de l'oued, un groupe de Medjaïs, tout à fait reconnaissables dans la lumière, surgit de l'arrière du tombeau avec des paniers remplis de trésors. Semerkhet eut un coup au cœur. Comme il l'avait soupçonné, certains des gardes étaient effectivement de mèche avec les conspirateurs.

Semerkhet repartit à l'aveuglette à l'endroit où il avait vu Mentmose pour la dernière fois. Sans se préoccuper des pierres qu'il délogeait, il escalada une saillie menant à un rocher plus haut. Un éclair barra le ciel au loin, ce qui lui permit d'apercevoir Mentmose tranquillement assis sur un rocher, assoupi.

La fureur s'empara aussitôt de Semerkhet. Maudit Medjaï ! Le capitaine laissait les mendiants s'en aller en compagnie de ses propres hommes ! Il escalada les dernières coudées jusqu'au rocher et se hissa jusqu'à l'homme endormi. « Mentmose… ! » siffla-t-il. Tendant le bras, il lui toucha l'épaule. Mentmose ne se réveilla pas pour autant. Semerkhet le secoua de nouveau, mais le capitaine glissa sur le côté et faillit tomber de la falaise. Semerkhet le rattrapa de justesse. En repliant le bras, il se rendit compte que celui-ci était couvert de quelque chose de visqueux.

L'odeur cuivrée le renseigna immédiatement : le capitaine était mort, d'un coup porté dans le dos.

Avant d'avoir pu prendre conscience de l'énormité de ce qui venait de se produire, une voix pincée d'aristocrate lui parvient derrière lui. « Je n'y crois pas, dit Nakht. Quelle espèce de dieu ou de démon es-tu pour ne jamais mourir ? »

Aussitôt Semerkhet tenta de sauter en contrebas de la falaise, mais il sentit le sabre de Nakht pointé sur sa gorge.

— Pas si vite, Kheti. J'ai bien peur que le trésor doive

partir comme prévu et il n'est pas question que tu gâches de nouveau la fête.

Semerkhet baissa les yeux . Même dans le noir, il put voir que la lame était couverte de sang. Nakht avait tué Mentmose.

— Naya dit toujours que tu as un talent rare pour survivre, fit remarquer Nakht avec un petit ricanement. Comme je n'avais jamais eu que le privilège de te voir saoul, j'avais du mal à la croire.

La pression sur sa gorge se relâcha tandis que Nakht criait de l'autre côté de l'oued : « Je le tiens ! » Un nouvel éclair zébra le ciel.

— Tu ne t'en tireras pas comme ça, Nakht.

Le rire de l'aristocrate se répercuta à travers le canyon.

— Naya disait aussi que tu ne savais pas vraiment faire preuve de sagesse dans ta manière de t'exprimer. Là encore, elle avait raison.

— Nous connaissons le nom de tous les conspirateurs : Pairy le trésorier, le maître des écuries Panhay, les bibliothécaires Messoui et Maadje, Kenamon… Tous les cinquante.

Il entendit la pointe du sabre de Nakht frapper le sol, comme si l'homme n'avait subitement plus eu de force dans le bras.

— Et alors ? essaya de bluffer Nakht. La tentative aurait pu marcher s'il n'avait eu ce léger tremblement dans la gorge. Demain, Ramsès sera mort et l'Égypte aura un nouveau pharaon.

— Un nouveau pharaon peut-être, mais je peux te dire que ce ne sera pas Pentaour.

— Tu es bien sûr de toi…

— Oui, je suis sûr. On a caché le prince consort loin de Djémé, il est en sécurité. Jamais vous ne le trouverez.

Il ne pouvait pas voir l'expression de Nakht, mais il y eut tout à coup un cri de rage et Semerkhet entendit s'abattre le sabre. Instinctivement, il roula sur le côté, et la lame frappa la pierre à l'endroit où il se tenait précédemment. Sans plus attendre, Semerkhet se jeta en avant, par-dessus la saillie rocheuse et tomba à l'aveuglette dans l'obscurité.

Quelques coudées à peine plus bas, il retomba sur la paroi en pente de la falaise. Une fine couche de boue recouvrait maintenant la roche, Semerkhet tomba alors cul par-dessus tête, sa chute s'accélérant au fur et à mesure. Il tenta de s'agripper à une pierre ou un rocher, mais tout était glissant de boue. La pente s'arrêtait abruptement un peu au-dessus de l'oued. Il bascula alors dans le vide.

Semerkhet atterrit dans une flaque d'eau. À la sensation cuisante sur son front, il comprit que sa plaie s'était rouverte. Par miracle, c'était la seule blessure importante dont il souffrit. Il se releva en titubant et tâta ses membres. Pas de fracture, tous ses os semblaient intacts.

Un cri au-dessus de sa tête retentit à travers le canyon : « Attrapez-le ! hurlait Nakht. Il est dans l'oued ! »

Il se mit à courir, sans la moindre idée de la direction à prendre car, dans sa chute, il avait perdu tout sens de l'orientation. Pataugeant dans les ruisselets et les bassins fraîchement formés au fond de la vallée, il se retourna pour voir si on le suivait, mais le crépitement de la pluie et des cascades le long des falaises l'empêchait d'entendre quoi que ce fût. Brusquement, il se retrouva le nez par terre. Quelque chose – ou quelqu'un – l'avait fait trébucher. Quand il tenta de se redresser, deux bras le plaquèrent brutalement au sol.

« On le tient ! »

La voix appartenait à ce mendiant du Nord, Nez Coupé. Plusieurs mains le remirent debout et lui bloquèrent les bras dans le dos. Malgré ses efforts, il ne parvint pas à se dégager car ils étaient trop nombreux.

Dans une coulée de boue et de graviers, Nakht redescendit de la falaise moitié glissant, moitié sautant.

— C'est un véritable serpent, celui-là, toujours à vous filer entre les doigts pour se cacher derrière un rocher !

— En tout cas, répondit Nez Coupé en tapotant son poignard à sa ceinture tout en s'avançant d'un pas assuré vers Semerkhet, il ne nous échappera plus. Le traîne-misère voûta les épaules, adopta une pose enjôleuse et un ton faussement pleurnichard et demanda l'aumône. Une toute petite faveur, mon bon monsieur ? Un peu d'argent ? Un morceau de cuivre ? Ou préfère-t-il ce morceau-là… ?

Nez Coupé tira le poignard de sa ceinture et se retourna vers ses compères pour voir s'ils goûtaient la plaisanterie.

Neferhotep sortit du tombeau en courant.

— Par tous les dieux, vas-tu en finir avec la parlotte et le tuer une bonne fois !

— Il prétend qu'ils ont mis le prince consort à l'abri, annonça Nakht, la voix légèrement incertaine. Peut-être devrions-nous l'obliger à nous conduire…

— Ne sois pas stupide, rétorqua le scribe. Semerkhet ne nous dirait rien, tu le sais bien… Il est tellement borné. Tuons-le maintenant, plutôt.

Après quelques instants, Nakht se pencha vers lui.

— La chance semble t'avoir abandonné, pour finir, Kheti, dit-il la voix cette fois pincée et pleine d'une exultation méchante.

Ils l'encerclèrent. Sachant sa dernière heure venue, Semerkhet se surprit, pour la première fois depuis des années, à formuler une prière.

— Viens-moi en aide, mère Isis, pas pour moi mais pour l'Égypte. Il ne devrait pas être permis à ces hommes de vivre, supplia-t-il en silence.

De force, ils le firent s'agenouiller et lui baissèrent la tête pour lui dégager la nuque. Dans le noir, il entendit un sabre sortir de son fourreau. Retenant sa respiration, il attendit le coup fatal. Ses pensées allèrent à Naya. À son frère. À Pharaon. Il ferma les yeux, s'appuya sur ses talons et affronta la mort pour la deuxième fois de la journée.

Mais le coup n'arrivait pas.

Un vent froid lui cingla tout à coup le visage. Du fond de la gorge noire parvint un rugissement tonitruant, comme si on venait de lâcher un animal monstrueux. Le bruit s'accrut, accompagné d'explosions dues à l'effondrement des parois rocheuses. Malgré l'obscurité, Semerkhet distingua une ligne d'écume blanche : le front d'une immense vague qui déferlait vers eux dans le canyon.

La dernière chose qu'il entendit, avant que le mur d'eau le submerge, fut les cris des hommes dans l'oued. Puis il fut emporté. Le puissant tourbillon de boue, de sable et de débris du désert le souleva en lui lacérant la peau, telle une toile émeri. Il réussit à sortir la tête des flots et vit mendiants et Medjaïs projetés contre les parois de la falaise, hurlant. Les paniers de disques d'or entassés par terre furent immédiatement renversés et engloutis par les eaux.

Semerkhet se sentit emporté par ce fleuve rugissant avec une quasi-nonchalance. En dépit des douloureux ballottements contre les rochers submergés et les parois du canyon, il se rendit compte que, en se laissant porter, il ne risquait pas pour l'instant de se noyer. L'ironie de la situation le fit presque sourire : il n'avait échappé à la mort dans le Nil le matin que pour la trouver au beau milieu du désert le soir même !

Les nuages se dissipaient rapidement dans le ciel et la voûte étoilée brilla brusquement de nouveau, éclairant la Grande Place d'une lumière argentée. Semerkhet repéra un surplomb rocheux juste au-dessus de sa tête. Il tendit les bras, tâtonna à la recherche d'une prise, une branche, une crevasse, n'importe quoi. Cependant l'eau le tirait de toutes ses forces comme si elle le défiait de lui échapper.

Juste au moment où il allait retomber dans le torrent, ses doigts effleurèrent quelque chose de chaud et de vivant : une autre main tentait d'attraper la sienne.

Sous le choc, Semerkhet faillit lâcher. En levant la tête, il se trouva nez à nez avec le jeune prince qui lui avait expliqué, il y avait si longtemps, que la peau des dieux était fabriquée près du campement.

— Accroche-toi à moi, dit le garçon.

Semerkhet tendit la main, mais l'eau l'emporta sauvagement en arrière.

— Je suis trop lourd pour toi, je vais t'entraîner avec moi ! Sauve-toi !

— N'aie crainte, déclara le prince avec un grand sourire.

Et, curieusement, Semerkhet n'eut plus peur. Il tendit le bras le plus loin possible pour s'agripper aux doigts du prince.

Et il se retrouva sur la saillie de pierre, sain et sauf.

LES PORTES DES TENEBRES

Il se réveilla sur un doux matelas de plumes. La tête lui élançait à cause de l'éclat du soleil sur les murs blanchis à la chaux. D'un coup d'œil autour de lui, Semerkhet se rendit compte qu'il se trouvait dans une pièce d'une grande propreté, parfaitement rangée, mais où tout existait en double : son pagne, son manteau, fraîchement lavés et suspendus à des patères, comme le broc d'eau posé sur le carrelage à côté de lui.

Il lui fallut un moment avant de comprendre qu'il voyait double.

Un doux fredonnement le berçait. Une jeune femme était agenouillée devant un coffre, elle n'avait pas conscience qu'il était réveillé. Semerkhet l'étudia tandis qu'elle sortait une serviette de lin. En se concentrant bien, découvrit-il, il parvenait à ne plus loucher. Les longs cheveux noirs de la belle avaient des reflets bleus, presque aussi bleus que les fils de perles à ses oreilles, et miroitaient telles les ailes d'un scarabée.

— Je te connais, dit-il tout haut, surpris.

Elle se retourna vers lui avec un sourire.

— En effet, maître, tu me connais. Je suis Kipa, la servante de ton frère. Il sera soulagé de te savoir réveillé.

Il était chez son frère, de l'autre côté du fleuve, à Thèbes Est.

— Depuis combien de temps suis-je là ?

— Trois jours.

— Trois… ?

— Repose ta tête, maître, dit-elle fermement. Le médecin a dit que tu ne dois pas bouger, pas avant que l'iris de ton œil gauche retrouve la même taille que le droit. Cela dit, tu as les yeux si noirs que je ne vois pas comment il peut faire la différence.

— Comment suis-je arrivé ici ?

— C'est le Medjaï Qar qui t'a amené. Il dit qu'il t'a trouvé dans les montagnes de la Grande Place, le lendemain matin des terribles pluies. Un jeune prince se tenait à tes côtés et les avait appelés. Quand ils sont arrivés près de toi, le prince avait disparu. Tu étais si immobile qu'ils t'ont cru mort. Personne ne sait comment tu as pu survivre à la crue.

Semerkhet porta la main à son front et sentit un pansement.

— Où est Nenry ?

Kipa baissa les yeux tristement.

— Hélas, maître, il est à la maison de Purification. Notre maison est en deuil.

Il s'assit alors, malgré les réprimandes de la jeune fille.

— Mon frère est mort ?

— Non maître, répondit-elle en posant un doigt sur ses lèvres. S'il te plaît, rallonge-toi sinon le médecin sera très fâché. Le maître a accompagné la dépouille de son épouse chez les embaumeurs.

— Son épouse ? Semerkhet fronça les sourcils, la douleur de sa plaie lui transperça alors le cerveau.

Kipa humidifia sa serviette et lui tamponna le visage.

— Un accident dans la cave, expliqua-t-elle, une étrange

lueur de satisfaction dans l'œil à ce souvenir. Négligemment, elle porta la main à l'oreille, perdue dans ses pensées. Puis elle secoua légèrement la tête et ses boucles d'oreilles bleues étincelèrent. Un couteau, reprit-elle en rabaissant les yeux. C'était très triste.

Il se rassit de nouveau pour continuer à interroger la jeune fille, mais sa tête lui fit si mal qu'il cligna de l'œil et dut se recoucher.

— Tu comprends pourquoi le médecin dit que tu dois rester tranquille ? intervint Kipa avec malice en tirant de nouveau la couverture sur lui. Qui plus est, c'est un très grand médecin, il vient du palais ! Alors tu dois faire ce qu'il dit. De toute façon, personne ne voudrait sortir dans Thèbes aujourd'hui. Ce n'est pas beau à voir.

Elle lui versa un bol d'eau et le porta à ses lèvres.

— Comment ça ? demanda-t-il après avoir dégluti. Que s'est-il passé ?

— Ben, il y a des soldats partout ! Il y a eu tant d'arrestations, il paraît que la cour devant le grand temple d'Amon a été transformée en prison.

Ce dont il ne parvenait pas à se souvenir le frappa soudain. La conspiration !

— Pharaon ! s'exclama-t-il. Que lui est-il arrivé ? Dis-moi !

— Ah, maître, c'est tragique. Quelle époque vivons-nous ? C'est incroyable ce qu'on raconte.

— Allons raconte-moi, Kipa !

— D'après ce que dit ton frère, sa Majesté était entourée de ses épouses dans le harem quand la reine Tiyi a sorti un poignard et…

Les élancements repartirent de plus belle et le vrombissement soudain qu'il perçut dans ses oreilles noya les propos de la servante. Semerkhet perdit connaissance.

Quand il se réveilla de nouveau, c'était l'après-midi. Son

frère était assis en tailleur par terre à côté de lui, arborant les vêtements gris du deuil. Nenry paraissait tout sauf affligé, il conversait à voix basse, mais sur un ton énergique avec deux scribes qui s'empressaient de noter ce qu'il disait. En s'apercevant du réveil de son frère, il les renvoya d'un geste. Ils se retirèrent avec une révérence.

— Bienvenue parmi nous, Semerkhet.

— Qui est Pharaon maintenant ?

La question parut curieuse à Nenry, qui battit des paupières.

— Mais Ramsès III, pourquoi ?

Semerkhet eut un sursaut. Avait-il rêvé la conversation avec Kipa ?

— Ta servante disait… du moins, il me semble…

— Il a été blessé, Kheti, mais il est encore en vie. Et il te réclame, d'ailleurs.

Nenry ne put retenir un sourire suffisant.

— Moi ?

— Tu es un héros ! La pire des conspirations de l'histoire d'Égypte a été déjouée grâce à toi.

— Tiyi et Pentaour… ? s'enquit Semerkhet sans s'arrêter sur les propos de son frère.

— Arrêtés. Pentaour essaie de convaincre tout le monde que toute l'idée du complot venait de sa mère, mais cela ne le sauvera pas. Ramsès est furieux comme un lion.

— Et les autres… Paser… Paour ? Iroy ?

— Tous en prison à Djémé à attendre leur procès, de même que presque tous ceux dont le nom figurait sur la liste que tu as trouvée, ainsi que leur maisonnée. Toute la journée d'hier et d'aujourd'hui, les soldats ont fait irruption chez eux pour emmener leur famille et leurs domestiques. Cela fait plus d'un millier d'hommes et de femmes, paraît-il, tous en détention au temple d'Amon.

L'image de Naya surgit à l'esprit de Semerkhet. Elle devait faire partie de ce millier, et être terrifiée.

— Nenry, il faut que tu m'aides. Semerkhet s'assit péniblement malgré les élancements qui persistaient et sa vision de nouveau trouble. Il faut que je tire Naya de là, d'une manière ou d'une autre…

— Rallonge-toi, Kheti. Même si je ne peux pas la faire libérer, j'ai fait en sorte qu'elle dispose d'une cellule pour elle et son enfant et que les cuisines du temple lui préparent ses repas. Elle mangera aussi bien que les prêtres, autrement dit, mieux que Pharaon.

Avec un soupir de soulagement, Semerkhet se rallongea. Puis il tourna de nouveau un regard alarmé vers son frère.

— Comment se fait-il que tu aies pu donner de tels ordres ? N'essaierais-tu pas de me protéger… ? Devant l'étrange expression de surprise de son frère, il s'interrompit.

— Kheti, dit Nenry en ravalant sa salive, je dois t'annoncer une nouvelle proprement incroyable…

Semerkhet le dévisagea. Jamais il n'avait connu à son frère un air aussi ravi.

— Alors ?

Nenry prit son inspiration en tremblant.

— Hier, le vizir m'a proclamé nouveau maire de Thèbes Est.

Se croyant pris de nouveau d'hallucinations, Semerkhet se recoucha en attendant de retrouver ses esprits. Mais quand il rouvrit les yeux, son frère était toujours assis là avec la même expression d'émerveillement.

— J'ignorais que tu avais un autre fils à vendre.

Contrairement à son habitude, Nenry ne protesta pas, son visage ne se tordit pas non plus sous les tics et les grimaces.

— Mon fils est en train de jouer dans la cour, Kheti, expliqua-t-il avec calme et dignité. Son adoption par Iroy a été annulée. Je suis devenu maire à cause du « courage exemplaire » dont j'ai fait preuve pour aider à vaincre la rébellion. Quoi qu'il en soit, comme j'étais le scribe de Paser, je savais administrer la ville. La chose a paru évidente à tout le monde.

— Tu es veuf aussi, paraît-il.

— O-oui… Semerkhet fut soulagé de retrouver ses grimaces habituelles sur le visage de son frère. Mérit, euh, a eu un accident dans la cave. C'était affreux, il y avait du sang partout. La pauvre malheureuse.

— Il est question d'un couteau, m'a dit Kipa.

— Oui, les domestiques ont été les seuls témoins de sa… maladresse. Ne pouvant plus endurer le regard noir de son frère, Nenry poursuivit sur un ton pleurnichard. Elle aurait de toute façon été condamnée à mort, Kheti ! Pour collusion avec son oncle et la reine. Au moins, cela m'épargne un scandale dès le début de mon mandat.

— Je comprends, Nenry.

De fait, Nenry lut de la compréhension, voire de l'approbation, dans les profondeurs noires du regard de Semerkhet. Nenry s'empressa alors de raconter à son frère sa nuit à Djémé.

— Le soir des grandes pluies, expliqua-t-il, Paser et Iroy étaient venus au temple pour remplacer les gardes de chaque porte par des hommes à eux. Heureusement, nous étions déjà sur place avec Youssef et l'armée des mendiants. Alors je suis allé trouver les soldats dans leurs baraquements pour les soulever contre les conspirateurs, mais c'est là que j'ai vu.. Nenry en frissonna rien que d'y repenser.

— Qu'est-ce que tu as vu ?

— La scène avait l'air tout droit sortie d'un vieux conte plein de sorciers et de palais ensorcelés. Sur chaque porte, Iroy avait tracé des sortilèges avec du sang humain – les dieux seuls savent comment il se l'était procuré. Il avait truffé les lieux d'amulettes et de gris-gris. Quand j'ai ouvert l'une d'elles, crois-moi mon frère, c'était surnaturel. Ils étaient tous endormis. Ils ne bougeaient plus, ils pouvaient à peine respirer alors qu'ils ne portaient aucune marque sur le corps. Qui aurait cru que la magie pouvait avoir un tel pouvoir ?

Semerkhet se souvint des terribles cauchemars que Tiyi lui avait infligés et qui avaient failli lui coûter la vie. Il ravala sa salive.

— Continue.

Avant que Nenry reprenne, ils furent interrompus par Kipa. L'air grave, elle fit entrer le médecin, suivi de trois de ses serviteurs. Lorsqu'elle ressortit, Semerkhet remarqua que la jeune femme effleurait l'épaule de son frère en passant et que Nenry en rougissait de plaisir. Tout à coup, il sut ce qu'il y avait entre eux, et que Nenry n'avait pas mentionné par pudeur. Thèbes allait avoir une première dame douce et intelligente, songea-t-il.

— Bon après-midi, messieurs, dit le thérapeute en examinant Semerkhet d'un œil critique. J'aurai la joie d'annoncer à Pharaon que notre patient a survécu.

À sa grande surprise, Semerkhet vit à son insigne que l'homme faisait en effet partie de l'entourage de Pharaon en personne. Les serviteurs déposèrent sa trousse à côté de la litière. Le médecin s'assit, jambes croisées, près de Semerkhet. Il claqua des doigts et un serviteur lui passa un bâton qu'il plaça devant les yeux de Semerkhet en lui demandant de le regarder fixement, tandis qu'il le déplaçait de haut en bas et de droite à gauche.

— Souffres-tu de maux de tête ?

— Non.

— Tu vois double ?

— Non.

L'homme considéra Semerkhet d'un air suspicieux.

— Que monsieur le maire n'hésite pas à poursuivre sa narration, je suis désolé de vous avoir interrompu.

Il commença à défaire le bandage autour de la tête de Semerkhet. Nenry reprit : « Quoi qu'il en soit, nous savions avec Youssef que si nous voulions sauver Pharaon, il allait falloir nous battre pour entrer dans le temple. Youssef a lancé l'assaut juste après l'arrivée de la garnison de Sekhmet, sans lui laisser le temps de se retourner. Tu peux me croire, Semerkhet, je n'en revenais pas moi-même. »

Il rit par à-coups à ces souvenirs.

« Brusquement un lépreux à l'agonie surgissait d'un bond pour défoncer le crâne à un garde, une mendiante transperçait de son poignard la gorge d'un soldat sans crier gare, rien n'aurait pu surprendre les soldats davantage. »

Puis Nenry expliqua avoir profité de la mêlée pour se faufiler à l'intérieur du temple en criant qu'il y avait une émeute dans la cour. Tous les gardes de Sekhmet s'étaient précipités à l'entrée en laissant les portes sans surveillance.

« C'était infernal, la pluie qui tombait à torrents, le sang partout sur le dallage. Et puis, une autre armée, venue du Sud, a surgi de l'obscurité. Nous avons tous alors cessé le combat, même les gardes de Sekhmet. Nous nous sommes regardés. Personne ne savait d'où venaient ces troupes. Et puis nous avons vu le vieux vizir To sur sa chaise à porteurs, et Qar à cheval à ses côtés. Nous avons compris que le vieillard venait à notre secours. Dès qu'il avait reçu le message du prince consort, m'a raconté Qar par la suite, il avait embarqué avec ses hommes pour Djémé. Ensuite, nous avons combattu de salle en salle à travers le temple. »

Comme ils s'en doutaient, le prince Pentaour et une poignée de ses guerriers avaient cherché le prince consort et s'étaient rendus jusqu'à son bureau en se frayant un chemin à grands coups de sabre. Ce qu'ils ignoraient, c'était que le géant Youssef et les plus féroces de ses compagnons les attendaient. Au cours de l'échauffourée qui s'était ensuivie, l'incrédule Pentaour et ses hommes avaient été faits prisonniers. Pentaour avait beau fasciner les foules avec sa maîtrise du sabre les jours de fête, il n'était pas à la hauteur des bottes secrètes des hommes de Youssef.

Nenry avait fait irruption en personne au harem, à la tête de son propre contingent de mendiants.

« Comme dans les baraquements, tous les gardes étaient envoûtés, pétrifiés à leurs postes, ils ne semblaient même pas conscients de notre arrivée dans le hall. Nous avons fracturé les portes sans que l'un d'entre eux lève le petit doigt. Tiyi les avait ensorcelés pour qu'ils ne puissent pas venir au secours de Pharaon. »

À cet instant, le médecin émit une petite toux.

— Qu'il me soit permis de poursuivre à partir de là, car Pharaon m'a lui-même raconté ce qui s'était produit avant d'être sauvé. Peut-être cette histoire vous intéressa-t-elle ?

— Au contraire, répondit Nenry sur un ton si régalien que Semerkhet ne put s'empêcher de rouler les yeux.

Le médecin qui était en train de concocter un cataplasme à base de miel et d'herbes pour renouveler le pansement de Semerkhet poursuivit tout en narrant la suite.

« Sa Majesté paressait au harem, comme il en avait l'habitude le soir. Je crois qu'il écoutait l'une de ses épouses jouer de la harpe. À un moment, l'agitation des combats lui est parvenue d'en bas. Il voulait se lever de son divan pour aller parler à ses gardes quand, à sa grande surprise, ses épouses se sont agrippées à lui pour l'empêcher de partir. Elles prétendaient avoir peur pour leur vie et exigeaient de lui qu'il les défendît. Il lui est alors venu à l'esprit – progressivement, à ses dires – qu'elles le retenaient peut-être de force. Accrochées à ses bras, elles l'empêchaient de bouger et il ne pouvait pas marcher à cause de leurs corps qui lui s'accrochaient à ses jambes.

Selon ses dires, il n'était pas tant alarmé qu'irrité – ce qui, quand on le connaît, est sa réaction habituelle à toute contrariété. Ce n'est qu'en voyant Tiyi s'approcher qu'il s'est rendu compte que quelque chose n'allait vraiment pas. Avec dans les bras les livres de magie interdits qu'elle avait fait venir de la maison de Vie, elle psalmodiait l'un des sorts figurant sur un rouleau. Elle lui a mis sous le nez une poupée de cire et Pharaon a pu constater, avec horreur, qu'il s'agissait de son propre portrait. Tiyi lui a dit qu'elle renfermait quelques brins de ses cheveux, un peu de ses rognures d'ongles coupés et même de son sperme, récupéré par ses épouses… »

Les frères ouvrirent de grands yeux ronds.

« Et oui, reprit le médecin. Tiyi avait obligé toutes les épouses du Sud à rejoindre la conspiration – cela dit, elles n'avaient pas eu beaucoup à se forcer. Elles lui ont avoué qu'elles prévoyaient leur coup depuis des mois. Elles avaient écrit en secret à leurs frères et à leurs pères, des généraux et des colonels de l'armée du Sud, pour les exhorter à la révolte. Oh, messieurs, comme ces femmes étaient bien organisées ! Mais c'est alors que l'arrivée du grand scribe et de ses troupes a semé la panique.

Pharaon est parvenu à s'extirper et à gagner la porte en titubant, juste au moment où elle s'ouvrait. Bien que voyant que tout était perdu, Tiyi a quand même tenté de tuer son époux. Elle a sorti un couteau et poignardé Pharaon à l'abdomen… »

— C'est vrai ! Je l'ai vu de mes yeux, acquiesça Nenry. Les dieux soient remerciés, ce n'est qu'une égratignure. Après toutes ses manigances, elle a quand même fini par échouer.

Le médecin enveloppa la tête de Semerkhet d'un nouveau bandage, qu'il serra fort. Il toussa de manière un peu gênée et baissa la voix afin que ses domestiques ne pussent l'entendre.

— Que monsieur le maire me pardonne, mais je crains que la reine Tiyi n'ait accompli ce qu'elle désirait.

Les frères regardèrent alors leur interlocuteur comme s'ils avaient mal compris.

— Pardon ? demanda Nenry.

Le médecin royal lança un ordre à ses assistants qui quittèrent la pièce pour attendre dans la cour.

— Ce que je vais vous confier, murmura-t-il, est un secret d'État, même s'il ne pourra le demeurer bien longtemps.

Refroidi, Semerkhet s'exprima durement.

— De quoi s'agit-il ?

Il s'écoula quelques instants avant que le médecin poursuive.

— Il faut que vous sachiez ceci : quand j'ai examiné la plaie de Pharaon ce soir-là, elle ne semblait absolument pas grave. Je lui ai appliqué un pansement comme s'il s'agissait d'une banale coupure. Or, quand je l'ai de nouveau changé hier, la plaie s'était agrandie et les chairs commençaient même à se putréfier. Rien ne semblait pouvoir stopper l'afflux du sang. Suspectant le pire, j'ai exigé de voir la reine Tiyi sur-le-champ, alors emprisonnée à Djémé. Elle m'a avoué son ultime perfidie : la lame du couteau avait été trempée dans du venin de vipère des pyramides, le plus toxique des serpents d'Égypte. Personne n'a jamais survécu à une morsure de ce reptile. Cela peut prendre des semaines, mais la victime finit toujours par succomber : Pharaon n'en réchappera pas.

À cette épouvantable nouvelle, les hommes eurent du mal à croiser leurs regards. Semerkhet ravala sa salive et s'enquit d'une petite voix :

— Il le sait ?

Le médecin hocha la tête.

— C'est pour cette raison que tu dois te remettre, Semerkhet et me dire la vérité sur ton état. Ramsès te réclame chaque jour. Ton nom, selon ses dires, est son seul réconfort car tu es le seul de ses sujets à l'aimer vraiment. Tu as sauvé son trône et c'est grâce à toi si son héritier est sain et sauf. Il veut te remercier en personne, avant que…

— Me remercier, moi ? s'étonna Semerkhet. Alors que c'est ma faute s'il a perdu la vie. Si seulement j'avais découvert la vérité un jour plus tôt !

— Pharaon n'est absolument pas de cet avis, intervint le médecin, incrédule. Il va faire de toi un homme riche, te placer sur un piédestal ! Tu n'as qu'à dire la récompense que tu souhaites et tu l'auras.

Pourtant Semerkhet secoua la tête.

— Non, je ne veux rien. Je ne mérite rien. J'ai échoué.

— Tu ne peux pas refuser les cadeaux de Pharaon.

Deux jours avaient passé et Semerkhet ne parvenait toujours pas à se tenir sur ses jambes sans chanceler. Le voilà qui s'inclinait devant le vizir To, venu le voir à son chevet.

— Pharaon est généreux, mais je ne peux pas accepter ses présents. Je n'ai rien fait pour les mériter.

L'exaspération troubla un instant le visage expressif du vieil homme.

— Je ne vais pas discuter avec toi, tenta-t-il. Je vais garder chez moi l'or qu'il t'a fait envoyer et tu viendras le chercher le jour où tu le voudras, jour qui arrivera immanquablement.

— Bon sang ! Je n'ai pas besoin d'une telle fortune. Ce serait hypocrite de ma part de l'accepter.

— Ce n'est pas une question de besoin, tonna le vizir.

Il saisit son bâton de fonction et se leva en se penchant sur Semerkhet. Le malade se sentit transpercé par le regard chassieux du vieil homme.

— Il faut que tu comprennes, Semerkhet, dit-il fermement, avec une voix cependant radoucie, que je pense aux besoins de Pharaon et non aux tiens. Mon ami, le compagnon de ma jeunesse, est en train de mourir. Il a besoin de te témoigner sa gratitude, quelle que soit la manière que tu choisisses. Tu ne peux pas avoir la cruauté de lui refuser cela.

Les paroles de To émurent Semerkhet jusqu'à la honte.

— Si le roi souhaite vraiment me récompenser…

— C'est le cas.

— Alors attendons que j'aie terminé la tâche que tu m'as confiée il y a si longtemps : trouver le meurtrier de la prêtresse Hétèphérès.

Le silence envahit la chambre.

— Je te donne deux jours, espèce d'entêté, soupira To.

— Un seul me suffira.

— Ensuite, par les couilles d'Horus, tu viendras te présenter devant Pharaon et tu accepteras avec reconnaissance quoi qu'il te donne ou je te ferai moi-même jeter en prison avec les conspirateurs. Héros ou pas. Pharaon ne souffrira pas une déception de plus.

Semerkhet se tenait avec Qar dans la cave de l'ancienne maison de Paneb. Les deux hommes regardaient en silence l'escadron de Medjaïs retirer les sacs de grain, les jarres de bière fétide et tous les rebuts que Paneb avait entassés contre le mur de briques crues.

Semerkhet savait, depuis toujours, qu'on allait découvrir quelque chose de terrible derrière ce fouillis. Il l'avait senti lorsqu'il avait exploré la cave cette nuit-là, en compagnie de Soukis. À la pensée du pauvre chat, il frissonna car, brusquement, il se souvint que c'était lui qui l'avait mené dans la cave, où il s'était mis à miauler en haut d'une pile de rebuts. Semerkhet porta la main à son pansement au front. Soukis… Pourquoi la disparition d'un chat l'affectait-elle autant alors que tant de gens étaient morts ?

« Ça va, Semerkhet ? demanda Qar en posant la main sur l'épaule de son ami pour l'aider à retrouver son équilibre. Tu veux t'asseoir ? »

Semerkhet fit non de la tête.

Une poignée seulement des Medjaïs, qui gardaient la Grande Place à l'origine, avait conservé son poste. Tous les autres avaient été emportés par la crue. Qar avait été promu capitaine, en récompense de sa fidélité à Pharaon. Les nouveaux Medjaïs, qui travaillaient maintenant dans la cave, avaient été recrutés en hâte par conscription dans Thèbes. Néanmoins, ils n'étaient plus chargés de faire régner l'ordre à la place de Vérité, le vizir To ayant installé un régiment militaire à demeure dans la Grande Place.

Dès lors, les artisans seraient maintenus sous surveillance constante.

La veille, on avait retrouvé les corps, méconnaissables, de Neferhotep et d'Hénouti. Qar avait donné l'ordre qu'on les transportât à la maison de Purification. Bien qu'il eût pu s'y opposer, il avait laissé Neferhotep être momifié. Comme il l'indiqua à Semerkhet, il faisait son travail, mais il n'était pas un lion non plus. Quant à Hénouti, Semerkhet s'était proposé pour lui offrir une tombe. Il ne souhaitait aucunement la voir enterrée aux côtés d'un homme qu'elle avait tant détesté et qui avait orchestré sa mort atroce.

Une autre unité de soldats s'activait dans la Grande Place, tentant de retrouver ce qu'ils pouvaient du trésor volé. Mais le flot purificateur de la rivière en furie, qui s'était déversé dans la gorge, avait éparpillé l'or jusque dans les moindres trous et ravines. Même la tombe secrète du méprisable Amenmose avait été inondée, car elle était creusée très bas dans la montagne.

Ce qui avait échappé aux profanateurs des temps plus anciens avait été détruit par le sable, les cailloux et autres débris qui avaient défoncé ses portes vermoulues. L'enduit de plâtre sur la pierre s'était décollé, s'était mélangé aux flots et déposé à nouveau sur le reste du trésor qui semblait ainsi pétrifié. Il faudrait des mois pour tout nettoyer.

Pour l'instant, les Medjaïs venaient de finir de vider la cave de Paneb. Qar et Semerkhet regardaient fixement le mur ainsi révélé.

Semerkhet entreprit de tapoter les briques en les poussant pour essayer d'en déloger une. Qar faisait de même. Durant quelques minutes, ils progressèrent en silence.

« Là, Semerkhet ! » Qar avait découvert une brique descellée dans le coin le plus reculé. Il la dégagea avec précaution tandis que Semerkhet approchait une bougie. À la lueur de la flamme, ils virent une large niche qui s'étendait à près d'une coudée de profondeur.

Et il était là, juste comme il s'en doutait : un objet oblong enveloppé dans un chiffon. Qar le retira délicatement de sa cachette et le passa à Semerkhet.

Il fallut un moment à Semerkhet pour trouver la force de défaire le paquet. Les jambes et les mains tremblantes, il dut s'asseoir sur les marches de l'escalier. Sa plaie au front l'élançait. Après une profonde inspiration, il rassembla son courage et ouvrit enfin le chiffon.

Son regard demeura fixe un moment.

Puis il posa tout à coup l'objet par terre et se précipita au fond de la pièce pour vomir. Qar remonta à l'étage chercher un broc d'eau et Semerkhet se rinça la bouche.

Avec un regard en coin à Qar, il hocha la tête. « Je vais les voir maintenant. »

Fatigués mais circonspects, Paneb et Rami faisaient face à Semerkhet et Qar dans les cuisines du village. Le père et le fils avaient été amenés là sur ordre de Qar qui ne supportait plus les pleurs et les gémissements incessants de Khépoura à la prison des Medjaïs, où on avait entassé tous les anciens du village.

Semerkhet alla droit au but, sans les saluer.

— Qui est venu le premier trouver Neferhotep avec cette idée de piller les tombes ? Pentaour, Paser ? Qui ?

Bien qu'il n'eût plus rien à perdre, Paneb continuait à jouer les dissimulateurs.

— Comme d'habitude, tes discours n'ont aucun sens, Semerkhet, lança-t-il l'air indigné.

— Qu'avaient-ils donc promis aux artisans ? De l'or, un trésor ? La liberté de quitter le village ? Quoi ? Sa voix se durcit. Cela devait valoir la peine, Paneb, pour aller jusqu'à tuer Hétèphérès.

Paneb releva la tête dans un sursaut.

— Je chérissais ma tante ! répondit-il machinalement. Comment oses-tu m'accuser de… Un étranger ou un vagabond…

Semerkhet tendit le bras vers le paquet trouvé dans la cave et le défit. C'était une hache d'origine hittite. Dans son manche en bois de citronnier sculpté était enchâssé une lame d'un métal bleu rare, le plus dur connu ici. Pourtant, la lame était abîmée, il en manquait un bout à l'angle.

— Monsieur le contremaître aurait-il l'amabilité de nous parler de cette arme ? demanda Semerkhet avec douceur.

À sa vue, Paneb s'enfouit le visage dans ses mains et secoua la tête.

— Et toi, Rami ?

Le garçon regarda la hache avec un air horrifié puis tourna un regard suppliant vers le contremaître.

— Paneb… ?

— Laisse-le tranquille, s'interposa Paneb dans un bruit de chaînes en se dressant sur ses pieds, le visage ravagé par l'angoisse. Lui et moi, on ne sait rien, rien du tout !

Lorsqu'il vit Semerkhet sortir de sa ceinture un minuscule fragment de métal bleu, Paneb se tut immédiatement. Tenant la lame de la hache hittite de sorte que Paneb pût bien voir, il rapprocha les deux parties qui s'emboîtèrent si bien que pas un rai de lumière ne pouvait les transpercer.

— Où… ? s'enquit Paneb, les yeux écarquillés.

— Un cadeau d'Hétèphérès, expliqua Semerkhet. De la maison de Purification. L'Inciseur l'a trouvé en vidant son crâne de sa cervelle à l'aide d'un crochet.

Paneb roula les yeux et se mit à tituber comme s'il allait s'évanouir. Il respirait à grands traits.

Semerkhet et Qar le rattrapèrent, chancelant sous son poids, et le déposèrent sur un tas contre le mur.

— Donnons-lui un peu de vin, suggéra Semerkhet.

Qar alla chercher un pichet dans le garde-manger et le lui porta aux lèvres. Il fallut quelques instants pour que les vapeurs d'alcool fissent effet. Il eut un mouvement de recul, se raidit un peu puis but avec reconnaissance

— Je vais te dire comme je pense que tout s'est passé, annonça doucement Semerkhet.

Paneb se contenta de détourner les yeux.

— Elle a été tuée le matin du premier jour des fêtes d'Osiris, n'est-ce pas ? À l'aube, elle devait aller déposer des offrandes au sanctuaire. La marche n'est pas aisée, je le sais car j'ai fait le trajet. Rami était censé l'accompagner. C'est bien ça, non ?

— O-oui, marmotta le garçon. Mais je ne m'étais pas réveillé et elle était partie sans moi.

— Elle est partie sans toi, effectivement, en revanche il est faux que tu ne te sois pas réveillé. En réalité, tu étais ailleurs. Tu veux bien me dire où ?

Sa voix grave et emplie d'une réelle compassion sembla déconcerter Rami. Le ressentiment dans ses yeux se dissipa peu à peu. Néanmoins, il se contenta de secouer la tête, les yeux rivés au sol.

Avec un soupir, Semerkhet reprit la parole.

— La veille avait été une nuit sans lune, j'ai vérifié dans les registres. Plus tôt dans la soirée, vous aviez pillé une tombe, une sépulture située près du sentier qu'emprunterait Hétèphérès. Si je devine bien, vous en êtes sortis un peu en retard, n'est-ce pas ? Pourtant, jamais tu n'aurais imaginé qu'elle viendrait jusque-là, pas sans Rami, qui était dans le tombeau à tes côtés.

Semerkhet vit le visage de Paneb rougir de plus en plus et les larmes lui monter aux yeux.

— Dis-moi que je me trompe ! le défia-t-il durement.

Cependant, père et fils conservaient le silence, tête baissée et honteux.

— Hétèphérès vous a surpris. C'est aussi simple que ça. Et vous l'avez tuée. Ta « tante chérie » s'est mise en travers de ton chemin et toi, tu l'as éliminée. Elle a été assassinée par celui qu'elle avait recueillie enfant. Sans plus de scrupule que si ç'avait été un chien. Quelques coups de hache et terminé.

— Ça ne s'est pas passé comme ça, protesta Paneb.

Rami se prit la tête dans les mains. Qar et Semerkhet échangèrent un regard. Qar parut soudain vieilli à Semerkhet. Sa propre tête l'élançait et il imaginait très bien à quel genre de momie antique il devait lui-même ressembler.

— Raconte-moi comment ça s'est passé alors...

Paneb secoua la tête.

— Si tu ne veux pas sauver ta peau, suggéra Semerkhet en plongeant son regard droit dans les yeux dorés du contremaître, sauve au moins celle de ton fils, non ?

Leurs yeux se croisèrent. Semerkhet hocha la tête en guise de promesse. Avec un grand soupir, Paneb lança à Semerkhet un regard mêlé de haine et de respect.

— Très bien.

Semerkhet se pencha en avant.

— Dis-moi d'abord une chose, Paneb. Qu'est-ce que la vieille dame aurait pu voir ce matin-là ? Pourquoi fallait-il la tuer ? Elle était aveugle.

— Je... j'ai paniqué. On venait juste de sortir du tombeau et elle était là. Elle n'arrêtait pas de répéter : « Je vous vois ! Je sais qui vous êtes ! » Qui aurait pu dire ce qu'elle voyait exactement, ce qu'elle voulait dire ? Toute l'équipe s'est retournée vers moi pour que j'intervienne. Il ravala sa salive. J'avais un masque d'Horus dans la main, je me souviens, qui provenait du tombeau. Je me suis avancé vers elle et j'ai levé la hache. C'est la seule chose qui me soit venue à l'esprit pour la faire taire. Mais quand j'ai brandi l'arme, elle a levé les yeux vers moi comme si c'était le plus beau moment de sa vie. J'ai failli ne pas pouvoir. Mais...

Paneb s'essuya les yeux du revers de la main.

— Et puis tu t'es débarrassé de son corps dans le Nil.

Paneb acquiesça de la tête, en se forçant à respirer lentement pour refouler de nouvelles larmes.

— On pensait que si les crocodiles s'en chargeaient, elle irait directement au Paradis. C'est ce que disent les prêtres, en tout cas. Il s'essuya le nez. Et puis, on a entendu dire que son cadavre avait été découvert sur la rive est. Là encore, on s'est dit que c'était parfait, que Paser pourrait trouver le moyen de nous couvrir. Il releva la tête et fixa Semerkhet. Et puis tu es arrivé au village.

— Oui, dit Semerkhet amèrement. Envoyé pour tout gâcher. J'étais un ivrogne, qui ne savait même pas retrouver son nez au milieu de la figure. Vous disiez tous : « C'est un vagabond ou un étranger qui a fait ça. »

— On pensait que si tout le monde te racontait la même histoire, répondit Paneb en acquiesçant de la tête, tu repartirais à la recherche de ce soi-disant étranger. L'idée venait de Neferhotep.

— C'est lui qu'ils ont contacté en premier ? C'est lui qui a proposé de piller les tombes ?

Le visage de Paneb s'empourpra de colère, et il acquiesça.

— Oui. Il a dit qu'on allait contribuer à l'avènement d'une ère nouvelle en Égypte, à retrouver notre empire. On serait tous anoblis, il a dit, et on recevrait un domaine. La reine le lui avait promis. Et on l'a cru.

— Mais tous les deux, vous vous êtes brouillés. Je vous ai entendu vous disputer dans la tombe d'Hétèphérès. Tu as failli le tuer ce jour-là, non ?

— Parce qu'il ne savait pas s'arrêter. Chaque tombe devait être la dernière, mais ce n'était jamais le cas. Nefer nous a dit que la reine Tiyi nous protégeait grâce à ses sortilèges et à ses enchantements. Mais la mort d'Hétèphérès a tout changé. Je ne le croyais plus. Je me suis mis à le détester, à cause de ce qui arrivait par sa faute à notre village, à cause de ce que j'étais obligé de faire. Nous, on est des artistes, on n'a besoin ni de titres ni de biens. C'était son rêve à lui, pas le nôtre.

Semerkhet regarda alors Rami.

— C'est toi qui as pris les bijoux de ta mère, comme l'a affirmé l'oracle d'Amenhotep ?

À contrecœur, Rami acquiesça de la tête.

— Pourquoi ?

— Parce que Neferhotep et Khépoura étaient venus me trouver la veille. Ils disaient que ma mère était une… que c'était une femme de mauvaise vie et que tout le monde le saurait parce que tu l'avais convaincue de raconter aux autorités comment elle avait acquis les bijoux. Je savais où ils étaient cachés.

— Où sont-ils maintenant ? soupira Semerkhet, à nouveau désolé du rôle qu'il avait joué dans la triste vie d'Hénouti.

— Je ne sais pas. Je les avais remis à mon pè…, à Neferhotep.

Semerkhet n'en demanda pas plus. À son geste, Qar ramena les deux prisonniers chez les Medjaïs. Semerkhet resta seul dans les cuisines à réfléchir sur ce qui venait d'être dit.

C'était une ou plutôt deux terribles tragédies familiales, songea-t-il. Le seul meurtre d'une prêtresse de second plan dans le désert avait détruit une famille d'artistes et une famille du palais. Finalement, la famille était au centre de tout ce qui était bien et mal en ce monde, pensa-t-il.

Avant de quitter le village, Semerkhet se rendit une dernière fois chez Hétèphérès pour récupérer la dépouille de son chat, Soukis. Il avait promis à l'esprit de la vieille dame – promesse faite à lui-même, à vrai dire – de faire momifier l'animal afin qu'il reposât à ses côtés dans la tombe. Or, arrivé sur place, le cadavre avait disparu. Il trouva le tissu dans lequel il avait enveloppé Soukis à sa mort, mais pas le corps.

Stupéfait, il s'assit sur le banc et roula le chiffon en boule entre ses mains. Un petit objet en argent brillant tomba alors des plis avec un bruit métallique sur le sol.

C'était une petite figurine à l'effigie d'un dieu. Semerkhet la considéra fixement. La chose était si petite qu'elle tenait dans le creux de sa paume : c'était un garçon – un prince. Sur le côté de la tête, il portait une tresse tandis que ses lèvres étaient tordues en un sourire malicieux. Le cartouche à ses pieds portait le simple nom de « Khonsou ».

Semerkhet se rappela les nièces de la tisserande Younet qui lui avaient dit que le dieu de la Lune, Khonsou, était le saint patron d'Hétèphérès, le dieu qu'elle vénérait entre tous. Khonsou était en outre le dieu du Temps et des Jeux. Il ressemblait de manière étonnante au prince que Semerkhet avait rencontré dans le désert, lors de sa toute première intrusion dans la Grande Place. « La peau des dieux, avait-il dit, est fabriquée ici. » C'était le premier indice concernant le meurtre de la prêtresse. C'était lui également qui avait indiqué aux Medjaïs l'emplacement de la perruque très abîmée d'Hétèphérès… et qui l'avait tiré des flots du torrent pour le hisser sur la terre ferme.

Semerkhet s'empressa de quitter la maison d'Hétèphérès. Durant tout le trajet jusqu'à Thèbes Est, il demeura silencieux. Et il n'échangea pas non plus le moindre mot de la soirée avec quiconque chez son frère. Il se contenta de regarder la petite figurine en argent en secouant la tête et en frissonnant.

— As-tu réfléchi à ta récompense, homme de vérité ?

Fidèle à la parole donnée à To, Semerkhet était retourné à Djémé pour se présenter à Ramsès III. Il fut reçu sur une terrasse du palais surplombant le Nil. Allongé sur un divan, le flanc entièrement bandé, Pharaon était encadré du prince consort et du vizir To, debout de part et d'autre.

Après les pluies, le printemps n'avait pas tardé. Les collines et les falaises autour de Djémé resplendissaient de fleurs sauvages multicolores tandis que les champs au bord du fleuve se teintaient du vert tendre de l'amidonnier produit par une grasse terre noire. Malgré cette saison du renouveau, la mort planait sur cette terrasse du temple de Djémé.

Le pansement de Pharaon était ensanglanté et sa respiration difficile.

— J'y ai réfléchi, Majesté.

— Tu me permets donc de te récompenser ?

— Oui, Majesté.

— Bien, je t'écoute.

Semerkhet prit une inspiration et se lança.

— Il y a trois prisonniers, des parents de conspirateurs, dont j'aimerais solliciter la grâce : l'épouse et l'enfant de Nakht, l'administrateur de ton harem, ainsi que le jeune Rami, le fils de l'artisan Paneb.

— Jamais. La sentence tomba comme un couperet. Semerkhet perçut aussitôt l'implacable courroux, justifié, du vieillard à l'égard de ceux qui l'avaient trahi. Jamais je ne leur pardonnerai. Jamais.

Semerkhet baissa la tête

— Tu m'as demandé d'exprimer mon souhait et je l'ai fait.

Un terrible silence s'installa.

— Est-il toujours aussi buté ? finit par marmotter Pharaon entre ses dents en jetant un regard désapprobateur au vizir.

— J'ai découvert qu'il était plus facile de demander au Nil d'inverser son cours, Majesté, soupira To, que de demander à cet homme de changer d'avis.

Le prince consort s'empressa de s'avancer et s'agenouilla devant son père.

— Puis-je rappeler à mon père que si je suis en vie, c'est grâce à l'intervention de cet homme. Pharaon ne pourrait-il pas au moins lui demander ses raisons.

— Alors ? grogna le roi, en se renfonçant dans le creux du divan. Exprime-toi.

Semerkhet retint son souffle et se lança en demandant intérieurement aux dieux de lui délier la langue.

— J'ai promis au contremaître Paneb de sauver son fils en échange de sa confession.

— Ce Paneb, dit lentement Pharaon, a non seulement assassiné la prêtresse, mais il dirigeait l'équipe qui a violé toutes ces tombes. Un étrange candidat à la grâce.

Semerkhet releva la tête.

— C'est en mémoire de la mère du garçon que je fais cette requête. Hénouti fut ma seule amie parmi les artisans. Elle aussi est morte par la main des conspirateurs, Majesté, pour m'avoir aidé.

— Hum. Et cette autre femme, alors. L'épouse de Nakht ? Pourquoi plaider sa cause ?

— Je fus marié avec elle autrefois, Grand Roi.

— Et elle t'a quitté pour ce traître ? grogna Pharaon. Dans ce cas, elle est coupable de mauvais goût et ne mérite rien de moins que la mort !

— Elle voulait des enfants, Pharaon. Or, je ne pouvais pas lui en donner. C'est ma faute. Il vit l'œil de Pharaon se durcir. Je l'aime toujours, Majesté, plus que ma vie. Même quand elle est partie vivre chez un autre, je n'ai cessé de l'aimer.

Il y eut un terrible silence. La tête douloureuse à cause de la tension provoquée par tant de paroles, Semerkhet fit de nouveau la révérence, le front posé sur le dallage frais. Pharaon le regardait fixement, tel un aigle prêt à fondre sur un lièvre.

— Voici ma sentence, annonça-t-il enfin.

Aussitôt un scribe se munit d'un stylet et d'une tablette de cire.

— Naya, l'épouse du traître Nakht, et Rami, le fils du traître Paneb sont graciés.

Soulagé, Semerkhet reprit haleine.

— Merci à toi, Grand Roi !

— Ne me remercie pas trop vite, Semerkhet. Je n'ai pas terminé. Et il se tourna de nouveau vers le scribe pour lui indiquer de continuer à prendre note. Ils seront condamnés à l'exil sans jamais pouvoir de nouveau poser le pied en Égypte ou s'abreuver aux eaux du Nil. Ils seront placés comme serviteurs à Babylone, où ils finiront leurs jours.

— Pharaon ! protesta Semerkhet.

— Ne m'en demande pas plus pour eux, Semerkhet. Ma gratitude a des limites.

— Mais alors, et l'enfant de Naya ?

— Qu'elle emmène l'enfant si elle veut ou qu'elle s'en sépare. Peu m'importe les nouveau-nés. Maintenant, va faire tes adieux à cette Naya et au garçon. Un navire part aujourd'hui même pour Babylone avec notre nouvel ambassadeur à bord.

Un spasme de douleur arracha une grimace à Pharaon, qui porta les mains à son flanc. Le prince consort fit immédiatement appeler le médecin et les courtisans se précipitèrent sur la terrasse comme une nuée de sauterelles. Semerkhet profita alors de l'agitation pour s'esquiver.

S'étant aperçu de son départ, le prince consort se hâta de lui emboîter le pas. Ils se tenaient en haut de l'escalier menant à la grande salle du palais.

— N'en veux pas trop à mon père, Semerkhet.

Ce dernier secoua la tête. Toujours sous le choc, il était incapable de parler.

— Même s'il ne le dit pas, reprit le prince, cette affaire l'a profondément bouleversé. Il était convaincu d'être aimé, tu comprends. Et de découvrir que tout ce en quoi il croyait n'était que mensonge… C'est pour cela qu'il a besoin de t'avoir à ses côtés pour ses derniers jours. Tu as risqué ta vie pour sauver la sienne et ta présence le réconforte. S'il te plaît, reviens. Tu rappelles à mon père qu'il compte au moins dans le cœur d'une personne.

— Mais Pharaon est aimé…

— Un Pharaon est craint. Il est vénéré. Adoré. Mais aimé ? Semerkhet, je ne me fais aucune illusion. Les couronnes rouge et blanche sont bien plus merveilleuses à regarder de loin qu'à porter. Le prince Ramsès posa la main sur l'épaule de Semerkhet. Nous reparlerons, toi et moi, dans les jours à venir. Je n'oublie jamais mes amis.

Semerkhet s'inclina jusqu'à ce que le prince consort soit retourné auprès de son père, puis descendit dans la grande salle du palais. À sa surprise, il repéra l'immense Youssef, lieutenant du roi des mendiants, debout parmi un groupe de compères près d'un mur au fond. Tous avaient revêtu leurs plus beaux atours, des tenues étranges pour la plupart, sûrement prélevées dans un tas de vieux vêtements ayant appartenus à des nobles de Thèbes. Les traîne-misère attendaient devant une niche renfermant un vase en argent orné de lys splendides. Pratiquement caché au sein du groupe se trouvait un chariot miniature tiré par un bélier.

Le roi des mendiants s'était lavé, pour une fois. Semerkhet fut bien obligé d'admettre que, malgré son infirmité, l'homme dégageait quelque chose de régalien que bien des seigneurs de sang pourraient lui envier. En voyant Semerkhet s'approcher, il salua joyeusement son allié en donnant des rênes sur le flanc de son bélier pour le rejoindre.

— Semerkhet, sauveur du royaume ! L'homme du jour ! L'ami des rois !

— Je m'étonne de la présence de sa Majesté en ces lieux, dit Semerkhet renfrogné par le compliment. Serait-elle devenue respectable ?

— Pharaon, mon frère, m'a fait lui-même mander. Tout le monde, expliqua-t-il nonchalamment avec un petit sourire narquois, désire un jour me rencontrer en personne. On dit qu'il veut même me demander une faveur.

— Quel genre de faveur ?

Le roi haussa les épaules.

— Pharaon et ses conseillers font des mystères, déclara Youssef.

— Mais je lui accorderai, bien évidemment, quoi qu'il demande, intervint le roi. Nous sommes des souverains frères, après tout.

À cet instant, le chambellan du palais vint murmurer au roi qu'il était attendu, ainsi que sa suite, sur la terrasse. Leurs adieux joviaux résonnant dans ses oreilles, Semerkhet repartit vers les pylônes du temple. Du coin de l'œil, il remarqua que le vase en argent avait disparu de la niche.

Bah, songea-t-il, cela ne me regarde pas. Il avait autre chose à penser, car il se dirigeait vers la prison du grand temple d'Amon pour annoncer à Naya qu'elle n'était plus chez elle en Égypte.

Semerkhet se trouvait sur les quais. Il était midi. Rami, les mains attachées dans le dos, se tenait à ses côtés. Un bateau rapide s'apprêtait à quitter le port royal pour le Nord et quelques caisses et ballots de dernière minute finissaient d'être entreposés sur le pont. Il s'agissait d'un nouveau vaisseau, de faible tirant d'eau mais d'une belle largeur, construit sur le modèle phénicien, avec une quille et des membrures. Il était donc capable de naviguer sur le fleuve, mais aussi sur les lointaines mers salées – ce que la plupart des Égyptiens redoutaient à bord de leurs embarcations dépourvues de quille.

Le nouvel ambassadeur avait déjà embarqué, de même que ses présents pour le roi de Babylone. Tandis qu'ils attendaient qu'on leur amène Naya, Semerkhet regarda Rami. Malgré son air de mépris affecté, l'adolescent était terrifié et en rejetait probablement la faute sur Semerkhet. À cause de lui, il avait tout perdu : son toit, ses parents et même la fille qu'il devait épouser.

— Rami, je suis désolé de la manière dont les choses ont tourné. Je voulais que tu viennes vivre avec moi chez mon frère, à Thèbes.

— Avec toi ? Je préfère encore vivre avec les hyènes.

C'est ce que tu as fait un temps, songea Semerkhet, néanmoins il ne dit rien. Plaçant une main ferme sur l'épaule de Rami, il le regarda dans le fond des yeux

— Quoi qu'il en soit, j'en suis désole. Sincèrement.

Le garçon ne dit rien, il baissa son regard maussade et monta rapidement à bord. La présence de Semerkhet à ses côtés l'insupportait.

Au désespoir, Semerkhet scruta du regard la large avenue bordant les quais. Au loin, il aperçut Naya encadrée par les gardes du temple. Le bébé se tortillait dans ses bras, agité par les bruits et les odeurs fortes des docks. À son arrivée, il les embrassa tous les deux sans mot dire, puis ils restèrent ainsi un long moment en silence, fermés à tous et à tout ce qui se passait autour d'eux.

Trop tôt, l'impatient capitaine leur cria du haut du pont que Naya devait embarquer sur-le-champ. Semerkhet lui lança une épithète hargneuse à la figure.

— On ne peut plus repousser le moment, mon trésor, dit Naya. Portant une simple tunique de deuil grise, elle était coiffée d'un foulard du même tissu sobre.

Elle devrait être vêtue comme une reine, pensait amèrement Semerkhet, pas comme une servante.

— Je viendrai te chercher, lui assura-t-il en lui prenant la main.

— Tu ne pourras pas.

— Si, je le ferai. Tu sais que je le ferai.

— Oh, Kheti, pourquoi faut-il toujours que tu rendes les choses plus difficiles encore ? Disons-nous adieu, à tout jamais, ici à Thèbes. Oublie-moi.

— Non, c'est impossible.

— Tu es un homme cruel ! gémit-elle alors, prise d'une brusque colère.

L'enfant se mit lui aussi à pleurer et Semerkhet resta planté là à les regarder tous les deux, l'air impuissant.

— Comment peux-tu dire ça, tu sais très bien à quel point je t'aime !

Naya regarda Semerkhet avec une étrange lueur dans l'œil. Puis elle serra l'enfant contre elle avec une telle passion qu'on eût cru qu'elle allait l'étouffer.

— Ce dont j'ai besoin en cet instant, c'est de savoir que tu ne souffres pas. Tu ne peux pas savoir à quel point c'est important. C'est la seule chose qui me permettra de supporter… ce que je dois faire maintenant.

Son ton bizarre ne lui disait rien qui vaille, pas plus que l'éclat de détermination qui brillait dans ses yeux. Mais, avant qu'il n'eût pu formuler ses craintes, elle lui remit tout à coup le bébé dans les bras.

— Prends-le. Devant son regard fixe, elle se remit à sangloter. Je t'en supplie.

Bouleversé, Semerkhet prit donc Houni, qui braillait maintenant à tue-tête, et le serra contre sa poitrine. La langue de nouveau paralysée, il ne put articuler une parole.

— Je veux qu'il soit élevé comme un Égyptien, par le meilleur homme que j'aurais jamais connu. C'est ton fils, Semerkhet, souviens-t'en. Même si c'est Nakht son géniteur, les dieux nous ont donné un enfant par le seul moyen possible. Peu importe comment nous l'avons eu, c'est le tien. Je l'ai porté et maintenant tu dois l'élever.

— Naya !

Il était stupéfait.

— C'est pour ça que tu dois être heureux pour moi ici en Égypte. Car si tu ne l'es pas, si tu passes ton temps à te morfondre en te languissant de moi, je saurai que mon fils ne l 'est pas non plus. Est-ce que tu peux faire ça pour moi ?

Il se força à hocher la tête.

Le capitaine hurla de nouveau, menaçant d'envoyer les gardes pour faire embarquer Naya de force. À contrecœur, Semerkhet et Naya se dirigèrent vers la passerelle.

Semerkhet la regarda, impuissant.

— Naya… La seule chose à laquelle je peux penser maintenant c'est cette fleur que tu as vue, juste après notre mariage, dans le désert oriental. Tu te rappelles ?

— La curieuse fleur parme tout en haut de cette falaise.

Oui, je m'en souviens. Pour rire, j'avais dit que je l'aurais bien voulu pour mon jardin.

Il pleurait maintenant, sans la moindre gêne. Sur le quai, on le regardait.

— Si seulement j'avais escaladé cette falaise.

— Oh, Kheti, ce n'est pas grave.

— Tous les jours depuis que je t'ai rencontrée, je cherche ton visage parmi les femmes que je croise. Aucune n'est vivante à mes yeux, tu es la seule vivante. Maintenant, je sais que plus jamais je ne reverrai ton visage.

Dans un sanglot, elle se détourna et se hâta d'embarquer, sans un seul regard en arrière pour son mari et son enfant. L'équipage remonta aussitôt l'ancre et les rameurs plongèrent leurs avirons dans les flots du Nil. Le navire fit demi-tour, la proue tournée vers le nord, et le dieu du fleuve le prit dans ses bras pour le pousser délicatement vers le nord. Les rameurs changèrent de position et abaissèrent de nouveau leurs avirons. Le vaisseau augmenta son allure et fila devant les quais pour gagner le milieu du cours d'eau.

L'enfant dans les bras, Semerkhet le regarda disparaître dans le méandre du fleuve. Bien qu'il ne pût plus apercevoir le sommet de son mât, il demeura immobile. Comme les dieux étaient pervers, songeait-il. Alors qu'il avait désespéré d'avoir jamais un fils, voilà qu'il se retrouvait avec celui de Naya.

Et il était l'homme le plus malheureux d'Égypte.

La reine ouvrit les yeux et aperçut le vieillard à la porte de sa cellule.

— To ! s'exclama-t-elle, surprise.

— Mes hommages, Madame. Dans sa mansuétude, Pharaon a décrété que la vie te serait épargnée.

— Je n'y crois pas, répondit-elle sans aucune réserve. Pourquoi me témoignerait-il de la pitié alors qu'il a passé sa vie à m'humilier et à me tourmenter ?

— Qui sait, peut-être est-il devenu sentimental avec l'âge ? Il te fait parvenir ce vin en témoignage de sa bonne volonté. Je t'en sers un peu ?

— Nul doute qu'il est empoisonné.

— Si c'est ce que tu penses, je t'accompagne.

Et il versa une pleine coupe.

— Toi d'abord, vieil homme !

To porta la coupe à ses lèvres et but une gorgée.

— Cul sec !

Le vizir vida la coupe puis en versa une deuxième.

Tiyi s'en empara et but avidement.

— Ça fait du bien, on ne m'a donné que de l'eau, saumâtre qui plus est, depuis qu'on m'a enfermée ici. Même pas une bière.

To sourit avant de prendre congé en invitant la reine à se préparer à quitter sa cellule. De retour dans ses appartements, il s'enfonça une plume dans la gorge pour régurgiter le vin ainsi que l'huile qu'il avait avalée plus tôt afin de contrecarrer les effets de la puissante herbe soporifique versée dans le breuvage.

À son réveil, Tiyi n'était plus dans la froide cellule de la tour de Djémé. Elle jeta un regard autour de cette pièce inconnue, à ses frises barbares et à ses couleurs étranges. La reine était allongée à même une table lisse et dure. Lorsqu'elle tenta de se relever, elle se rendit compte qu'elle était entièrement nue, les bras et les jambes solidement attachés à la table.

Un étrange bruit animal lui parvint dans l'obscurité. En tournant la tête, elle constata qu'il s'agissait d'un bélier. Curieusement, il était attelé à un chariot miniature. Tordant le cou, elle se retrouva le regard plongé dans celui d'un homme aux yeux rougis – un horrible cul-de-jatte affublé d'une couronne de feuilles d'acanthe sur la tête. Tiyi laissa échapper un petit cri.

— C'est un honneur pour nous, Madame, de vous accueillir ici dans mon royaume !

À son claquement de doigts, quatre autres hommes s'avancèrent avec, pour seul vêtement, un pagne autour des reins. Au même instant, Tiyi aperçut les braseros placés tout près, dans chacun desquels brillait tout un ensemble de crochets et de couteaux chauffés à vif.

— Puis-je vous présenter, Madame, le plus grand chirurgien de Thèbes ? reprit le roi des mendiants, galant. Le faiseur d'infirmes, la reine Tiyi.

— C'est un plaisir, Madame.

La voix doucereuse de l'homme l'effraya davantage encore que les ignobles instruments qu'il tenait dans la main.

— Elle fut reine d'Égypte autrefois, expliqua le roi. Mais cela ne lui suffisait pas. Alors aujourd'hui, on va lui offrir un nouveau royaume : le mien. Qu'elle soit ta plus belle création car la reine des mendiants mérite ce qu'il y a de mieux. Attention, toutefois, à ne pas la tuer dans un excès de zèle car Pharaon lui a promis la vie sauve. Et c'est un homme de parole.

La célèbre voix colorée de Tiyi s'éleva dans un crescendo de petits cris aigus.

***

Pharaon grimaça en se levant du divan, une main sur le flanc. D'un geste irrité, il chassa l'esclave venu l'assister. En retirant la main de son côté, il révéla le pansement fraîchement changé de nouveau maculé de sang.

Le voilà déjà à moitié momifié, songeait Semerkhet. Comme le prince consort le lui avait demandé, il était revenu aux côtés de Pharaon, après avoir laissé Houni à la garde de Kipa chez son frère. Semerkhet frissonna à la vue du sang et baissa les yeux pour éviter que Pharaon ne lût dans ses pensées. Trop tard, le roi avait surpris son regard.

— Oui, mon épouse a remporté cette bataille.

— Cent ans.

Semerkhet marmotta machinalement la formule rituelle.

— Cent ! Le vieux monarque eut un rire sec. Je donnerais tout ce que j'ai pour un seul.

Péniblement, Ramsès traversa la terrasse pour admirer la vue sur Thèbes Est, de l'autre côté du fleuve. Semerkhet le suivit à distance respectable, évitant les gouttes de sang qu'il laissait tomber derrière lui. Les feux de la ville miroitaient telles les facettes de mille rubis. L'horizon tout entier en était éclairé.

« Te souviens-tu de l'Égypte de mon père, Semerkhet ? »

La main du vieil homme trembla lorsqu'il la tendit comme pour s'emparer des rubis. Ils étincelèrent au bout de ses doigts, puis sa main retomba lentement. Ses doigts continuaient de s'ouvrir et de se refermer, inaccoutumés à ne pas pouvoir se saisir de ce qu'ils voulaient.

Semerkhet gardait le silence. Dans son esprit, Ramsès s'adressait à l'un de ses contemporains. À quoi bon rappeler son âge à un vieillard ? Ramsès n'était guère intéressé par sa réponse, de toute façon. Les mots sortaient péniblement, comme une confession rythmée par des halètements. Un adieu.

« L'Égypte allait à la dérive. Chacun faisait sa loi. N'importe qui, grand ou petit, pouvait assassiner qui bon lui semblait. Tant d'années de mauvaise administration et de discorde avant lui… des générations de guerres civiles. Mon père a ramassé les couronnes rouge et blanche dans la poussière. Mais il était déjà âgé lorsqu'il est devenu pharaon. Les dieux ne lui ont accordé que deux ans. Puis ce fut mon tour. J'ai trouvé les portes de Karnak, reprit-il en désignant la masse noire des temples au loin, dépouillées de leur placage et de leurs joyaux. Même la barque d'Amon avait sombré dans le lac sacré tellement elle était pourrie. Voilà l'héritage que j'ai reçu. »

Pharaon regardait fixement dans la nuit, la ligne dure et rugueuse de son profil éclairée par la lumière des torches.

« Mon père avait rendu à l'Égypte son gouvernement. J'ai fait vœu de lui rendre sa place parmi les nations. J'étais jeune et solide comme le bœuf de Boukhis. C'était l'aube d'une nouvelle ère pour l'Égypte, ai-je annoncé au peuple. »

Ramsès tira un mouchoir de son pectoral et essuya les postillons sur ses lèvres. Dans la lueur des flambeaux, Semerkhet le vit rosir. Pharaon aussi. Le souverain referma aussitôt le poing sur l'étoffe.

« Et pendant un moment, j'ai cru que j'avais réussi. Cependant, j'ai dû épouser Tiyi, pour satisfaire la fierté ridicule de cet arrogant peuple du Sud. J'ai dû leur promettre de faire de son aîné mon héritier. On aurait dit que j'étais le seul à voir le mal dans ces deux-là. J'aurais dû la faire tuer discrètement, mais j'avais pitié de Pentaour. Il lui était si attaché. Et quel mal pouvait-elle faire réellement, me disais-je. Ce n'était qu'une femme, après tout. Et puis j'ai eu d'autres enfants. J'ai beau être vénéré comme un dieu, Semerkhet, s'exclama-t-il avec une ironie amère, je suis l'homme le plus stupide du pays. »

Pour la première fois de sa vie, Semerkhet souhaita pouvoir se répandre en effusions, flatter et louer, avoir des paroles rassurantes et remplies d'espoir, aussi vides fussent-elles . Pour la première fois de sa vie, Semerkhet souhaita être son frère.

Mais sa langue demeura paralysée comme toujours. Si peu habituée à ne prononcer que la vérité nue, sa gorge lui faisait mal quand il cherchait des mots doux et apaisants, des mensonges réconfortants. Finalement, il ne put que tendre furtivement la main vers le vieillard. Il aurait aimé se rapprocher de lui pour soulager sa peine. Mais la majesté de Pharaon le submergeait.

Comment consoler un dieu vivant ? La main retomba inutilement.

Ramsès considéra Semerkhet avec un sombre amusement. Puis il fut saisi d'un nouveau spasme de douleur. Il tomba sur un genou. Semerkhet se précipita et le conduisit jusqu'à un banc où il put reprendre son souffle tandis qu'il le tenait en attendant que la crise soit passée. Les bandages étaient maintenant complètement imbibés de sang.

Ce fut Pharaon qui se dégagea le premier. Il se rassit dignement sur le banc à côté de Semerkhet. Après quelques instants, le roi reprit la parole. Sa voix semblait affermie.

« Pendant un moment, j'ai cru que j'avais réussi à concrétiser les rêves que j'avais pour l'Égypte. J'ai planté des arbres et de la verdure à travers tout le pays et j'ai laissé le peuple profiter de cet ombrage. Une femme pouvait voyager librement sans se faire agresser, pas même par des étrangers. J'ai fait venir du Liban du cèdre pour réparer la barque sacrée. J'ai refait le placage des portes du temple. J'ai bâti un nouveau… Du moins, c'est ce que je pensais. »

Pharaon se tourna alors vers Semerkhet avec une expression de pure amertume.

« Et puis tu es entré dans nos vies en cette année des Hyènes. C'est toi, Semerkhet – le redoutable homme de vérité – qui nous a ouvert les yeux à tous. Jusqu'à ton arrivée, tout le monde croyait que les cornes de bélier résonnaient de louanges à mon égard. Mais tu es venu nous dire qu'en fait, elles jouaient un hymne funèbre. Grâce à toi, j'ai compris que je ne menais pas un triomphe, mais une procession funéraire. » Son souffle devenait entrecoupé.

Sans rien dire, Pharaon et Semerkhet regardèrent ensemble les feux d'Égypte s'éteindre un à un dans la nuit sans fin.

— J'aurais aimé… commença Semerkhet avant de s'interrompre.

L'irritation se lut de nouveau dans les yeux de Ramses.

— Eh bien ? Que souhaites-tu donc ? Tout le monde finit par attendre quelque chose de moi. Des chaînes en or, je t'en ai proposées à la pelle. Tu les as refusées. Alors, que pourrais-tu bien vouloir, je me le demande ?

— J'aurais préféré, répondit Semerkhet en baissant la tête, que ce ne soit pas moi.

Le dieu vivant d'Égypte en fut saisi et, pendant un instant, le malheur s'abattit sur son visage, mais il se recomposa très vite.

— Sottises. C'est le destin que les dieux ont voulu pour toi… et pour moi.

Malgré la sécheresse de son ton, Pharaon tendit un vieux bras hésitant et tortueux vers Semerkhet, qu'il prit par les épaules. Ce bras n'avait pas l'habitude de tant de familiarité, il était raide et immobile.

Sentant Pharaon s'appuyer contre lui, Semerkhet perçut une profonde lourdeur envahir son cœur. Lorsqu'il releva les yeux vers Thèbes au loin, l'Égypte lui parut plongée dans une nuit éternelle.

REMERCIEMENTS

Je suis contre les remerciements-fleuves, à la manière des exubérants discours prononcés par les lauréats de la cérémonie des Oscars car, à mes yeux, ils n'ont pas leur place dans un livre. Toutefois, il serait négligent de ma part d'omettre de mentionner quatre personnes qui ont énormément compté dans le processus de création de ce manuscrit :
Judith Levin, mon avocate, agent et porte-bonheur ; Michael Korda, mon précieux éditeur, qui m'a permis d'éviter des écueils en ne cessant de me marteler : « Du mystère, Brad, pas des faits historiques » et encore « Plus Sherlock, moins Indiana Jones » ; Carol Bowie, son assistante ; comme disait Judy, il faut être courageuse pour accepter un manuscrit dans une buanderie ; Frank Russo, qui, comme Michael, a lu *L'Année des Hyènes* dans ses moindres moutures. Agent immobilier de métier, il n'en demeure pas moins un véritable artiste des mots.
Merci à tous.

A PROPOS DE L'AUTEUR

Brad Geagley a longtemps travaillé pour l'industrie du spectacle, essentiellement à titre de producteur. Toutes ses productions, de ses documentaires pour la télévision à ses attractions fondées sur la réalité virtuelle, font ressortir ses qualités d'auteur. L'histoire est son premier amour, en particulier celle de l'Égypte ancienne.

Désormais auteur à plein temps, il a publié un deuxième roman mettant en scène son personnage Semerkhet et écrit des pièces de théâtre. Il vit à Palm Springs, en Californie.

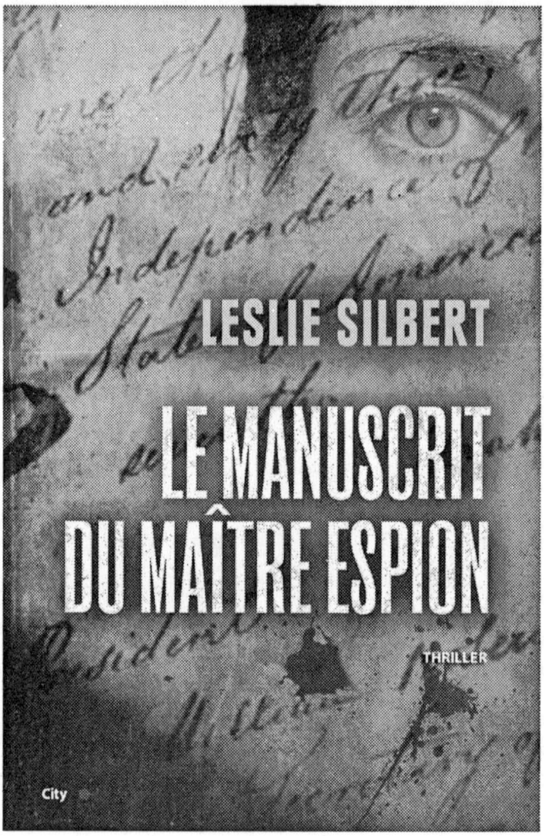

Le Manuscript du Maître-Espion
par Leslie Silbert (THRILLER)

Kate Morgan, détective privée et spécialiste de la Renaissance, est chargée de résoudre une affaire de meurtre liée à un antique manuscrit récemment découvert. Quels secrets contiennent ces pages jaunies et comment, des siècles plus tard, peuvent-ils conduire à tuer ?

Isbn : 978-35288-042-4

Les Conjurés de Pierre
par Philipp Vandenberg (ROMAN)

An de grâce 1400 : dans les grandes cathédrales européennes, des colonnes s'affaissent, des clés de voûte s'écroulent, des escaliers se rompent. La population est gagnée par l'hystérie : est-ce la volonté de Dieu ou l'œuvre du Diable ? Un architecte et sa maîtresse vont découvrir une conspiration orchestrée par le Vatican. Un grand roman historique dans la lignée de Ken Follett.

Isbn : 978-2-35288-021-1

L'Héritage Sacré

par Lewis Perdue (THRILLER)

Un collectionneur d'art est assassiné. L'enquête emmène le lecteur à travers le monde, à la recherche d'un linceul qui prouve l'existence d'un autre messie, une femme dont le Vatican a toujours dissimulé l'histoire.
« *L'héritage sacré* est écrit comme devraient l'être tous les bons thrillers. Un roman que vous n'oublierez pas de sitôt ! » (Clive Cussler)

Isbn : 978-2-35288-071-8

Le Secret d'Argile
par Julia Navarro (THRILLER)

Une archéologue révèle l'existence de deux mystérieuses tablettes d'argile retrouvées dans le désert irakien et sur lesquelles figure l'histoire de la Genèse racontée par Abraham. Une découverte sans précédent. Entre des trafiquants d'art et des ennemis invisibles réclamant vengeance, l'expédition se transforme en un gigantesque jeu de piste entre l'Amérique, l'Europe et l'Asie, au cœur du monde antique, de la seconde guerre mondiale et de la guerre du Golfe… Palpitant !

Isbn : 978-2-35288-069-6

L'énigme des Cinq Lunes
par Elizabeth Peters (ROMAN)

Vicky Bliss est une historienne de l'art aussi brillante et intelligente qu'elle est sexy et téméraire. Sa première enquête dans le monde de l'art la conduit à Rome, du Forum (où elle sera enlevée !) aux arrière-boutiques des antiquaires et dans les palais de la vieille noblesse....
La nouvelle série signée de main de maître par Elizabeth Peters !

Isbn : 978-2-35288-078-5

Achevé d'imprimer sur les presses de

FRANCE QUERCY
GROUPE CPI

à Saint-Amand-Montrond (Cher)
en avril 2007

N° d'impression : 071583/4.
Dépôt légal : avril 2007.

Imprimé en France